TU YO DEL FUTURO

Hal Hershfield

TU YO DEL FUTURO

Cómo crear **hoy** un mañana mejor

PAIDÓS

Título original: *Your Future Self*

Traducido por: Santiago Rosas Campuzano
Diseño de interiores: Sandra Ferrer Alarcón
Diseño de portada: Planeta Arte & Diseño / Estudio Land
Fotografía del autor: © Benjamin B. Morris
Imagen de portada: © Getty Images
Ilustraciones de interiores: Proporcionadas por el autor

Bajo el sello editorial PAIDÓS M.R.
Avenida Presidente Masarik núm. 111,
Piso 2, Polanco V Sección, Miguel Hidalgo
C.P. 11560, Ciudad de México
www.planetadelibros.com.mx
www.paidos.com.mx

Primera edición en formato epub: mayo de 2025
ISBN: 978-607-569-830-4

Primera edición impresa en México: mayo de 2025
ISBN: 978-607-569-756-7

Impreso en los talleres de Impregráfica Digital, S.A. de C.V.
Av. Coyoacán 100-D, Valle Norte, Benito Juárez
Ciudad De Mexico, C.P. 03103
Impreso en México - *Printed in Mexico*

Para Jennifer, Hayes y Smith,
quienes me ayudan a celebrar el presente y el futuro

ÍNDICE

INTRODUCCIÓN

Mientras caminas por un denso bosque de pronto te encuentras frente a una reja de acero forjado. Un letrero de aspecto rústico en la entrada dice: «Camino hacia el futuro». Del otro lado hay un empedrado que se curva entre los árboles. Sientes curiosidad y decides entrar. Abres la reja, recorres el camino y notas de inmediato que el aire es más fresco que hace unos segundos. Pronto estás de vuelta en tu vecindario, pero veinte años en el futuro. Al llegar a casa ves a alguien saliendo por la puerta principal, te das cuenta de que… eres tú mismo. O una versión tuya, veinte años mayor, con todas las marcas del tiempo que lo prueban: algunos kilos extra, más arrugas y un andar más suave.

Al acercarte a tu yo del futuro, te abruman todos los posibles temas de conversación. Es como ponerte al corriente con un viejo amigo al que no ves desde hace años: no sabes qué preguntarle primero. Por supuesto que te interesa saber quiénes son tu pareja y tus hijos, y cómo ha cambiado tu entorno, sin mencionar los veinte años de chismes. Probablemente al principio de tu lista haya preguntas respecto a tu salud, situación financiera, satisfacción profesional y felicidad personal. ¿Qué has aprendido en la vida y qué cosas sobre la manera en que la has vivido te enorgullecen? ¿En qué has encontrado sentido y qué te ha hecho feliz? ¿De qué te arrepientes? ¿Qué te ha decepcionado? ¿Qué imaginas que será tu legado cuando todo esté dicho y hecho?

Pero espera: antes de que empieces a interrogar a tu yo del futuro, vale la pena que consideres qué tanto quieres saber acerca de los próximos veinte años de tu vida. ¿Hay aspectos de tu futuro que preferirías que no te fueran revelados? Y, aún más importante, ¿de qué manera la conversación con tu yo del futuro cambiaría tu forma de pensar y de vivir tu presente una vez que cruces la reja de regreso?

El escenario que acabo de describir se basa en una novela corta de Ted Chiang, *The Merchant and the Alchemist's Gate* [El comerciante y la puerta del alquimista],[1] en la que el narrador —un comerciante— visita a un alquimista que, como sugiere el título, tiene una puerta mágica, la cual permite los encuentros entre yoes del presente, del pasado y del futuro. Aunque es una historia de ciencia ficción, la incluyo en las lecturas de mis estudiantes de Marketing y Toma de Decisiones Conductual en la Universidad de California, Los Ángeles (UCLA). También se la he recomendado con demasiado entusiasmo a mis amigos y familiares porque la historia clarifica de manera genial la noción de viajar en el tiempo, algo en lo que los humanos son sorprendentemente buenos. Por supuesto, no me refiero a como lo han hecho los personajes de innumerables novelas de ciencia ficción, sino a un viaje en nuestra mente. Porque esta es la parte sorprendente: tú ya atravesaste la puerta mágica.

Durante los inicios de la imagenología, los investigadores solían pasar tiempo estudiando preguntas básicas, pero cruciales. Una de ellas era: ¿qué pasa en nuestro cerebro cuando simplemente estamos descansando, sin pensar en algo en particular? Para averiguarlo les pedían a las personas acostarse en un escáner y relajarse. Los científicos que conducían estos primeros experimentos esperaban que la actividad cerebral se viera como tablero blanco, similar a lo que vemos cuando recién apagamos la televisión. Sin embargo, lo que descubrieron es lo que ahora se conoce como la *red neuronal por defecto*.[2]

Esta red se activa cuando piensas en una presentación en la que estás trabajando... lo cual te hace reflexionar lo que esta significará para tus oportunidades profesionales... lo cual te recuerda —uf— que le prometiste a un colega enviarle parte de tu presentación y olvidaste hacerlo... lo que a su vez te lleva a acordarte de las otras cosas a las que debes darles seguimiento (¡hoy!). Y de pronto te viene a la mente la tarjeta que tienes que comprar para el cumpleaños de tu padre, que es la próxima semana, lo cual te hace reflexionar en la clase de padre que fue mientras crecías. Un instante después te ves diez años en el futuro e imaginas las cosas que les enseñarías a tus hijos entrando a la adolescencia.

En el lapso de unos pocos segundos nuestros pensamientos viajan desde el presente al futuro cercano o lejano, de vuelta al presente, luego al pasado y de nuevo al futuro lejano, en lo que se conoce como *viaje mental en el tiempo*. Nos resulta tan fácil hacerlo que no solemos valorar su importancia; después de todo, cuando estamos descansando, nuestras redes neuronales por defecto apoyan de forma activa nuestros viajes mentales. Pero, como escribió Steven Johnson en *The New York Times,* nuestra habilidad para este tipo de viaje en el tiempo es quizá «la cualidad definitoria de la inteligencia humana».[3] El psicólogo Martin Seligman y su coautor, John Tierney, van más allá: argumentan que lo que distingue a nuestra especie es la «habilidad para contemplar el futuro [...] prosperamos al considerar nuestras posibilidades».[4]

A veces viajamos en el tiempo de forma deliberada. Considera, por ejemplo, a Shawdi Rahbar. El 6 de mayo de 2020 se sentó a escribir una carta acerca de las relaciones en su vida y su búsqueda de la felicidad. No era una común entrada en un diario ni una carta para un amigo cercano, sino una carta que se enviaría a sí misma un año después. Rahbar fue una de las 18 000 personas de ese día —de diez millones en total— que se han escrito cartas a sí mismas en la muy popular plataforma FutureMe, que sigue el concepto de la cápsula del tiempo que muchos hicimos en la primaria: una colección de cartas, fotos y otros objetos y recuerdos guardados en un contenedor que luego enterramos para desenterrarlo luego de cinco o diez años.[5]

Las cartas en FutureMe están llenas de diferentes emociones y temas. Algunas están colmadas de ansiedad acerca del camino a seguir a largo plazo («Tengo miedo, mucho, mucho miedo. Tantos caminos que seguir en la vida y no sé cuál es el mío»);[6] otras ofrecen aliento («Pero quiero que sepas... siempre estaré aquí para animarte»),[7] y las hay que solo son graciosas («Querido yo del futuro, ¿quieres saber cuál es la diferencia entre tú y yo? Tú eres más viejo»).[8]

Lo que antes era un rito de iniciación de la preparatoria —escribirnos cartas en el primer año para entregárnoslas en nuestra graduación— obtuvo un nuevo valor cuando llegó la pandemia de covid-19. Sospecho que esto despertó la curiosidad de muchos por saber qué les deparaba el futuro y, tal vez más que nunca, quisieron aprovechar la breve pausa en su vida para cambiar el rumbo de su futuro yo.

Matt Sly, el fundador de FutureMe, me contó que creó el sitio luego de una decepción: cuando estaba en la primaria, le escribió una carta a su yo de veinte años, pero al cumplir esa edad nunca le llegó. ¿No se la podría haber enviado su antiguo profesor? Se preguntó cómo sería el poder comunicarnos entre nuestro yo del presente y el del futuro. Su sitio apela a esa curiosidad que todos tenemos. Aunque era un proyecto secundario de Sly sin presupuesto para publicidad, el tráfico en FutureMe se disparó a medida que las personas intentaban obtener perspectiva sobre su vida y conectarse con quienes serían en el futuro y pasó de recibir cerca de 4000 cartas al día en 2019 a 25000 diarias un año después. En 2020 recibió más de cinco millones de cartas; lo cual deja claro que a muchos nos interesa saber lo que nos depara el futuro (aunque escribir cartas, de lo que hablaré con más detalle en el capítulo 7, es solo una forma de expresar este deseo).

Mi investigación se enfoca en entender cómo esta habilidad para viajar en el tiempo —aunque sea solo en la mente— nos puede ayudar a controlar nuestras emociones y a tomar mejores decisiones en asuntos importantes, como las finanzas o la salud, por ejemplo, dos áreas en las que nuestros deseos del presente se contraponen con nuestras ambiciones a largo plazo. Queremos el auto más bonito, aunque rebase un poco nuestro presupuesto; queremos otro coctel o comernos ese delicioso postre, pero, al mismo tiempo, queremos tener estabilidad económica y salud física.

No obstante, al fortalecer las conexiones entre nuestro pasado, presente y futuro, podemos obtener una nueva perspectiva sobre lo que es importante, y así ayudar a crear el futuro que queremos. Ese es, en esencia, uno de los puntos principales de este libro.

Que el viaje en el tiempo solo suceda dentro de nuestra cabeza no significa que no pueda cambiar la realidad. La manera en que piensas acerca de tu futuro puede tener un gran impacto en tu yo del presente *y* el del futuro.

Pero ¿a qué me refiero con tu «yo del futuro»? La sabiduría convencional sostiene que somos un yo a lo largo de nuestra vida. Después de todo, conservamos nuestro primer nombre, nuestros recuerdos, y la mayoría de nuestros gustos y disgustos. Claro, nuestras células se reemplazan, actualizamos nuestro estilo constantemente, cambiamos de amistades y nuestro rostro envejece, pero «somos quienes somos». Pero mi investigación cuenta una historia diferente: en vez de haber un solo yo en nuestro núcleo, más bien somos la suma de identidades separadas y diferentes. Tú eres en realidad un *nosotros*.

Piensa en las distintas maneras en las que vivimos la vida: tenemos un yo nocturno que se desvela viendo la televisión, pero también tenemos un yo matutino que pasea al perro, va al gimnasio o espera con ansia los sucesos que ocurrirán más adelante en el día. En general, vemos con claridad a nuestro yo del presente, con nuestro empleo actual, en compañía de nuestros colegas y amistades del momento; y recordamos un yo distinto de hace diez años, cuando estábamos en la escuela o recién empezábamos la vida laboral. Incluso nos es fácil imaginar que en diez o 25 años seremos otro yo diferente, con más experiencias, habilidades y madurez emocional.

Cuando se trata de pensar en nuestros yoes del futuro, los detalles de *cómo* viajamos en el tiempo pueden tener un gran impacto. Si quiero estar sano y fuerte en cinco años para poder seguir jugando con mis hijos, tal vez pensaría en un futuro yo que es unos cinco años mayor de lo que soy ahora. Sin embargo, hay muchos otros yoes del futuro entre el ahora y el después.[9] Lo importante, según lo sugerido por varios psicólogos, es considerar si hay aspectos de mi yo del futuro que sean relevantes para lo que estoy haciendo ahora. Por ejemplo, tal vez he decidido que parte del proceso para ser más saludable es ir a correr mañana a primera hora. Mi yo matutino no me es tan extraño como mi yo dentro de cinco años, pero es posible que se me complique entender las emociones de mi yo matutino de mañana (¡y es probable que él tampoco quiera entender las mías, ya que puse la alarma a las 5:30 a. m.!). Para ser capaz de despertar e ir a correr, tengo que conectar con lo que sentirá mi yo matutino de mañana: ¿estará cansado, tambaleante y sin ganas de levantarse? Dicho de otro modo, ¿cómo puedo ayudar a que mi yo del mañana siga motivado? ¿Ayudaría, por ejemplo, programar la cafetera para que se encienda a las 5:25 a. m.?

La lección más importante es que aprender el cómo viajar en el tiempo de manera eficaz puede mejorar la forma en la que percibimos y tratamos a estos distintos yoes del futuro y así ayudarnos a crear un mejor futuro.

Los recaudadores de fondos para organizaciones benéficas nos han enseñado que mientras más vívidas hagan ver a las personas, mayor es la probabilidad de que donemos dinero. ¿Será posible que las personas piensen sobre *sí mismas* en el futuro de una manera así de vívida?

Aquí hay una solución: en mi investigación les he mostrado a las personas imágenes de su yo del futuro. Para ello fotografiamos a los participantes con un rostro inexpresivo y las envejecimos con un programa digital para crear avatares de sí mismos con todas las cosas divertidas que vienen con la edad: encanecimos su cabello, les pusimos bolsas debajo de los ojos e hicimos que sus orejas se vieran más caídas.

La experiencia fue inmersiva y utilizamos proyectores de realidad virtual. Los participantes se *encontraban a sí mismos* en un espejo virtual. A la mitad de ellos les presentamos a su yo del presente y a la otra, su yo envejecido del futuro. Luego les pedimos que llenaran unos formularios. Quienes confrontaron a su yo del futuro acabaron depositando más dinero en una cuenta de ahorros hipotética que los que no lo hicieron.[10] Desde entonces, he aplicado el mismo tipo de intervención en miles de personas y registrado las decisiones que tomaron con su bien merecido dinero.[11]

Esta solo es una de las posibles soluciones, pero hay una lección más grande que aprender: para tomar mejores decisiones hoy que creen un mañana más feliz tenemos que encontrar la forma de cerrar la brecha entre nuestro yo actual y el del futuro. Tenemos que hacer más fácil el viaje en el tiempo para ayudarnos a atravesar la puerta mágica. Ese es el objetivo de este libro.

En lugar de inventar una máquina del tiempo, mi plan es ofrecer un mejor entendimiento de cómo pensamos sobre nosotros mismos a lo largo de nuestra vida. La primera parte del libro plantea la filosofía y la ciencia detrás de este viaje. Al viajar a futuros distantes, al menos en nuestra mente, espero lograr convencerte de que nuestro yo del futuro puede representar versiones distintas de la persona que somos hoy. Luchamos por la permanencia, por lo que la concepción de tener múltiples versiones de nosotros repartidos en el tiempo puede resultar poco atractivo. Sin embargo, sostengo que la idea de que nuestros yoes del futuro como personas completamente distintas debería ser reconfortante. Si podemos tratar a esos lejanos yoes como si fueran cercanos —personas a las que queremos, amamos y apoyamos—, entonces podremos empezar a tomar mejores decisiones para ellos, las que a su vez mejorarán de manera significativa nuestra vida ahora y después.

También podemos usar esta idea —la de que nuestros yoes del futuro son *otros*— para entender por qué tantas veces no alcanzamos nuestros objetivos. Este es el tema central de la segunda parte del libro. En ella resalto los tres errores más comunes que cometemos al viajar en el tiempo. «Perdemos el vuelo» o nos anclamos demasiado a nuestros problemas actuales sin considerar el futuro en absoluto. «Planificamos mal el viaje» pensando en el futuro de manera superficial, sin considerar a fondo cómo se verá. Y finalmente, «no empacamos la ropa adecuada» y tomamos decisiones que dependen demasiado de nuestras emociones y circunstancias presentes, y las proyectamos a un futuro yo que tal vez no se sentirá igual.

Ahora, una cosa es entender nuestros errores y otra, hacer algo al respecto. Por ello, la última parte trata acerca de las soluciones, pensadas para suavizar el camino del ahora al después. Ahí me concentro en las maneras en las que podemos acercar nuestro yo del futuro al yo del presente, así como en métodos que nos ayudarán a «mantener el rumbo». Dado que crear un mejor mañana no solo debería implicar sacrificios, también incluyo las técnicas que hacen que parezca más fácil afrontarlos. Al mismo tiempo, podría ser igual de importante celebrar ocasionalmente el presente con el propósito de tener un mejor hoy como un mejor mañana.

En el cuento de Chiang, el comerciante se decepciona al enterarse de que atravesar la puerta no le permitirá cambiar el futuro. Sin embargo, el alquimista se da cuenta de que al viajar hacia adelante en el tiempo al menos puede *conocer* el futuro.

Pero podemos ir más allá de solo conocerlo, porque al reflexionar sobre nuestros posibles yoes del futuro, podemos hacer planes para ellos, moldearlos y cambiarlos.

Tu futuro no está fijado. Ni de lejos.

PARTE I

EL VIAJE POR DELANTE

¿Quiénes somos mientras viajamos a través del tiempo?

Capítulo 1

¿SOMOS LOS MISMOS A LO LARGO DEL TIEMPO?

Pedro Rodrigues Filho nació con el cráneo abollado. La herida fue causada por un padre sobre todo violento que trágicamente golpeó a su madre mientras estaba embarazada. En el espectro de naturaleza versus crianza, parece que Pedro recibió tendencias violentas de ambas partes de la ecuación, y fueron estos actos violentos los que terminaron por desempeñar un papel protagónico en su vida, dado que con el tiempo se convirtió en uno de los asesinos seriales más prolíficos del siglo XX.

¿Por qué empiezo un libro que se supone que trata acerca de cómo aumentar el bienestar a largo plazo con la historia de un hombre que se volvió un Dexter de la vida real? Aquí está la respuesta: el Pedro de ahora, como verás, es muy diferente a la persona que alguna vez fue. Y el arco de su vida plantea una pregunta esencial: ¿qué determina en quién nos convertiremos? Puesto de otro modo, ¿cómo nos aseguramos de que nuestro yo del futuro sea la persona que nuestro yo del presente quiere que sea? Esta pregunta no solo es aplicable a casos extremos como el de Pedro, sino también a la vida del resto de nosotros.

UN PASADO QUE NO QUERRÍAS

En 1966, cuando tenía 13 años, Pedro recibió una golpiza de un primo mayor que él. Era pequeño para su edad, y perder la pelea causó que el resto de su familia y los niños del vecindario se burlaran de él. Decidido a vengarse, esperó al día en que los dos asistieron a la fábrica de su abuelo a trabajar para empujarlo a una prensa de caña de azúcar. La máquina aplastó gravemente el brazo y hombro del primo, pero sobrevivió.

Un año después, el padre de Pedro fue despedido de su empleo como guardia de seguridad en una escuela por presuntamente robar la tienda. Aunque juró que los robos los había cometido el guardia del turno diurno, igual fue despedido. Según su autobiografía, Pedro no soportó la idea de que acusaran falsamente a su padre, así que juntó pistolas y cuchillos de su casa y se marchó a un viaje de treinta días al bosque, donde se dedicó a cazar animales para alimentarse y planear su venganza. Al regresar, buscó al hombre que despidió a su padre —el vicealcalde del pueblo—, le disparó y lo mató. Aún consumido por la rabia por el trato injusto hacia su padre, buscó al guardia diurno y le disparó dos veces, cubrió el cuerpo con muebles y unas cajas y le prendió fuego.

Estos fueron solo los primeros de muchos episodios de violencia brutal que vendrían más adelante. A los 18 años, ya se había ganado el sobrenombre de Pedro Matador o Killer Petey. Se tatuó «Mato por placer» en el antebrazo derecho, y en el izquierdo, el nombre de su prometida junto a la frase «Puedo matar por amor». Luego de que las autoridades lo capturaran, fue acusado de 18 asesinatos y sentenciado a una prisión de notoria brutalidad en São Paulo. Lo trasladaron a la prisión en la parte posterior de una patrulla en la que también iba un violador serial, que no sobrevivió el viaje.

Para 1985, Pedro había asesinado a 71 personas —una de las cuales fue su padre— y su sentencia se incrementó a cuatrocientos años. Pero la matanza no paró. Durante su encierro fue responsable de asesinar a otros 47 reos, aunque él afirma que fueron más de cien. Por supuesto que esto no justifica su violencia, pero sí habla de su talento para matar: sus víctimas en prisión fueron algunos de los peores criminales de la sociedad.[1]

Cuando Pedro no estaba matando a otros prisioneros, seguía un riguroso programa de ejercicio, aprendía a leer y a escribir, e incluso comenzó a recibir y contestar correspondencia de sus admiradores.

A principios de la década de 2000, las autoridades brasileñas se dieron cuenta de que tenían un problema, y no era que Killer Petey estuviera mermando sistemáticamente la población carcelaria. Más bien, se dieron cuenta de que el código penal brasileño se estableció cuando la expectativa de vida en Brasil era de 43 años. Según el código, los reclusos no podían ser encarcelados por un período mayor a treinta años.

Como temían que uno de los criminales más notorios del país quedara en libertad, los jueces encontraron un vacío legal: la sentencia de los prisioneros podía extenderse por crímenes cometidos después de los delitos originales por los que en un principio fueron procesados, mas Pedro apeló y ganó. Fue así como en abril de 2007, después de 34 años tras las rejas —solo cuatro años más que la sentencia máxima vigente—, quedó en libertad.

No existe un programa sólido de reinserción social en Brazil. Aun así, Pedro logró adaptarse a una vida más tranquila luego de mudarse a una cabaña rosa en una zona remota de Brasil. Sin embargo, las autoridades ansiaban devolverlo a prisión y, en 2011, lo arrestaron por unos disturbios que ocurrieron durante su encarcelamiento anterior. Fue liberado en diciembre de 2017. A sus 64 años conservaba un físico joven, continuaba con su rutina de calistenia y con la ayuda de su vecino empezó un canal en YouTube en el que compartía mensajes e historias motivacionales.

Según su propio testimonio —que ciertamente debe ser cuestionado— no ha matado en años y ya no siente la necesidad de hacerlo. ¿Puede un hombre que alguna vez fue diagnosticado como psicópata, que ha matado a decenas de personas, pero que ahora vive una vida ascética (en apariencia honorable), ser considerado como un *nuevo* hombre? Decidí preguntarle.

Organizar el encuentro no fue fácil. Mi traductor, un estudiante de posgrado que hablaba portugués, tenía miedo de darle su información a un asesino serial convicto. Así que primero se creó un correo electrónico con un alias y luego organizó un encuentro para que todos pudiéramos hablar. Esto sucedió a la mitad de la pandemia y dado que tanto mi esposa como yo trabajábamos en casa, le pregunté si podía utilizar la oficina para tomar la llamada y que no me distrajeran. Pero nuestra cita se fue aplazando hasta que mi esposa necesitó el espacio para su propio trabajo (ella es psicóloga infantil y estaba a punto de comenzar una sesión de terapia en línea con un niño que la necesitaba… lo cual, admito, me parecía más importante que mi entrevista con Pedro).

Así que terminé sentado en una silla mecedora frente a la cuna de mi hijo mientras hablaba con el asesino serial más conocido de Brasil. Comencé por preguntarle si en cierto modo creía ser igual a su yo joven o si, por el contrario, consideraba que era fundamentalmente diferente. No dudó al responder: «Me da asco lo que alguna vez fui, y hoy me considero una nueva persona».

Sin embargo, yo quería saber si hubo un momento determinado en el que se convirtió en esta nueva versión de sí mismo. Respondió que fue un proceso gradual, pero que sí, un evento específico fue el que desencadenó su transformación.

Cuando lo estaban transfiriendo de celda, tres reos se juntaron y lo apuñalaron muchas veces en el rostro, la boca, la nariz, el estómago, en todo el cuerpo. Se defendió y mató a uno de ellos, lo que provocó que lo enviaran a confinamiento solitario, y ahí tuvo una especie de «negociación» con Dios. Le prometió que se volvería una persona nueva y diferente si le daba la oportunidad de ser liberado. De cierto modo, parece que ha cumplido su promesa. Por un lado, ya no tiene el deseo de matar. Y aunque solía ser «explosivo» y reaccionar con violencia ante cualquiera que lo molestara, ahora lidia con sus frustraciones de maneras más aceptables socialmente (por ejemplo, se ha vuelto aficionado al ejercicio).

En la actualidad, Pedro se levanta a las 4 a. m. para hacer ejercicio y ganarse un sueldo modesto en una planta recicladora. Se describe como esencialmente un ermitaño, ya que evita el alcohol, las fiestas y las grandes reuniones. En su tiempo libre aconseja a jóvenes que han delinquido sobre cómo cambiar su vida. Aunque no entiendo portugués, las maneras de Pedro me parecieron sinceras cuando dijo que le complace poder «transformar» a otros aconsejándolos para que se alejen de la delincuencia. Pero también mencionó los desafíos de la transformación: aunque ha visto a otros convictos cambiar su vida (uno incluso se volvió predicador), la mayoría «son quienes son» y es difícil cambiarlos por completo cuando «todo lo que conocen es lo que hay entre las paredes de la cárcel».

Así que, aunque su día a día haya cambiado, ¿es Pedro la *misma* persona que alguna vez fue? ¿O acaso Pedro —quien hoy se hace llamar Pedro Exmatador— es una persona completamente diferente? Mejor dicho, ¿puede nuestro yo del presente diferenciarse de nuestro yo del futuro de manera significativa? ¿Y eso importa?

Esta pregunta la han debatido los filósofos durante siglos. Estoy consciente de que una forma muy eficaz para hacer que la gente deje de prestar atención es incluir las palabras *filósofos, debatir* y *siglos* en la misma oración. Pero entender qué nos hace iguales —o diferentes— a lo largo del tiempo es un punto de partida ideal para saber por qué a veces tratamos mal a nuestro yo del futuro (por qué a veces tomamos decisiones en el presente de las que luego nos arrepentiremos) y cómo podemos mejorar.

EL BARCO QUE VIAJÓ ALREDEDOR EL MUNDO

Imagina que decides tomarte un par de años para alejarte de la vida como la conoces, compras un barco y sales a navegar alrededor del mundo (ya sé, los dos días más emocionantes de tener un barco son el día que lo compras y el día que lo vendes, pero para este pequeño ejercicio finjamos que es tu sueño). Sabes que te encontrarás con fuertes vientos en el camino y, como eres fanático de los juegos de palabras, decides llamar a tu nuevo barco El Viajero Torbellino. Planeas llevarte tu recién comprado yate (si ya vas a comprar un barco, mejor hacerlo en grande) y zarpar de la costa norte de Europa, atravesar el Atlántico hacia el oeste y hacer la primera parada en una de las islas del Caribe... digamos que en Aruba.

Te encuentras un par de tormentas y, al llegar a Aruba, notas que una de tus velas se dañó un poco durante el largo viaje, pero no hay problema, la reemplazas y continúas tu trayecto a través del canal de Panamá hacia la Polinesia Francesa. Sin embargo, una vez ahí, te das cuenta de que algunas de las tablas del suelo empezaron a agrietarse y ahora debes reemplazarlas.

Quiso la suerte que esto continuara sucediendo durante tu viaje. Para cuando regresaste sano y salvo al norte de Europa, casi tres años después, has reemplazado cada parte de tu yate, desde las velas hasta las tablas del suelo y, sí, incluso el casco. Si eso te parece ridículo, por favor recuerda que acabo de pedirte que te imagines renunciar a tu trabajo para dar la vuelta al mundo, lo cual ya de por sí es una locura. La gran pregunta es esta: luego de navegar por tres años y haber reemplazado todas las partes de tu barco, ¿todavía es El Viajero Torbellino, o es un barco completamente diferente?

Debo mencionar que queda claro que no soy el primero en hacer estas preguntas. Hace siglos, Plutarco exploró el mismo tema a través de la historia del héroe griego Teseo,[2] fundador de Atenas. Al parecer, Teseo mató a varios monstruos durante sus viajes, el más famoso entre ellos el minotauro. No obstante, se volvió famoso por su velero, más que por sus heroicas hazañas. Cuando regresó a Atenas desde Creta, los atenienses, para honrarlo, decidieron conservar su barco en el puerto. Cuando una tabla se pudría, la sustituían por otra para que el monumento a Teseo siguiera en pie. Con el paso de los siglos, deben haber reemplazado el barco completo.

Entre los filósofos de la Antigüedad, el barco de Teseo se convirtió en la base de un debate que nunca terminó en realidad. Los imagino sentados a altas horas de la noche, bebiendo vino, con el barco de pretexto para debatir la idea del cambio. Uno de los bandos argumentaría que, a pesar de todas sus piezas repuestas, el barco seguía siendo el mismo que antes, mientras que el otro afirmaría que no, que de hecho no podía serlo. Si queremos tratar de responder a esta pregunta, creo que sería útil dar un paso atrás y preguntarnos: ¿qué hace que un barco sea un barco? Más bien: ¿cuántas partes de nosotros tienen que cambiar antes de que nos convirtamos en alguien más?

¿SIGUES SIENDO LA MISMA PERSONA QUE CUANDO TENÍAS 8 AÑOS?

Admito que es una pregunta curiosa. Si fueras propenso a gritarles a los libros que lees, exclamarías: «¡Claro que soy la misma persona a lo largo del tiempo!». Apuesto a que la mayoría creemos que somos quienes somos; que las características superficiales pueden alterarse, pero nuestro yo «esencial» no. Al fin y al cabo, el niño que perdió un diente en segundo de primaria peleando con amigos no es otra persona, ¡en esencia sigo siendo yo!

Toma como ejemplo a Jerzy Bielecki y Cyla Cybulska, quienes se enamoraron en el campo de concentración nazi de Auschwitz en 1943.[3] Jerzy, que trabajaba en el almacén de uniformes con un amigo, confeccionó un uniforme falso de la ss y luego falsificó un documento que lo autorizaba a llevar a un prisionero a una granja cercana. Un día de verano de 1944, un guardia privado de sueño le permitió sacar a Cyla del campo de concentración. Caminaron durante diez noches hasta que llegaron a casa del tío de Jerzy. Este, colmado de una fuerte necesidad de ayudar a otros, se alistó en el ejército clandestino polaco. Al cabo de un tiempo, y debido a una serie de problema de comunicación, tanto Jerzy como Cyla creyeron que el otro había muerto.

Casi cuarenta años después, Cyla, que entonces vivía en Brooklyn, le contó con tristeza a su ama de llaves la historia del hombre que la había salvado, pero luego murió. Casualmente, el ama de llaves acababa de ver a un hombre contar la misma historia en la televisión polaca y le preguntó si podía tratarse de la misma persona, ¿que tal vez no hubiera muerto?

Una semana después de aquella conversación, Cyla descendió de un avión en Cracovia, donde Jerzy la recibió con 39 rosas, una por cada año que pasaron separados. Ambos habían enviudado y se vieron unas 15 veces más antes de que Cyla muriera en 2005. En una de sus últimas entrevistas antes de morir en 2010, Jerzy declaró que seguía muy enamorado de ella.

La idea de que esta pareja, que se había conocido por un breve tiempo cuando tenían 18 años, pudiera seguir enamorada 67 años más tarde es una poderosa afirmación de la estabilidad de la identidad de una persona. Con todo ese tiempo y el trauma que vivieron no es difícil imaginar que podrían haber envejecido y cambiado a tal grado de ser irreconocibles el uno para el otro; su reunión bien podría haber sido un encuentro incómodo entre extraños.

Nos aferramos y celebramos historias como la de Jerzy y Cyla porque buscamos la permanencia en nuestras parejas de largo plazo. Parte de la promesa tácita del matrimonio es que, a lo largo de su vida juntos, tu pareja seguirá siendo la misma persona que te encantó con su sonrisa cuando empezaron a salir (claro, parte de la promesa también es que *crecerán* juntos, pero lo más probable es que no te casarás con alguien cuya personalidad querrías cambiar por completo). Sin embargo, este deseo de permanencia tal vez sea ingenuo.

Uno de los artículos más populares publicado por *The New York Times* se titulaba «Por qué te casarás con la persona equivocada». En él, el filósofo Alain de Botton afirmaba de forma pesimista pero tranquilizadora que no hay uniones ni parejas perfectas. No necesariamente nos casamos porque queramos ser felices (¡aunque pensemos que sí!), sino porque queremos perpetuar los sentimientos que teníamos al principio de la relación. Pero esta ansia puede no ser del todo racional. Según Botton: «Nos casamos para embotellar la alegría que sentimos cuando se nos ocurrió por primera vez la idea de proponerle matrimonio a alguien» sin reconocer que nuestros sentimientos por la pareja se transformarán de maneras que no podemos prever. Lo mismo pasará con nuestras parejas y con nosotros, todos nos transformaremos.

Entonces, ¿qué es lo que *sí* perdura a lo largo del tiempo? ¿Y qué cambia? Estas son las preguntas que el psicólogo Brent Roberts, experto en personalidad, ha estudiado durante gran parte de su vida adulta. Junto con Rodica Damian y otros colegas, hace poco publicó un artículo[5] en el que analiza la continuidad —y el cambio— de la personalidad a lo largo de un período de cinco décadas. En 1960, casi medio millón de estudiantes de secundaria estadounidenses (alrededor de 5% de los alumnos) pasaron dos días y medio realizando diversas encuestas y pruebas. La idea, denominada *Project Talent*, fue concebida por el psicólogo John C. Flanagan, quien creía que muchos jóvenes adultos no elegían las carreras en las que podían prosperar. Su solución consistió en evaluar las capacidades y aspiraciones de los estudiantes de secundaria estadounidenses para que más adelante obtuvieran ofertas profesionales más idóneas.

Cincuenta años después encuestaron de nuevo a casi cinco mil de los estudiantes originales. Este grupo se seleccionó con sumo cuidado para representar con exactitud al grupo original: estaba compuesto de casi el mismo número de hombres y mujeres de regiones geográficas similares a los de la muestra original. Tras comparar las respuestas de 1960 y 2010, Damian y Roberts pudieron ver qué ocurre cuando un adolescente de 16 años se vuelve un adulto de 66. Querían saber hasta qué punto son estables los rasgos esenciales de la personalidad a lo largo de cincuenta años. La mejor respuesta es que depende de cómo formules la pregunta.

Este podría ser un punto de vista: si fuiste el adolescente más tímido de tu clase, hay bastantes probabilidades de que seas uno de los más tímidos de tu grupo de amigos adultos. Tal y como me lo explicó Brent, imagina que quisieras apostar sobre la probabilidad de que una adolescente que era gregaria en relación con el resto de sus compañeros se convertiría en una adulta que también es gregaria en relación con sus pares. Tendrías una probabilidad de 60% de acertar. Mejor que una tirada aleatoria de dados, pero aún lejos de ser una apuesta segura.

Nuestras experiencias determinan enormemente en quiénes nos convertimos, así que no hay garantía de que nuestro yo adulto se parezca a nuestro yo adolescente. Parte de la motivación de este artículo surgió de la experiencia de Rodica, quien creció en una Rumania devastada por la guerra durante la década de 1990; según me explicó, le resultaba curioso que algunas personas que conoció de niña siguieran prosperando y modificando su personalidad de forma positiva, incluso ante la adversidad, mientras que otras sufrían.

Por lo tanto, hay cierta estabilidad en la posición en la que estás en comparación con los demás, pero aún es posible crecer en aspectos importantes.[6] Por ejemplo, la mayoría experimentan cambios en cuanto a qué tan conscientes y emocionalmente estables son a medida que envejecen, pero hay diferencias significativas entre la gente: hay quienes cambian mucho, mientras que otros no tanto. En el conjunto de datos del *Project Talent*, por ejemplo, 40% de los adultos mostró un cambio confiable en cualquier aspecto seleccionado, mientras que el otro 60% no lo hizo.

Esto no quiere decir que todos nos convertiremos en personas diferentes entre la adolescencia y los 60 años. Tenemos cinco rasgos básicos de personalidad —estar abiertos a nuevas experiencias, concienciación, amabilidad, extraversión y neuroticismo—, y la mayoría de las personas experimentan cambios significativos en uno de ellos a lo largo de diez años. Ya es algo, ¡un cambio de un rasgo importante a lo largo de una década! Pero los otros cuatro permanecen prácticamente igual. Al parecer, el patrón que triunfa es la continuidad. Como dijo Brent: «No es como que la gente esté reformulando toda su personalidad en una década».

Así que no es fácil responder la pregunta de si somos la misma persona a lo largo del tiempo.[7] En algunos aspectos lo somos, pero en otros no. Volviendo a la metáfora del yate, quizá remplacemos las velas o la pintura, pero nuestras tablas del suelo son las mismas. O tal vez sustituimos las tablas, pero conservamos el mástil original. No somos un barco completamente nuevo, pero sin duda no somos el *mismo* barco.

Estos cambios inevitables en tu yo del futuro plantean una serie de preguntas bastante prácticas. Dado que cambiaremos, y lo haremos de formas inesperadas, ¿qué determina cómo impactan estos cambios nuestra percepción de la continuidad de nuestro yo? Pedro Rodrigues Filho, por ejemplo, estaba convencido de que era una persona completamente nueva porque ya no tenía instintos homicidas. Del mismo modo, un barco con una nueva capa de pintura puede parecer nuevo, aunque el armazón sea el mismo.

La razón por la que estas percepciones de continuidad importan es porque tienen un gran impacto en nuestro comportamiento. Si sentimos que El Viajero Torbellino todavía es *nuestro* barco, lo trataremos mejor. Seguiremos sustituyendo sus partes cuando sea necesario y tal vez hasta invirtamos en mejoras adicionales. Sin embargo, si empieza a parecernos un barco diferente —una máquina a la que le tenemos poco apego o con la que compartimos poca historia—, empezaremos a tratarlo como el último coche rentado en un viaje familiar.

La misma lógica se aplica a tu identidad. Si sientes una fuerte conexión entre tu yo actual y el del futuro —aunque tu yo actual sea diferente de tu yo del pasado, y el del futuro sea diferente de quien eres hoy—, es mucho más probable que lleves a cabo el duro trabajo de la superación personal.

TODO GIRA EN TORNO A TU CUERPO

Cuando llegues a la reunión de tu generación de la preparatoria, nadie te llamará por el nombre de tu mejor amigo. Tus amigos —o las personas que ahora solo medio conoces por las redes sociales— te verán y reconocerán que eres la misma persona que una vez habitó el cuerpo de un estudiante de 18 años. Claro, tu rostro podrá haber envejecido, y es probable que lleves un peinado diferente, pero sigues dentro del cuerpo con el cual tus amigos pasaron el tiempo hace tantos años.[8] Como sostienen algunos filósofos, cuando se trata de tu identidad, lo que persiste en el tiempo es lo físico.[9]

Pero las células de la piel cambian, los glóbulos rojos se reciclan y lo más probable es que te encojas (o que crezcas, si eres como mi suegro, a quien le encanta contarme cómo su operación de disco degenerativo le agregó un par de centímetros de estatura). Por supuesto, estas son solo algunas de las alteraciones corporales a las que puedes enfrentarte a lo largo del tiempo. Pero ¿cuánto tendría que cambiar tu cuerpo para que dejaras de ser tú?

He aquí una manera algo tonta de averiguarlo: pongamos que decidiste hacerte amigo de un científico loco, y te hace una propuesta. Va a tomar todo lo que hay dentro de tu cabeza —todos tus pensamientos, sentimientos y recuerdos— y lo va a transferir al cerebro de otra persona. Después de esta complicada y larga cirugía, habrá dos cuerpos. Uno que se parecerá a ti pero que ya no tendrá el contenido de tu mente, y otro que no se parecerá a ti pero que tendrá tus pensamientos y sentimientos.

Para hacerlo más interesante, el científico decide darle a uno de los cuerpos un millón de dólares.[10] ¿Y qué pasará con el otro cuerpo? Pues ese será torturado. Antes de la cirugía tú decidirás cuál será torturado y cuál por fin recibirá suficiente dinero para que sus hijos vayan a la universidad. ¿A quién eliges?

Supongo que le diste el dinero al cuerpo que contiene tu mente y asignaste la tortura al que una vez albergó tu mente. Si en efecto eso fue lo que decidiste, implicaría que tal vez nuestro cuerpo no es la clave de nuestra identidad.

Pero espera, hagamos otro experimento mental. Imagina que tienes un tumor que te matará a menos que te sometas a un trasplante de cerebro. Seguirías vivo, pero tus recuerdos, preferencias, planes —en esencia, toda tu vida mental— serían destruidos. ¿Aceptarías?[11] Morirás si no se lleva a cabo la cirugía, pero podrías morir también en caso de que sí te operen.

Así, la teoría del «cuerpo», como algunos la han llamado, establece que lo que hace que sigas siendo «tú» es tu cuerpo, pero estos rápidos experimentos mentales demuestran que es difícil afirmar que eso es *realmente* lo que te hace ser la misma persona a lo largo del tiempo.[12]

TODO GIRA EN TORNO A TUS RECUERDOS

Para John Locke, filósofo británico del siglo XVII, el cuerpo no podía ser la respuesta. En cambio, su entendimiento era que lo que te hace ser el mismo a lo largo del tiempo es tu «conciencia». He aquí una forma de interpretar esa perspectiva: lo que importa es tu memoria, tus recuerdos. Así, si tienes 35 años, en ti están el «tú» de hoy y la versión de ti de cuando tenías 15. Esas dos versiones comparten una identidad porque la segunda persona puede recordar los pensamientos y acciones de la primera. Piensa en una especie de cadena de memoria: tu yo de 35 años recuerda pensamientos y sentimientos de cuando tenías 15, y esa versión de ti recuerda haber tenido 12 años, y así sucesivamente.

En otras palabras, tu identidad permanece porque tienes recuerdos de distintos momentos en el tiempo y cada recuerdo está vinculado a los anteriores. Por ejemplo, Locke sugiere que si puedes recordar tu primer día de segundo año, entonces recordarás esa versión de ti. Si la persona que eres ahora comparte recuerdos con la que eras en ese entonces, se mantiene una identidad persistente a lo largo de todos esos años.

Al igual que ocurre con la teoría del cuerpo, esta también plantea problemas. Por ejemplo, si olvido lo que desayuné ayer, ¿significa que ya no soy la misma persona que fui? Tal vez hay un problema más importante aún: nadie recuerda los primeros días de su vida. ¿Acaso quiere decir que nuestra versión de bebé era una persona diferente, puesto que no conservamos recuerdos de esa etapa? ¿O sea que no llegamos a ser nosotros mismos hasta que tenemos nuestros primeros recuerdos?

TAL VEZ SEA ALGO TOTALMENTE DISTINTO

Hay un viejo chiste sobre un decano de una universidad que se siente frustrado por el hecho de que el departamento de física requiera tanto dinero para investigar. Pregunta: «¿Por qué no puedes ser como el departamento de matemáticas, que solo necesita lápices, papel y botes de basura? O mejor aún, ¿como el departamento de filosofía?, que todo lo que necesita son lápices y papel». Sé que los chistes nunca tienen gracia una vez que se explican, pero la cuestión es la siguiente: a los filósofos se les ocurren ideas que no necesitan poner a prueba. En el contexto de la identidad a lo largo del tiempo, está muy bien que los filósofos creen teorías sobre lo que hace que las personas sean iguales —o diferentes— a lo largo de su vida. Pero ¿hasta qué punto estas teorías se conectan con nuestra forma de pensar en la vida real? Dicho de otro modo, ¿qué es lo que la gente común y corriente cree que importa cuando se trata de la continuidad del yo a lo largo del tiempo?

Esa es precisamente la pregunta que Sergey Blok, en ese entonces estudiante de psicología en la Northwestern University, se propuso responder a principios de la década de 2000. Les pidió a los participantes en su investigación que imaginaran que un contador llamado Jim sufría un terrible accidente automovilístico y que solo había una forma de que sobreviviera. ¡Adivinaste!, un trasplante de cerebro. Pero esta vez se trata de un alocado experimento médico en el que su cerebro será extraído con cuidado e insertado en un robot.

Por fortuna, el trasplante tiene éxito. Cuando los científicos encienden el robot, escanean el cerebro de Jim y descubren que todos sus recuerdos están intactos. O eso es al menos lo que la mitad de los participantes leyó. A la otra mitad se le informó que, aunque el cerebro había sobrevivido, ninguno de los recuerdos eran los de Jim antes de la operación.

Si el robot «todavía» es Jim, incluso sin sus recuerdos, sería un punto a favor de la teoría del cuerpo; pero si los recuerdos son necesarios para que Jim siga siendo Jim, tendríamos que anotar un punto a la teoría de la memoria. En este estudio, en el que a decir verdad participaron pocas personas, hubo un claro ganador: la gente tendió tres veces más a considerar que el robot todavía era Jim cuando los recuerdos sobrevivieron el procedimiento del trasplante que cuando no.[13]

A la hora de averiguar los ingredientes de la continuidad, es útil saber lo que la gente común y los filósofos piensan al respecto. Pero en ambos casos nos enfrentamos a escenarios imaginarios que probablemente no se presentarán en nuestra vida y eso dificulta determinar qué es lo que importa cuando se trata de la identidad a lo largo del tiempo. ¿Cómo poner a prueba entonces estas ideas sin recurrir a experimentos mentales? Nina Strohminger, profesora de la Wharton School, decidió probar un acercamiento poco convencional para comprender qué es lo que une nuestros yoes del pasado, presente y futuro.

Sentada en su *loft* en Filadelfia, con los graznidos de sus loros de fondo, me contó que, aunque había realizado bastantes experimentos mentales, no creía que estos debieran ser la única fuente de evidencias, así que recurrió a las residencias de ancianos. En concreto, se dirigió a los cuidadores de pacientes con trastornos neurodegenerativos, es decir, trastornos en los que el cerebro ha cambiado radicalmente, como en el caso de los personajes de esas viñetas filosóficas.[14]

Se centró en tres grupos de pacientes. Un grupo padecía Alzheimer, los cuerpos de los pacientes estaban sanos, pero sus recuerdos se iban desvaneciendo. Otro grupo padecía esclerosis lateral amiotrófica (ELA), los cerebros de los pacientes estaban sanos, pero sus funciones corporales se estaban deteriorando. Y el último grupo tenía demencia frontotemporal (DFT), donde las capacidades motoras y la mayoría de los recuerdos permanecían intactos, pero con alteraciones morales. Por ejemplo, muchos de los pacientes que padecen DFT muestran disminución de la empatía, se vuelven deshonestos y dejan de prestar atención a las normas sociales.

Los cuidadores respondieron a una serie de preguntas de la encuesta, entre ellas: «¿Sientes que aún reconoces al paciente?» y «¿El paciente te parece un extraño?». Los pacientes con ELA, la enfermedad que afecta principalmente al cuerpo, pero no a la mente, fueron percibidos como los que tenían la menor alteración de identidad. Le siguió el grupo con Alzheimer. Sin embargo, la enfermedad que se percibió como más disruptiva para la identidad fue la demencia frontotemporal.[15]

El debate sobre qué nos hace ser quienes somos mientras avanzamos en la vida a menudo se ha reducido al «cuerpo» contra la «mente». El hecho de que los pacientes con DFT sean los que menos se parecen a sus yoes de antes sugiere la posibilidad de que haya algo más que habría que tener en cuenta. Pero ¿qué podría ser?

Como explican Nina y su coautor, Shaun Nichols, lo que nos hace seguir siendo quienes somos —o lo que nos convierte en personas diferentes— es nuestro sentido del «yo moral». Los aspectos que más vinculan a una persona joven con su yo mayor son: el que sea amable o mordaz, empática o insensible, educada o brusca.

Nina y sus colegas descubrieron que cuando estos rasgos morales se alteran de manera fundamental, nuestras relaciones también parecen alterarse. Nina me contó un ejemplo revelador: le preguntó a una de sus amigas que era artista qué tendría que cambiar en su personalidad para que su pareja dejara de verla como la misma persona a lo largo del tiempo. Tras reflexionar, su amiga respondió: «Creo que tendría que volverme muy mala en arte. Si me convirtiera en una mala artista, mi pareja me dejaría, ella diría: "Esta no es la persona con la que me casé, y ya no es a la que amo"».

Nina luego le preguntó a su amiga: «¿Qué cambios tendrían que producirse en tu mujer para que dijeras que ya no es la misma persona con la que te casaste»? A lo que su amiga rápido respondió: «Mmm... Supongo que si se convirtiera en una *bitch*».

Aquí hay un punto ciego interesante: cuando se trataba de sus propios rasgos, la amiga de Nina asumía que el arte era una parte tan esencial de su identidad que, si eso cambiaba, ya no sería la misma persona a los ojos de su cónyuge. Sin embargo, a ella lo que más le importaba era el grado de amabilidad de su esposa. Esto tiene sentido: la amabilidad, después de todo, es lo que Nina y sus colegas llaman un «rasgo moral esencial».

Esta anécdota ilustra a la perfección cómo los cambios en este tipo de rasgos morales pueden afectar no solo nuestro sentido de la estabilidad de la identidad, sino también nuestras relaciones.[16] Sí, cambiamos de amigos y amantes, pero si todos ellos cambiaran, esto supondría un serio desafío para nuestro sentido de la continuidad de nuestro yo a lo largo del tiempo.

Entonces, ¿Pedro Exmatador es hoy una persona fundamentalmente diferente, o es la misma persona que era antes?

Creo que la investigación sobre el «yo moral esencial» es la respuesta más indicada. Cuando los rasgos morales esenciales permanecen intactos, aunque muchas otras cosas cambien, podemos ver un hilo de continuidad en las personas. Es por eso que vemos en algunas personas una uniformidad que se mantiene a lo largo del tiempo, mientras que en otras reconocemos un cambio total.

¿Qué ocurre cuando nos enfocamos en nosotros mismos? Claro que podemos ver la continuidad —y la falta de— en los demás; reconocemos la transformación de Pedro Exmatador de asesino a sangre fría en evangelista antiviolencia. Pero ¿qué tanto vemos a nuestro yo del futuro como igual o completamente distinto de lo que somos ahora? ¿Y cómo podrían influir esas creencias en las decisiones que tomamos hoy? Estas son las preguntas que abordaré en el siguiente capítulo.

Las respuestas podrían tener graves consecuencias para tu dieta y tu cuenta bancaria, entre otras cosas.

EN RESUMEN

- ¿Cambiamos con el tiempo? Algunos aspectos de nuestra personalidad cambian, mientras que otros permanecen iguales.
- Es difícil tomar decisiones a largo plazo (como con quién vamos a casarnos) si nuestro yo del futuro es diferente a nuestro yo del presente.
- Si las personas conservan sus rasgos morales a lo largo del tiempo, es probable que veamos que su yo actual y el del futuro son similares.

Capítulo 2

MI YO DEL FUTURO ¿SERÉ REALMENTE… YO?

A las afueras de Keflavik, Islandia, hay una atracción turística conocida como la Laguna Azul. Es famosa por su intenso color celeste, sus increíblemente altas temperaturas y sus propiedades terapéuticas (el agua rica en minerales, así como la tierra blanca y espesa, son buenas para el alma y la piel. Algunos estudios han revelado que las aguas de la laguna pueden ayudar en el tratamiento de la psoriasis y reducir las arrugas).[1] Aunque la Laguna Azul puede parecer otra maravilla de la naturaleza islandesa, en realidad se formó a finales de la década de 1970 como consecuencia de un vertido de una central geotérmica cercana.

Siempre había querido visitar Islandia y su laguna, por eso aproveché la oportunidad de una conferencia académica en ese lugar (mucho mejor que el habitual Hilton del aeropuerto). La reunión, patrocinada por la Universidad de Sidney, ofrecía charlas centradas en cómo piensa la gente acerca del tiempo.

Sentado al fondo de la sala de conferencias, miraba por la gran ventana de cristal a los turistas envueltos en toallas que se dirigían a las humeantes aguas termales. Mi mujer, que me había acompañado en el viaje, estaba en algún lugar de esos manantiales o tomando fotos en algún glaciar cercano. Así que andaba algo distraído cuando Laurie Paul, profesora de filosofía de Yale, subió al estrado. Hubiera preferido holgazanear en la Laguna Azul, no estar encerrado en un monótono hotel.

Paul comenzó diciendo: «Imagina que tienes una sola oportunidad de convertirte en un vampiro. Las cosas son un poco diferentes ahora, y los vampiros no beben la sangre de otros humanos, sino de animales criados humanamente en granjas».[2]

Fue una forma apasionante de empezar una charla académica —de repente dejé de pensar en esos turistas y en la Laguna Azul y empecé a contemplar mi posible vida como vampiro—. Como señaló Paul, a mucha gente le intriga la idea, ya que convertirse en vampiro conlleva inmortalidad, poder y velocidad. Pero digamos que no estás convencido del todo: ¿realmente quieres convertirte en un «no muerto»? ¿Y de verdad quieres beber sangre? Para ayudarte a tomar la decisión, decides pedirles consejo a tus amigos vampiros.

Estos la están pasando bomba, ¡les encanta ser vampiros! Y te aseguran que amarías la experiencia. De por sí llevas ropa negra todo el tiempo (tal vez no sea cierto, pero finjamos que sí), te gustan los platillos exóticos y estás dispuesto a probar otros nuevos y también te encanta trasnochar. En otras palabras, convertirte en vampiro te sentaría bastante bien. Quieres saber más, pero cuando preguntas te dicen que debes arriesgarte.

Pero hay un detalle. Una vez que te conviertes en vampiro, no puedes retractarte. No es posible probar esta nueva forma de vida y luego decidir que no es para ti y volver a tu existencia mortal. Los vampiros son para siempre.

¿QUÉ TIENEN QUE VER LOS VAMPIROS CON NUESTRO YO DEL FUTURO?

Unos días antes de empezar a pensar en vampiros, mi mujer y yo estábamos en el baño preparándonos para nuestro último día de trabajo antes de las vacaciones. Yo estaba inmerso en un profundo debate interno sobre qué crema de afeitar llevarme (¿quedaba suficiente en el envase tamaño de viaje? ¿Confiscarían el de tamaño normal en la inspección del equipaje?), cuando mi esposa me tocó el hombro y, con una sonrisa cómplice, me entregó una prueba de embarazo que mostraba dos barras de color rosa oscuro.

Espera, me pregunté, ¿estoy viendo dos líneas allí? ¿*Realmente* íbamos a ser padres? Por supuesto que estaba encantado. Hacía tiempo que quería ser padre y había empezado a fantasear con las cosas divertidas que haría con mi futuro hijo (que, admitámoslo, se reducían a enseñarle buena música y películas).

Pero mientras escuchaba la conferencia en Islandia, mi alegría expectante fue sustituida por una escalofriante sensación de ansiedad.

¿Convertirse en padre difería en algo de convertirse en vampiro?

Me había dicho a mí mismo que sabía cómo sería la vida una vez que tuviéramos un hijo. ¡Conocía a otras personas con hijos! Incluso conocía a algunos niños. Pero ¿comprendía realmente la paternidad? ¿Sería capaz de mantener mis intereses y pasiones? ¿Sería paciente, me divertiría, sería un buen compañero, podría seguir durmiendo?

Les había pedido a varios amigos que me contaran más acerca de ser padre primerizo y me dijeron que era estupendo, satisfactorio y que no podían imaginarse la vida de otro modo (excepto por la parte de no poder dormir), todas las cosas que uno espera que digan los padres primerizos.

Sí, dijeron, deberías hacerlo si puedes. ¿Y qué pasó cuando pedí más información? Bueno, tendría que tener un hijo para *entender* lo que es ser padre.

A la mitad de mi espiral de ansiedad, Paul detuvo su experimento mental. El problema de los vampiros, dijo, no es más que una analogía de… ¡convertirse en padre! Convertirse en vampiro es una decisión irrevocable, como también lo es la de ser padre.

Al trazar este paralelismo, planteaba una idea convincente: nunca podremos conocer realmente a nuestro yo del futuro. Incluso con los mejores viajes en el tiempo, puede que sea imposible saber qué sentirán y pensarán esas versiones lejanas de nosotros. Porque, al igual que un vampiro o un padre, cuando nos convertimos en nuevas versiones de nosotros mismos —en nuestro yo del futuro—, nuestros pensamientos y sentimientos pueden cambiar de un modo que no podemos prever. No se trata solo de que no podamos saber cómo será el día a día. Más bien, no podemos saber lo que pensaremos y sentiremos, ya que esos pensamientos y sentimientos pueden cambiar drásticamente una vez que nos convirtamos en nuestro yo del futuro. Esto significa que nuestro futuro se define por una sensación de incertidumbre existencial. De cierto modo, nuestro yo del futuro siempre nos será extraño.

Pero al oír esto no me desesperé del todo, y tú tampoco deberías. Toma en cuenta la lección del capítulo pasado: cuando pensamos en otras personas somos capaces de ver una conexión —un hilo de continuidad— entre su yo pasado, presente y futuro, siempre y cuando sus rasgos morales permanezcan intactos.

Si podemos confiar en que nuestro yo del futuro mantendrá algunos de nuestros valores morales fundamentales, entonces quizá esté bien seguir preocupándonos por ellos y hacer planes para esas versiones lejanas de nosotros, aunque estén envueltas en incertidumbre. Puede que mi yo del futuro como padre sea un extraño para mí, pero mientras mantenga mi compromiso con los

Red Sox, mi empatía por los demás y mis chocolates Reese's (puede que digan que eso no es un rasgo moral esencial, pero no estoy de acuerdo), entonces quizá pueda justificar pasar tiempo pensando en él y planificando su vida.

Pero ¿cómo deberíamos pensar en nosotros mismos a través del tiempo? ¿Qué nos permite ver las conexiones entre el yo de hoy y el de mañana? Más concretamente: ¿pensamos en nuestro yo del futuro como si fuera una prolongación continua de lo que somos hoy, o pensamos en él *como si fuera* otra persona?

Como verás, comprender mejor cómo vemos a nuestro yo del futuro —ya sea como una extensión de nosotros mismos o como otra persona— puede ayudarnos a entender mejor las decisiones que tomamos hoy.

LA MALETA Y LOS FILÓSOFOS

Somos muy jóvenes cuando empezamos a pensar en nuestra identidad en términos de quiénes somos para los demás: entre los 6 y los 9 años, los niños empiezan a definirse a sí mismos a través de sus relaciones con la familia y los amigos.[3] Somos hijos, hijas, hermanos, hermanas, padres, maridos y esposas. Es un hábito esperanzador: porque asumimos que estas relaciones permanecerán estables, atamos nuestra identidad a ellos, confiando en que esto hará que nuestra identidad también sea estable.

En el capítulo anterior hablamos del barco de Teseo y de lo difícil que es saber si los objetos —y otras personas— siguen siendo «los mismos» o cambian con el tiempo. Podemos aplicar esas mismas preguntas en cuanto a lo que nos pasa a lo largo del tiempo, pero como conocemos a nuestro yo mucho mejor de lo que conocemos a los demás, tenemos que considerar algunos detalles. Si quieres una analogía útil para abordar las cuestiones de la invariabilidad y nosotros piensa en una buena maleta que hayas comprado en tu juventud. La llevas contigo de viaje en viaje, llenándola de diferentes artículos y recuerdos. Con el tiempo, la maleta se gasta por el uso y se maltrata en su paso por las bandas de equipaje, los compartimentos superiores y los artículos de aseo desparramados. Sin embargo, es muy probable que digas que sigue siendo la misma maleta, no una diferente. Lo mismo ocurre con nuestros yoes: al igual que esa vieja maleta, puede que cambien, crezcan y se manchen, pero siguen siendo una entidad única a lo largo del tiempo, en gran parte gracias a esas relaciones permanentes.

Esto puede parecer obvio, ¡por supuesto que soy la misma persona a lo largo del tiempo! ¿Quién más podría ser? Sin embargo, esta idea de un yo único y continuo ha tenido sus detractores. David Hume, filósofo escocés del siglo XVIII, la rechazó por completo. En su audaz *Tratado de la naturaleza humana*, sostenía que el yo no existe.[4] No eres una maleta. ¿Por qué? Para Hume, que algo mantenga una identidad significa que tiene que poseer el mismo conjunto de propiedades en cualquier momento a lo largo del tiempo. Está claro que este no es el caso de los seres humanos, que cambian constantemente de opiniones y preferencias. Según Hume, haríamos bien en abandonar la idea de una identidad estable a lo largo del tiempo.

Derek Parfit, otro filósofo británico que falleció en 2017, también intervino en este debate. Fue un pensador peculiar y brillante. Para no perder el tiempo en asuntos ajenos a sus escritos y su erudición, se vestía igual todos los días, con camisa blanca y pantalones negros. Durante gran parte de su vida adulta incluso desayunaba lo mismo cada mañana: salchicha, yogurt, pimientos verdes y un plátano, todo mezclado en el mismo bol (adoptó esta dieta pensando que era el epítome de un desayuno saludable, pero cuando un amigo nutricionista le hizo saber que no era así, cambió la receta al día siguiente y nunca miró atrás).[5]

Al igual que Hume, Parfit estaba obsesionado con el asunto de la identidad. Para explorar las paradojas del yo ideó ingeniosos experimentos mentales con los que intentaba comprender qué nos hace continuos —o no— a lo largo del tiempo. Ver sus antiguas conferencias es como ver la intersección entre un episodio de *Star Trek* y el líder de una secta hablando de sus revelaciones más recientes. Su complexión alta y delgada, el rostro demacrado, los enormes anteojos y el mechón de pelo blanco le dan ese aspecto de caricatura absurda de un filósofo moderno.

Para empezar, te pide que imagines un teletransportador que te copia todo —cuerpo, mente, piel, recuerdos— y te transporta a Marte.[6] Después te pide que pienses en una versión nueva y actualizada de este teletransportador. Mientras te escanea, te quedas accidentalmente en la Tierra, pero tu copia es enviada a vivir en Marte. Ahora eres dos. Pero ¿cuál es el «verdadero» tú?

Parfit sugiere que el paso del tiempo hace copias de nosotros, igual que el transportador de cuerpos, que hizo una copia tuya que llegó a Marte. Es posible que, en lugar de un yo único y constante —una identidad estable—, seamos más bien una colección de yoes *separados*.

He aquí otra analogía que puede ser útil para entender la idea que plantea Parfit: piensa en la comparación entre el «yo único» y los «yoes separados» como la diferencia entre un emprendedor y una pequeña *start-up*. El emprendedor, al igual que el yo único, realiza todas las tareas de muchas personas, pero sigue siendo un único trabajador. Desde este punto de vista, somos una persona individual a lo largo de nuestra vida, aunque nuestros intereses, gustos, creencias y relaciones puedan cambiar.

La pequeña *start-up*, por el contrario, se asemeja al modelo de los «yoes separados»: tiene muchas personas trabajando para ella, cada una de las cuales realiza una función diferente. Desde este punto de vista, podemos tener muchos yoes *diferentes* a lo largo del tiempo, cada uno con sus propios intereses, gustos, creencias, talentos, etc. Aunque todas estas personas trabajen para la misma empresa, es importante reconocer sus diferencias.

La idea de los yoes separados puede ser un poco disonante. Cuando hablo de ello en mis clases, a veces me encuentro con pequeñas crisis existenciales de mis alumnos. Si soy un conjunto de yoes separados, ¿quién soy en realidad? ¿Cómo podemos responsabilizar a las personas de cosas que han hecho antes, si quien las hizo fue una versión anterior de ellas que está separada de quienes son actualmente? ¿Y la persona con la que estoy casado ya es alguien diferente a la persona con la que me casé hace tiempo? (Si es así, por Dios, ¿de qué sirven los votos matrimoniales?).

Para Parfit, lo que importa es la sensación de conexión que cada yo separado tiene con los demás.[7] Pensemos de nuevo en la *start-up* con varios empleados diferentes. A lo largo de su vida, a medida que evoluciona de *start-up* a empresa más consolidada, es posible que lleguen nuevos empleados y que los más antiguos se vayan.

Al coincidir unos con otros durante unas semanas o meses, los empleados veteranos podrán transmitir información crucial y la cultura de la empresa a los nuevos. Y estos, a su vez, la transmitirán a los futuros empleados en los años venideros. De este modo, los vínculos conectan a los primeros empleados con los posteriores. Pero se pueden producir rupturas en la cadena si algunos empleados antiguos permanecen poco tiempo y apenas coinciden con los nuevos, o si simplemente cierta información no se transmite. Si se producen suficientes interrupciones de este tipo, es posible que algunos de los últimos empleados no sientan ninguna conexión con los primeros. Serán extraños entre sí.

Del mismo modo, nuestras identidades pueden concebirse como una serie de yoes entrelazados a lo largo del tiempo.

Cada yo sucesivo tiene mucho en común con el anterior y el posterior. No obstante, si están separados por suficiente distancia

—es decir, distancia en el tiempo— empezamos a perder algunas de esas conexiones.

Y en algún momento, si la distancia es mucha —la extensión de tiempo es grande—, nuestro yo del pasado lejano o el del futuro lejano pueden parecernos *extraños*, darnos la impresión de que son personas totalmente diferentes.

¿A QUIÉN LE IMPORTA SI MI YO DEL FUTURO ES UN EXTRAÑO PARA MÍ?

De acuerdo, pero ¿y qué? ¿Por qué importa si nuestras futuras versiones son como extraños para nosotros?

Por una razón muy sencilla: porque *tratamos a los extraños de forma diferente*. Piensa en un compañero de trabajo con el que no te relacionas a menudo. Aparte de su nombre y del área en la que trabaja, es probable que no sepas más de su vida. Y si te pidiera que le ayudaras el fin de semana —a trasladar los muebles de su antiguo departamento al nuevo, por ejemplo— es probable que digas que no. Al fin y al cabo, tienes muchas otras cosas de las que ocuparte y no tienes obligación de ayudar a un desconocido. Incluso la gente amable tiende a actuar de forma interesada y a darles prioridad a su propia persona, a sus amigos y a sus familiares. No *siempre* actuamos así, pero la tendencia a hacerlo puede ser fuerte.

Un triste ejemplo: aproximadamente un año después de que la vacuna contra el covid-19 estuviera disponible, las personas más vulnerables a la enfermedad —los adultos mayores— fueron también las que más se vacunaron (a finales de 2021, 89% de los adultos mayores de 65 años habían completado su dosis de vacunación).[8] Al fin y al cabo, les convenía vacunarse, ya que corrían mayor riesgo. En cambio, solo alrededor de dos terceras partes de los adultos de entre 25 y 49 años se habían aplicado todos los refuerzos a finales de 2021. Para este sector más joven, mucho menos vulnerable al virus, uno de los principales beneficios de la vacunación —además de prevenir enfermedades graves— era proteger a los demás y detener la propagación del covid.[9] Cuando una acción nos beneficia a nosotros mismos, es más probable que la llevemos a cabo. Sin embargo, cuando los beneficiarios son unos completos desconocidos para nosotros, puede que tendamos a actuar en nuestro favor; hay excepciones, pero para los adultos más jóvenes esto significaba no tomarse la molestia de vacunarse.

Así que conecta los puntos: si vemos a nuestro yo del futuro como si fuera un extraño, y si tendemos a actuar de forma interesada, ¿qué razón racional podría haber para hacer algo en su beneficio? ¡Hacerlo sería casi irracional!

¿Y si me como esa porción extra de pastel de chocolate aunque agrande la cintura de mi yo del futuro? ¿Por qué no? Esa cintura no es «mía», sino ¡de un futuro yo que ni siquiera conozco! ¿Gasto un poco más en un televisor 4K de gama alta o guardo ese dinero para mi plan de retiro? ¡Compraré el televisor! ¿A quién le importa la versión futura y jubilada de mí? Es solo un extraño. ¿Voy al gimnasio o veo un maratón de episodios de la próxima serie de Netflix? Por supuesto, veré la serie, ¿por qué preocuparme por otro yo?

Derek Parfit habla de este concepto en términos de un adolescente que empieza a fumar. El chico sabe que fumar puede hacer sufrir mucho a su yo del futuro, pero no le importa. Parfit escribe: «Este chico no se identifica con su yo del futuro. Su actitud hacia su futuro yo es, en cierto modo, igual a la que tiene hacia otras personas».[10]

O pensemos en la comedia filosófica de Jerry Seinfeld. Como parte de sus rutinas de *stand-up* en la década de 1990, Seinfeld se fijó en lo extraño de los anuncios de electrodomésticos que se emitían en épocas navideñas, muchos de los cuales ofrecían pagarlos hasta marzo del año siguiente. ¿No pagar hasta marzo?, se preguntaba. ¡Es como si marzo no fuera a llegar! «Claro, no tengo dinero ahora, pero *ese tipo* en marzo tal vez sí tenga». Inteligentemente, Seinfeld observó que cometía el mismo error con su propio cuerpo al quedarse despierto hasta tarde por la noche sin preocuparse por su yo mañanero después de haber dormido solo cinco horas:

> Entonces te levantas por la mañana con el despertador, y estás agotado y atontado... ¡Ah, odio a ese «tipo nocturno»! Verás, el «tipo nocturno» siempre jode al «tipo mañanero». No hay nada que el «tipo mañanero» pueda hacer. Lo único que le queda es intentar dormir en exceso lo suficiente como para que despidan al «tipo del día» y el «tipo nocturno» ya no tenga dinero para salir.[11]

Cuando Seinfeld contó este problema en el *Tonight Show*, el presentador Jay Leno lo escuchó y luego le ofreció una solución: «Si el tipo mañanero se levantara más temprano, el tipo nocturno estaría cansado». «Sí. A menos que el tipo del día se eche una siesta», respondió Seinfeld tras una pausa.

Seinfeld, con el ingenio que lo caracteriza, identifica una verdad que primero observaron los filósofos: en efecto es posible que veamos a nuestro yo del futuro como si fuera un desconocido.

El estudio de la mente y el cerebro nos permite comprender mejor por qué a veces tratamos a nuestro yo del futuro como si fuera un desconocido y cómo podemos aprender a ser más amables con él o ella.

SOBRE LOS CUMPLEAÑOS Y LOS TRAGOS ASQUEROSOS

Imagina tu próximo cumpleaños. ¿Qué ves en la escena? Ahora imagina tu cumpleaños en un futuro lejano, digamos, dentro de veinte años. ¿Qué ves? En ambos casos probablemente pensaste en las cosas típicas que se asocian a los cumpleaños: pasteles, bebidas y amigos. Pero ¿difieren en algo los dos escenarios?

Emily Pronin, profesora de psicología en Princeton, planteó distintas versiones de estas preguntas a diferentes grupos de personas. Al primero le pidió que describiera los alimentos que estaban ingiriendo en ese momento (los encuestó en comedores universitarios). Cuando escribieron sobre sus comidas, en gran medida lo hicieron desde una perspectiva en primera persona. Describieron la escena tal y como se desarrollaba ante ellos, a través de sus propios ojos.

A un segundo grupo le pidió que imaginara y describiera una comida de un futuro muy lejano (que para los universitarios era «en algún momento después de los 40»). Este grupo mostró una diferencia clave en sus descripciones: en lugar de adoptar una perspectiva en primera persona, tendieron más a utilizar un punto de vista en tercera persona. Se veían a sí mismos *dentro* de la escena, como si fueran observadores siendo testigos de la escena; utilizaron, por ejemplo, «él» o «ella» para describir a su yo del futuro, en lugar de «yo». En el ojo de la mente ¡el futuro yo parece otra persona![12]

Luego Pronin quiso saber si esta perspectiva tiene consecuencias: ¿también *tratamos* a nuestro yo del futuro como si fuera otra persona? Para responder a esto le preguntó a la gente acerca de sus preferencias a la hora de tomar una bebida con sabor desagradable. Soltó una mentirilla blanca: les dijo a los sujetos que estaba estudiando el asco, el cual sería inducido cuando consumieran un «líquido de sabor desagradable» (el brebaje de aspecto aterrador era en realidad una mezcla de cátsup, salsa de soya y agua). Para convencer a los alumnos de que probaran la bebida, Pronin les recordó que estaban contribuyendo a la ciencia.

Aquí es donde las cosas se pusieron interesantes. A un grupo le preguntó cuánto estarían dispuestos a beber —es decir, a ingerir de verdad— al final de la encuesta de investigación. Al segundo grupo le preguntó lo mismo, pero agregó que, por cuestiones administrativas, no podrían consumir la bebida hasta el comienzo del siguiente semestre (si no volvían, perderían los créditos que se les habían concedido por participar). Y a los miembros del tercer grupo les preguntó qué cantidad del brebaje les gustaría asignar para que la bebiera el siguiente participante de la investigación.

Los participantes del experimento estuvieron dispuestos a consumir, en promedio, unas tres cucharadas soperas en ese momento (estoy francamente sorprendido de que fuera tanto, tal vez a los estudiantes de Princeton en verdad les entusiasma hacer cosas por «el bien de la ciencia»). Cuando se trató de asignar el asqueroso líquido a otra persona, la cantidad se acercó más a media taza (unas ocho cucharadas soperas). ¿Y cuánta bebida para su yo del futuro? También alrededor de media taza.[13]

En muchos sentidos esto sugiere que no solo vemos a nuestro yo del futuro como si fuera otra persona, sino que también lo *tratamos* como a un desconocido.[14]

MATT DAMON, NATALIE PORTMAN Y UNA ESTUDIANTE DE POSGRADO ENTRAN EN UNA HABITACIÓN...

El costo del uso de escáneres de resonancia magnética (RM) es extremadamente alto. (Quizá hayas tenido el placer de estar dentro de uno. La experiencia es parecida a estar encerrado en un ruidoso ataúd durante unos 45 minutos). Están los costos asociados al mantenimiento de la máquina, al personal que la maneja y a los físicos e informáticos que se encargan de que los programas de fondo funcionen adecuadamente. Usar un escáner puede costarle más de mil dólares la hora a un investigador.

A menos que… utilices el escáner entre la medianoche y las cuatro de la mañana. Entonces solo cuesta la mitad. Como me encontraba en un momento de mi carrera en el que podía quedarme despierto hasta tarde y no tenía muchos fondos para investigar, me presenté en el centro de neuroimagen de Stanford a las 12:30 de la madrugada, intentando comprender si había algún punto de partida en el cerebro para la idea de que nuestro yo del futuro podría ser otra persona.

La sala era fría, estéril y estaba amueblada con unas pocas computadoras y una ventana de cristal. Al otro lado de esta había un gigantesco escáner de RM de grado hospitalario. Pero, a diferencia de las típicas máquinas de RM que se utilizan para tomar imágenes de pulmones y rodillas, esta contenía una cama y un pequeño espejo que reflejaba las imágenes de una pantalla de computadora. Al día siguiente, tras procesar las imágenes escaneadas, pude observar la actividad cerebral de los participantes mientras experimentaban una serie de pensamientos y sentimientos.

Una de las primeras preguntas que hicieron los psicólogos al utilizar este tipo de imágenes de resonancia magnética funcional (IRMf) fue: ¿puede el cerebro distinguir fácilmente entre lo que es «yo» y lo que es «no yo»? En otras palabras, ¿el cerebro puede distinguir entre el yo y el otro? Puede parecer una pregunta académica, pero «localizar» el yo en el cerebro podría representar un paso clave hacia la comprensión de la conciencia.

Un grupo de investigadores invitó a gente a acostarse en un escáner y leer una lista de adjetivos (como *atrevido, hablador* y *dependiente*) que aparecían en la pantalla arriba de su cabeza. Justo encima de esas palabras verían ya sea «YO» o «BUSH» (en aquel momento, George W. era presidente, así que era una buena opción para representar al otro). La tarea de los participantes en la investigación era sencilla: con un pulsador en la mano tenían que presionar un botón si el adjetivo aplicaba a ellos mismos; si aplicaba a Bush, debían pulsar el otro.

Hay una parte del cerebro, conocida como *corteza prefrontal medial,* que se encuentra justo detrás de la frente. Esta región, que no es más grande que una tarjeta de crédito, se activaba más cuando las personas pensaban en sí mismas que cuando pensaban en otra persona.[15] Es decir, a la corteza prefrontal medial no le interesaba George Bush, le interesaba el *yo.* Esta fue una revelación importante para neurocientíficos y psicólogos sociales, ya que demostraba que había algo especial en el yo.

Tras leer el artículo que describía este estudio, no pude evitar preguntarme: si el cerebro puede distinguir lo que soy y lo que no soy, y si *además* el yo del futuro es visto como un extraño, entonces... ¿podría ser que el yo del futuro se vea como *otra persona* en nuestro cerebro?

Se me ocurrió plantearle la idea a uno de mis mentores, un profesor de psicología y neurociencia llamado Brian Knutson, para ver si recomendaba el proyecto y, bueno, me pagaba por sentarme ante el escáner y manejarlo. Brian tiene más puntos de coeficiente intelectual que muchas de las personas que conozco y no tiene dificultad para decir que no a proyectos que no le interesan. Así que me alegré mucho cuando se entusiasmó con el mío y quiso participar.

La preparación fue sencilla. Los participantes en la investigación se acostarían en el escáner y emitirían juicios sobre palabras de atributos aplicables a su yo actual, a su yo del futuro y a otra persona ahora y dentro de diez años.

Aunque investigadores anteriores habían utilizado a George Bush como la «otra persona», no nos pareció tan buena idea para este cometido. La razón fue que, para el momento en que yo estaba llevando a cabo mi investigación, él era un presidente más controvertido que cuando realicé los trabajos anteriores.

Entonces, ¿a quién debíamos utilizar para representar al «otro»? Decidimos que los estudiantes nos ayudaran a averiguarlo. Les pedimos que eligieran a las personas más conocidas y menos controvertidas que les fueran familiares. Dos respuestas recibieron la mayoría de los votos: Matt Damon y Natalie Portman.

Esto fue en 2007, y aunque en el presente sin duda serían otros los nombres, el objetivo era encontrar personas que todos conocieran y que no fueran particularmente provocativas. Queríamos asegurarnos de que cualquier diferencia que observáramos en el cerebro fuera legítima y no se debiera a otra cosa, como emociones fuertes.

La siguiente imagen muestra lo que ocurrió en la parte del cerebro que puede diferenciar entre uno mismo y otra persona. Las líneas representan el flujo sanguíneo a esa región, que es otra forma de medir lo activa que está una parte del cerebro cuando piensas o sientes algo (más sangre equivale a más actividad).

Piensa en el eje horizontal como el tiempo de duración del escaneo: a la izquierda está el instante en que se mostró una palabra de atributos a un participante; hacia el centro se ve la reacción unos cuatro segundos después. Ese es el momento en el que se espera ver de manera más notable el efecto que tiene un pensamiento dado en el flujo sanguíneo de una parte determinada del cerebro.[16]

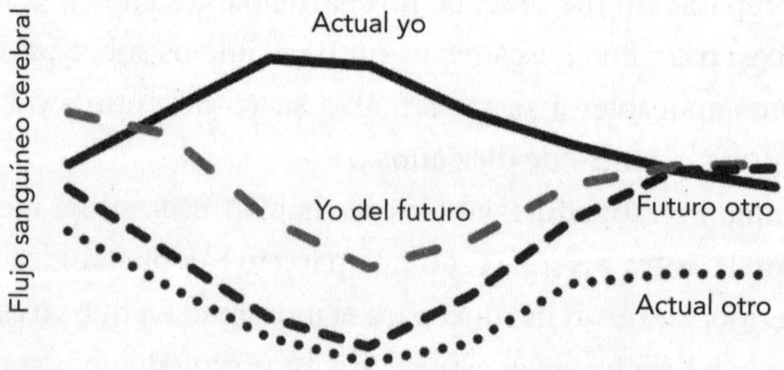

Probablemente te des cuenta enseguida de lo que está pasando. Fíjate en la línea gris discontinua: es la actividad cerebral que se produce al pensar en nuestro yo del futuro. Y es muy similar a la actividad que se produce al pensar en otra persona, tanto si está en el presente como en el futuro.

Es posible que valga la pena repetirlo: ¡en el cerebro, el yo del futuro se parece más a otra persona que al yo del presente!

Brian, mi asesor, me pidió repetir el estudio para asegurarme de que los resultados eran fiables. Después de pasar otros dos meses de noches sin dormir en el escáner, obtuve los mismos resultados.

Desde entonces, otros estudios han llegado a conclusiones similares.[17] Permíteme compartir mi favorito, en el que se utilizó una herramienta de neuroimagen llamada estimulación magnética transcraneal (EMT). La EMT envía un pequeño pulso magnético a través del cerebro y desconecta eficazmente la región fijada como objetivo. En la actualidad, la EMT se utiliza en personas con depresión crónica para activar y desactivar las partes del cerebro implicadas en la regulación del estado de ánimo, con la consiguiente mejora significativa de los síntomas.[18]

Hay una pequeña sección del cerebro llamada *unión temporal parietal,* que nos ayuda a entrar en la mente de los demás para poder empatizar con ellos y adoptar su perspectiva. Cuando los investigadores «apagaron» la unión temporal parietal, los participantes no se convirtieron de repente en sociópatas de sangre fría, pero sí mostraron un descenso en la puntuación de las escalas que miden la empatía. Como resultado, no podían acceder con tanta facilidad a la mente de otras personas.

Aquí está lo interesante. No solo se les dificultaba entrar en la mente de los demás, sino también en la de su yo del futuro. Cuando la región del cerebro que se encarga de los viajes mentales se apagaba, las personas optaban por gastar más de su dinero en ese momento en vez de ahorrarlo.[19]

Cuando se reducía la capacidad de empatizar con los demás, las personas también tuvieron dificultades para empatizar con su yo del futuro, tratándolo como si *este* fuera otra persona. ¿Por qué ahorrar para mi jubilación? Ese yo mayor es un extraño.

¿POR QUÉ VEMOS A NUESTRO YO DEL FUTURO COMO SI FUERA OTRA PERSONA?

Nuestra tendencia a pensar así, es decir, a ver a nuestro yo del futuro como a un extraño, puede deberse a una peculiaridad básica de la percepción.

Si vieras por la ventana de tu cocina a dos abejas zumbando, las verías claramente, pero si estuvieras más lejos, sería más difícil distinguirlas, sus imágenes se mezclarían, lo que dificultaría saber dónde acaba una y empieza la otra.

Es probable que algo parecido ocurra cuando hacemos comparaciones entre nuestro yo del presente y nuestro yo del futuro. Como demostraron las psicólogas Sasha Brietzke y Meghan Meyer, las personas ven una clara separación entre el yo del presente y el yo del futuro cercano.[20] Al igual que las dos abejas, podemos ver fácilmente las diferencias entre nuestro yo actual y nuestro yo del futuro en un periodo no mayor a tres meses. Sin embargo, cuando se nos pide que comparemos a nuestro yo del futuro a tres, seis, nueve y 12 meses de distancia *uno del otro*, vemos que son relativamente similares entre sí. Esta tendencia a mezclar a nuestros yoes del futuro se manifestó incluso en el cerebro: el yo del futuro más alejado del presente compartía un patrón de actividad neuronal.

Se nos dificulta ver los detalles de los objetos cuando están lejos. Nuestros yoes del futuro aparecen borrosos de manera similar. En cambio, nuestro yo actual es extremadamente vívido, igual que un objeto que tenemos al alcance de la mano. Esto sugiere que la imposibilidad para ver a nuestros yoes lejanos como «nosotros» en parte se debe al hecho de no poder verlos con claridad.

Sin embargo, como veremos en el capítulo 7, hay trucos que podemos emplear para mejorar la percepción de nuestro yo del futuro.

BIEN, ENTONCES MI YO DEL FUTURO ES OTRA PERSONA... ¿ESO ES MALO?

Pensar en nuestro yo del futuro como si fuera otra persona es, por supuesto, solo una analogía.[21] En una ocasión me hicieron una pregunta difícil durante una presentación a asesores financieros: si nuestro yo del futuro es realmente otra persona, ¿podemos casarnos con ella? La respuesta es que «no».

De todos modos, es una analogía útil. Si pensamos en nuestros yoes del futuro como si fueran otra persona, tiene sentido que a veces los tratemos tan mal. Es comprensible entonces que no nos pongamos a dieta, ni ahorremos, ni hagamos ejercicio para beneficiar a esos extraños distantes en el tiempo, sobre todo cuando tenemos tan vívido ese yo presente que tiene hambre, es flojo y realmente quiere ese iPhone nuevo.

Recuerda: hay veces en las que actuamos solo por interés propio, a menudo de forma que aumente nuestro bienestar, pero no el de los demás. Si mi yo del futuro es otra persona —un desconocido—, quizá no haya razones de peso para actuar en su favor.

Pero... no siempre somos egoístas en nuestras acciones. Hacemos sacrificios todo el tiempo, ya sea por nuestros hijos, nuestros mejores amigos, nuestros padres ancianos, nuestras parejas y, sí, algunas veces por nuestros compañeros de trabajo (al menos, los que nos caen bien). Para dejarlo claro: podemos ver a nuestro yo del futuro como si fuera otra persona, pero lo que de verdad importa es la *clase* de persona que es.[22]

Si nuestro yo del futuro es un extraño —como ese compañero de trabajo al que apenas conoces—, entonces seguro que no hay muchas buenas razones para sacrificarse por él. Justo como en la escena en la que podríamos convertimos en vampiros, en padres o en cualquier otra nueva versión de nosotros mismos, nunca podremos conocer realmente al yo del futuro en el que nos convertiremos. Pero si consideramos a nuestros yoes lejanos más emocionalmente cercanos a nosotros —más parecido a nuestros mejores amigos o a seres queridos— es mucho más probable que hoy hagamos cosas que nos beneficien mañana.

En el próximo capítulo aprenderemos más sobre esas relaciones con nuestro yo del futuro y cómo estas marcan la diferencia en aspectos importantes de nuestra vida.

EN RESUMEN

- No podemos conocer realmente a nuestro yo del futuro porque, cuando nos convirtamos en él, es posible que nuestros pensamientos y sentimientos hayan cambiado de un modo que no podemos prever. Pero podemos seguir preocupándonos por y hacer planes para él.
- Múltiples versiones de nosotros se extienden a lo largo del tiempo. Podemos pensar que esos yoes están unidos entre sí como los eslabones de una cadena, pero con el tiempo los eslabones pueden debilitarse, de modo que las versiones lejanas de nosotros pueden parecernos extrañas.
- Tratamos a los extraños de forma diferente a como nos tratamos a nosotros mismos, a menudo sin tomar en cuenta sus intereses. Si nuestros yoes del futuro nos son ajenos,

no es de extrañar que hoy hagamos cosas de las que nos arrepentiremos mañana.

- De diversas maneras, vemos a nuestros yoes lejanos como si fueran otras personas. Lo que importa son las relaciones que mantenemos con esas otras personas.

Capítulo 3

LAS RELACIONES CON NUESTRO YO DEL FUTURO

En 1773, Ben Franklin le escribió a su amigo Jacques Barbeu-Dubourg una carta en la que le expresaba su deseo de volver a la vida dentro de unos cien años. Franklin quería forzosamente ver qué sería del país que ayudó a fundar.

Pero como era inventor, no se conformaba con deseos abstractos.[1] Más bien, profundizó en la logística de la resurrección: «Preferiría una muerte ordinaria y que luego mi cuerpo fuera sumergido, junto con el de algunos pocos amigos, en una barrica de Madeira. Al cabo de un siglo, quería «ser devuelto a la vida por la calidez del sol de mi querido país».

Es difícil imaginar una versión más extrema —e improbable— de conectar con un yo del futuro. Aun así, cada vez hay más personas que hacen algo parecido a lo que Franklin imaginó hace más de doscientos años. No con un grupo de amigos en una tina de vino dulce (aunque parece una forma divertida de conservarse), sino en un contenedor de acero lleno de nitrógeno donde las temperaturas descienden por debajo del punto de congelación.

ARIZONA: UN LUGAR PERFECTO PARA CONGELARSE

A finales de la década de 1960, Linda McClintock y Fred Chamberlain leyeron, cada uno por su cuenta, un oscuro libro titulado *The Prospect of Immortality*, un tratado sobre el concepto de la preservación de la vida. En aquel momento, la idea era auténtica ciencia ficción, sin embargo, tras conocerse en una convención de la comunidad criónica en el sur de California y enamorarse, ambos decidieron explorar seriamente la posibilidad de la crioconservación. El motivo era que el padre de Fred acababa de sufrir un derrame cerebral debilitante y estaba muy delicado.

Así, en 1972, Fred y Linda Chamberlain fundaron Alcor, su empresa de crioconservación, en Scottsdale, Arizona. El clima es árido y la ubicación de la ciudad la hace relativamente impermeable a desastres naturales, como huracanes, tornados, ventiscas y terremotos que asolan a muchas otras regiones de los Estados Unidos. Nadie quiere que su apacible vida posterior se vea interrumpida por una inundación o el derrumbe de un edificio.

Cuatro años después, el padre de Fred se convirtió en el primer paciente criopreservado de Alcor. Con sus relucientes pasillos y contenedores de conservación que albergan hileras de cuerpos congelados, las modernas instalaciones en las que ahora reside su padre están muy lejos del aspecto que tenían durante los primeros días de existencia de la empresa. En aquel entonces, Alcor solo tenía un paciente (el padre de Fred) y cinco miembros que habían aceptado ser preservados. Ahora la empresa cuenta con cerca de doscientos pacientes y casi mil cuatrocientos miembros.

Pero el planteamiento general se ha mantenido más o menos igual a lo largo del tiempo: en cuanto una persona es declarada legalmente muerta, un equipo de criogenia se desplaza hasta el lugar del fallecimiento, restablece de manera artificial la circulación sanguínea y la respiración y después coloca el cuerpo del paciente en un baño de hielo. Mientras el paciente se enfría, se le protege con una decena de medicamentos y, cuando es necesario trasladarlo a Alcor en una línea aérea comercial, se le sustituye la sangre por una solución de conservación de órganos y se le transporta (¡con cuidado!) a Scottsdale, donde se le inyectan «crioprotectores» para evitar daños posteriores en el cuerpo y los órganos. Durante los siguientes cinco a siete días, el cuerpo del paciente se enfría a -195 °C, lo que permite conservarlo y almacenarlo en estado sólido durante —en teoría— miles de años (sin embargo, con el ritmo actual de los avances médicos y tecnológicos, Alcor calcula que sus pacientes solo tendrán que esperar entre cincuenta y cien años).

La promesa esperanzadora de este procedimiento es que una generación futura desarrolle la tecnología que permita una eventual «resurrección». Algunos crioclientes solo congelan su cabeza y cerebro, suponiendo que, si existe la tecnología para la resurrección, también la habrá para regenerar el cuerpo. Pero aproximadamente la mitad de los miembros de Alcor deciden congelar todo su cuerpo: aunque cuesta bastante más, no quieren volver a la vida con las extremidades de un extraño.

COMPROMETIÉNDOSE CON UN YO DESCONOCIDO

Quizá estoy demasiado limitado por los paradigmas científicos existentes, pero la idea de desembolsar más de 200 000 dólares por este procedimiento me parece… excesivo, en especial por algo que en esencia equivale a más a esperanza que a evidencia. Sin embargo, escuchar a los miembros de la comunidad criónica hablar de sus planes es, hasta cierto punto, inspirador.

Para muchos de ellos, la fe en una posible resurrección está motivada por el deseo de conectar con sus seres queridos del pasado y del presente. (De hecho, la criopaciente más joven tiene dos años; sus padres decidieron congelarla cuando le diagnosticaron un cáncer cerebral ante el cual sucumbió).

Lo mismo parece ocurrirle a Linda. Le pregunté qué es lo que más le gustaría saber o ver cuando reviva y, tras una breve pausa, exclamó conmovida: «Bueno... a Fred» (él fue criogenizado en 2012). Aunque tenía muchas preguntas sobre la crioconservación en sí (¿qué pasaría si se va la luz? Al parecer, no sería un problema grave, ya que el congelador solo requiere que un trabajador rellene el depósito de nitrógeno líquido de vez en cuando), lo que más curiosidad me despertaba era la relación de Linda con su yo del futuro.

En muchos aspectos, Linda —y la comunidad criónica en general— representa una prueba extrema de que la relación con nuestro yo del futuro determina nuestras decisiones, comportamiento y bienestar. Entonces, parece que cualquiera que esté dispuesto a gastar una pequeña fortuna en criopreservarse debe sentirse muy unido a ese distante yo del futuro en el que algún día podría convertirse.

En efecto, la vida actual de Linda refleja plenamente sus intensas conexiones con la Linda del futuro. Tras mantener una dieta vegetariana durante veinte años, ahora es totalmente vegana. Tomó la decisión luego de leer estudios que relacionan la dieta vegetal con la prevención del deterioro cognitivo. En cuanto al ejercicio y la alimentación, afirma que todo lo que hace se basa en optimizar su salud cerebral a largo plazo; la reanimación, que de por sí es una posibilidad remota, será mucho más difícil si hay alguna neurodegeneración subyacente.

Linda Chamberlain puede ser un caso atípico. Sus creencias sobre la prolongación de la vida son poco aceptadas, aunque la ciencia convencional ha empezado a reconocerlas. Su fuerte vínculo con su yo del futuro —y los comportamientos saludables que de él se derivan— puede parecer extremo, pero hay otros como ella en la comunidad criónica. De hecho, cuando se les preguntó a los asistentes a una conferencia sobre «Deshacer el envejecimiento» —para partidarios de la prolongación de la vida— qué grado de conexión sentían con su yo más lejano (180 años de edad), dijeron sentirse mucho más conectados con su futuro yo que un grupo de adultos sanos que no participaron en la conferencia.[2] Esto tiene sentido: si no estuvieran tan conectados, probablemente encontrarían otras formas de gastar esos 200 000 dólares.

LOS «YOES» DEL FUTURO ENTRE LOS NO CONGELADOS

Está claro que sentirse cerca de su yo del futuro es importante para los clientes de la criogenia. Pero este hallazgo plantea una serie más amplia de preguntas: en otros contextos, ¿es importante la forma en que nos relacionamos con nuestro yo del futuro?, ¿qué implicaciones prácticas tiene nuestra relación con estos seres hipotéticos? Estas son las preguntas que intento responder desde hace tiempo.

El primer reto consiste en averiguar cómo preguntarle a alguien acerca de su yo del futuro. Al fin y al cabo, si no estás acostumbrado a pensar activamente en tu yo del futuro ni en tu relación con él, esta línea de preguntas puede resultar confusa.

Esto es lo que no deberías hacer: preguntarle a la gente cuánto le *gusta* su yo del futuro. O, al menos, no le hagas esa pregunta a una muestra de estudiantes estadounidenses. Cuando lo hice —en uno de mis primeros intentos de medir las relaciones con los yoes del futuro— casi todos dijeron: «Oh, amo a mi futuro yo», o algo parecido.[3]

Pero yo no me creí que todo el mundo sintiera un vínculo tan fuerte con sus yoes lejanos. Si así fuera, no veríamos tantos casos en los que el yo del futuro de la gente se queda desamparado. El gimnasio de tu barrio estaría mucho más lleno. Y Dunkin' Donuts no sería una cadena nacional.

Pensé que tenía que haber una forma diferente de llegar a nuestras verdaderas conexiones con el futuro.

La respuesta llegó de la mano de un amable psicólogo llamado Art Aron, un profesor de psicología en SUNY Stony Brook. lleva casi todos los días un suéter claro (beige, marrón o a veces estampado) sobre una camisa de botones y una mochila sobre los hombros.

Cuando comenzó sus estudios de posgrado en la Universidad de California, Berkeley, en la década de los setenta, Aron estaba desesperado por encontrar un tema de investigación que lo convenciera.[4] Lo normal entonces era estudiar algo que nadie hubiera estudiado antes. En aquel entonces se había enamorado de Elaine, con quien lleva casado ya más de cuarenta años. Así que decidió estudiar lo que estaba sintiendo en ese momento: el amor. O en concreto, las relaciones románticas. Cómo empiezan, qué las mantiene durante un largo matrimonio y cuál es la base biológica del amor.

Aunque Aron es más conocido por sus 36 preguntas para hacerle a alguien si quieres enamorarte —preguntas que formuló y publicó con Elaine—, hay otra línea de investigación que también realizó con su esposa que es igualmente poderosa.[5]

Juntos desarrollaron una teoría sobre las relaciones cercanas, señalando que uno de los ingredientes clave era la sensación de que tu pareja romántica (o ser querido) estaba incluida en tu sentido del yo. Por ejemplo, si alguna vez no recuerdas si una historia te ocurrió a ti o a tu pareja, eso es una forma de incluir a tu pareja en tu yo.[6] O si la idea de que tu pareja reciba un ascenso laboral te ilusiona tanto como si fueras tú quien lo recibirá. Cuando Jerry

Maguire le dice a Dorothy Boyd que ella lo completa, también muestra cómo el amor crea yuxtaposiciones de los yoes, de modo que nos sentimos incompletos sin nuestra pareja.

Aron y Aron idearon un sencillo dibujo para medir este concepto de «inclusión en el yo».[7] El dibujo muestra siete conjuntos de círculos que progresan desde estar totalmente separados hasta superponerse casi por completo.

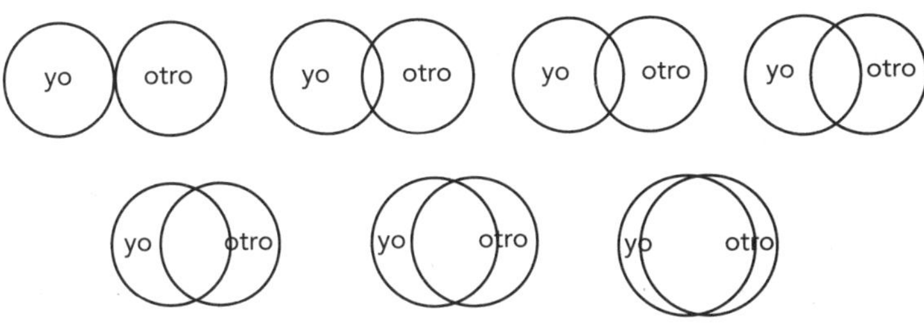

Aunque las instrucciones eran sencillas —«elije el grupo de círculos que represente mejor tu forma de pensar sobre tu pareja»—, las respuestas eran importantes. Cuanto mayor era la superposición, mayor era la probabilidad de que siguieran con su pareja tres meses después, que estuvieran satisfechos con su relación y más compromisos estaban dispuestos a hacer con ella.

UNA RELACIÓN CON TU YO DEL FUTURO

Cuando empecé a intentar medir la calidad de las relaciones que mantenemos con nuestro yo del futuro, estaba trabajando con una estudiante de maestría llamada Tess Garton, quien había encontrado la «medida de los círculos» creada por Aron y me preguntó si podría ser útil para nuestra investigación.

La idea cobró sentido al instante. Ya existen pruebas que han demostrado medir con éxito las conexiones que tenemos con *otras personas*. Utilicémoslas para evaluar la calidad de los vínculos con nuestros yoes del futuro, que son algo así como otras personas, al menos desde la perspectiva del cerebro.

Empezamos con un grupo reducido de estudiantes universitarios a los que les pedimos que eligieran el conjunto de círculos que representaran lo «más parecidos» que sintieran a sus yoes del futuro. En concreto, les preguntamos por su yo del futuro dentro de diez años, pensando que veríamos muchas diferencias entre las personas.[8] Después de todo, si hubiéramos elegido un mes más adelante, sospechábamos que la mayoría de la gente diría que se sentía bastante similar a ese yo; y si hubiéramos elegido un tiempo muy lejano, como cuarenta años, la mayoría diría que no sentía ninguna similitud con él.

Intentamos que esta pregunta fuera sencilla y solo se refiriera a la similitud. Nos pareció un buen punto de partida: cuanta más similitud sientes que compartes con un desconocido, más te gusta y más unido te sientes a él.[9] Y pensamos que lo mismo debería ocurrir con nuestro yo del futuro.

También les dimos a nuestros participantes una serie de opciones financieras en las que tenían que elegir entre pequeñas cantidades de dinero que recibirían inmediatamente (digamos, 16 dólares esa noche) y cantidades mayores que podrían obtener más adelante (digamos, treinta dólares dentro de 35 días).[10]

Si las relaciones con nuestro yo del futuro importan, es decir, si sentirnos cercanos a nuestro futuro yo nos ayuda a hacer lo correcto por él, ya sea invirtiendo en criogenia o ahorrando para la jubilación, entonces la respuesta en la escala de círculos debería coincidir con las respuestas en el tema financiero. En efecto, la cercanía social es importante en otras decisiones: es más probable que renunciemos al dinero para nosotros mismos y se lo demos a otras personas si sentimos que son emocionalmente cercanas a nosotros.[11] Por tanto, las personas que se sienten más parecidas a sus yoes distantes, deberían, en teoría, ser más pacientes con sus elecciones de dinero, y estar más dispuestas a esperar a recibir cantidades mayores más adelante en lugar de aceptar cantidades más pequeñas ahora.

Pero no estaba seguro de lo que encontraríamos. Después de todo, la idea de expresar una conexión con tu yo del futuro sigue siendo bastante abstracta. Claro que dar a la gente una imagen de círculos lo hacía un poco más concreto, pero ¿podrían las respuestas a esa pequeña escala corresponderse realmente con las elecciones financieras?

De hecho, existía una correlación significativa entre el conjunto de círculos que las personas elegían y su disposición a retrasar la recepción de un pago. En resumen, cuanto más parecidas eran las personas a su yo del futuro, más estaban dispuestas a esperar recibir el pago.

Concuerdo con que un escéptico podría decir que es un buen hallazgo, pero que en este estudio solo participaron estudiantes universitarios... y ¿qué tanto sentido tiene una elección imaginaria entre 16 dólares esta noche y treinta dólares dentro de más o menos un mes?

Es una crítica válida, así que decidimos ir más allá. Reclutamos a otras 150 personas, pero esta vez invitamos a miembros de la comunidad a participar en nuestro estudio. Y en lugar de preguntar sobre decisiones monetarias hipotéticas, hicimos un recuento detallado de sus finanzas personales.

Una vez más, las relaciones con el yo del futuro fueron importantes. Las personas que se sentían más parecidas a sus futuros yoes también habían acumulado más bienes a lo largo del tiempo.

Por supuesto, puede haber otros factores que expliquen tanto la sensación de conexión con tu yo del futuro como con tus bienes. Podrías imaginar, por ejemplo, que las personas de más edad también se sentirían más vinculadas a su yo del futuro y que, debido a su edad, tendrían más probabilidades de haber acumulado riqueza. Sin embargo, cuando controlamos factores como la edad, la educación, los ingresos y el sexo, el vínculo entre la conexión del yo del futuro y el patrimonio permanecía.

La Oficina para la Protección Financiera del Consumidor de los Estados Unidos recientemente formuló una versión de nuestra pregunta sobre el yo del futuro a un grupo de más de seis mil estadounidenses —personas de los cincuenta estados y de todo el espectro en términos de ingresos, edad, raza, educación y rasgos de personalidad como la meticulosidad y la extraversión—. Esta vez, en lugar de mostrarles círculos, solo se les preguntó a los encuestados qué tan «conectados» se sentían con su yo del futuro en una escala del uno al cien. Y de nuevo: a mayor conexión, más habían ahorrado y mejor era su bienestar financiero general.[12] Esta correlación se mantuvo incluso teniendo en cuenta las características demográficas y de personalidad.[13]

Vemos resultados similares cuando estudiamos el crebero. ¿Recuerdas que a nivel neuronal el yo del futuro *se parece* más a otra persona que al yo actual? Pues bien, ese hallazgo se basa en un promedio: en promedio, el cerebro responde a tu yo del futuro de la misma manera en que respondería a un extraño.

Sin embargo, el problema de los promedios es que pueden ocultar diferencias significativas entre las personas. En efecto, cuando analizamos los datos más detenidamente, nos dimos cuenta de que para algunas personas la actividad cerebral cuando piensan en el futuro y cuando piensan en el presente difiere de manera importante. Para esas personas el yo del futuro *en verdad* se parece a otra persona. Para otras, la diferencia era mucho menor, con un futuro más parecido al actual.

Sospechamos que estas diferencias entre las personas podían ser significativas. Investigaciones anteriores habían descubierto que si piensas en una persona muy parecida a ti —tu mejor amigo, tu padre o un ser querido cercano—, las diferencias en tu cerebro cuando piensas en ella son relativamente pequeñas en comparación con pensar en ti mismo.[14] En otras palabras, tus sentimientos de cercanía se reflejan en tu actividad cerebral.

Entonces decidimos comprobar si las diferencias cerebrales que habíamos identificado podían predecir el tipo de decisiones financieras que tomaban las personas. Dos semanas después de escanear su cerebro, los participantes en nuestra investigación volvieron al laboratorio para contribuir en una tarea rápida de toma de decisiones.

Tenían que elegir entre pequeñas cantidades de dinero que podían recibir inmediatamente y grandes cantidades por las que tendrían que esperar (las elecciones eran reales: recibieron el dinero en el momento que especificaron).

En efecto, cuanto más se parecía el yo del futuro a otra persona según la actividad cerebral, más impacientes tendían a ser las personas con respecto a sus decisiones financieras. Dicho de otro modo, la «alteridad» del futuro yo estaba vinculada a una preferencia por pequeñas cantidades de dinero hoy, en lugar de mayores cantidades más adelante.[15]

MÁS ALLÁ DEL DINERO

Estos vínculos con nuestro yo del futuro, y el poder que estos tienen sobre nuestras decisiones, van más allá del dinero. Por ejemplo, cuanto más conectadas estén las personas con su yo del futuro, más probable es que elijan un camino ético. Esto se debe a que elegir un camino gratificante pero éticamente dudoso es, en un sentido práctico, una forma de priorizar el hoy sobre el mañana (le transfieres el riesgo de ser atrapado a tu yo del futuro). Y cuanto más conectadas están las personas con su futuro yo, mejores calificaciones obtienen en la escuela y la universidad, y más probable es que hagan ejercicio.[16]

Para mí, el resultado más impresionante de nuestras relaciones con el futuro es el bienestar psicológico, en especial la satisfacción con la vida.[17] En 1995, casi cinco mil adultos de entre 20 y 75 años participaron en lo que se conoce como la encuesta Midlife Development in the United States, en la que respondieron a una serie de preguntas sobre sus características actuales (por ejemplo, lo tranquilos, cariñosos y sabios que eran) y sobre cómo pensaban que serían dentro de diez años. Los que se sentían cercanos a sus yoes del futuro imaginaban una mayor coincidencia de rasgos entre su yo actual y el del futuro. Por el contrario, los que se sentían menos cercanos tendían más a imaginar a su yo del futuro como una persona diferente con rasgos distintos.

Una década más tarde, en 2005, se volvió a encuestar a estos adultos. Uno de mis alumnos, Joey Reiff, consiguió este conjunto de datos y se dio cuenta de que nos permitía «comprobar» en qué futuro yo se convertirían las personas. ¿Quiénes acabaron más satisfechos con su vida, los que preveían más cambios y diferencias a lo largo del tiempo o los que preveían más similitudes?

La similitud ganó: el grado de coincidencia entre los yoes estaba más estrechamente relacionado con el bienestar que cualquier cantidad de cambio previsto.[18] Y esto era un hecho, sin importar que el cambio previsto fuera positivo o negativo. Por supuesto, podría darse el caso de que las personas que ven más similitudes también vivan vidas más estables en este momento y esperen seguir haciéndolo. Pero en nuestra investigación tuvimos cuidado de tomar en cuenta otros factores que podrían conducir a un mayor bienestar, como las características demográficas y el estatus socioeconómico.

Vale la pena dedicar un momento a reflexionar sobre este resultado, porque creo que revela mucho sobre la naturaleza de nuestra relación con nuestro yo del futuro. Imagina que en 1995 juntaras a dos mujeres de mediana edad con circunstancias de vida relativamente similares y les pidieras que hicieran una predicción sobre qué tan parecidas serían a su yo actual dentro de diez años. Si una predijera más similitud, y la otra, más cambio, sería la que conciba la similitud —al menos en este conjunto de datos— quien estaría más satisfecha con su vida diez años después.

¿Por qué? Bueno, ya sabemos que las personas que ven más similitudes entre su yo actual y el del futuro tienden a hacer cosas como ahorrar más, ejercitarse con mayor frecuencia y elegir el camino más ético. Es posible, aunque no podemos asegurarlo, que años de este tipo de comportamiento lleven a una vida más satisfactoria.

Pero ¿no se opone este hallazgo —que una mayor similitud va unida a más satisfacción vital— a la noción tan estadounidense de que todos deberíamos esforzarnos por superarnos? Probablemente no.

Los investigadores Sarah Molouki y Dan Bartels descubrieron que cuando las personas piensan en lo que les provoca una sensación de conexión con versiones futuras de sí mismas, incorporan naturalmente la idea de superación personal.[19] Puedo percibir un vínculo con mi yo del futuro —sintiendo que él y yo somos parecidos y compartimos una conexión—, pero aun así anticipar que con el tiempo mejoraré en las cosas que me hacen ser «yo». No me convertiré en una persona diferente, sino en una mejor.

LA FLECHA APUNTA HACIA ACÁ

Es un cliché de las ciencias sociales: «correlación no es sinónimo de causalidad». También es cierto. Todos los resultados de los que he hablado hasta ahora —que las relaciones sólidas con nuestro yo del futuro están vinculadas a un comportamiento a largo plazo—

representan correlaciones. Pero quedan abiertas las preguntas sobre qué cosas *causan* qué resultados.

¿Será cierto entonces que las relaciones con nuestro yo del futuro conducen a una toma de decisiones financieras más paciente, o podría ser plausible que las personas que son más ricas y pacientes simplemente acaban estando más unidas a sus yoes del futuro?

Para responder esta pregunta adecuadamente, lo ideal sería ponerse el gorro de científico loco, encontrar a miles de personas que participen en un experimento gigantesco y dividirlas en dos grupos.[20] A los integrantes de uno, les darías un montón de dinero y verías si eso cambia el grado de conexión y similitud que sienten con su yo del futuro. Y a los del otro grupo les harías sentir una mayor conexión con su futuro yo de alguna manera y verías si adoptan comportamientos más positivos orientados hacia el futuro.

Si lo hiciéramos, sabríamos de forma concluyente si las relaciones estrechas con nuestro yo del futuro *causan* un mejor comportamiento, o si la flecha causal gira hacia el sentido contrario. Pero nadie ha hecho ese experimento. Aun así, es posible que estos procesos estén relacionados. Si sientes más conexión con tu yo del futuro, tiene sentido que quisieras invertir más en él. Al mismo tiempo, si tu vida es estable y cómoda, puede que te resulte más fácil pensar en el futuro y sentirte vinculado a la persona en la que te convertirás (de hecho, a medida que las personas envejecen y experimentan más estabilidad en su vida, afirman sentir mayores niveles de conexión con sus yoes del futuro).[21]

Pero hay pruebas convincentes que sugieren que la flecha apunta con más fuerza en una dirección.

En primer lugar, en encuestas realizadas a miles de adultos, hemos observado que quienes han recibido una gran suma de dinero en el último año (por ejemplo, al ganar la lotería o recibir una herencia) no manifiestan un mayor grado de conexión con su yo del futuro que los adultos que no han tenido tanta suerte.[22]

En otras palabras, no por fuerza se da el caso de que un escenario financiero inmediatamente mejor *conduzca* a un vínculo más fuerte entre el yo actual y el del futuro.

Una segunda prueba proviene de Dan Bartels, a quien he mencionado antes, y su colega Oleg Urminsky. Ambos les pidieron a estudiantes universitarios de último semestre que leyeran un texto corto en el que se indicaba que podían esperar muchos cambios en sus rasgos principales de personalidad después de la universidad o, por otro lado, que verían muy pocos cambios en esos rasgos. Los que leyeron sobre la similitud entre su yo actual y el del futuro tendieron más a ser pacientes a la hora de elegir entre pequeños certificados de regalo que podían recibir de inmediato u otros más grandes para los que tendrían que esperar.[23] Se trataba de una simple intervención, pero sugiere que cambiar la sensación de conexión con tu yo del futuro puede aumentar tu disposición a realizar más acciones que lo beneficien. Incluso, podría especular que también beneficien a otros.

CONECTAR CON LOS DEMÁS, MÁS ALLÁ DEL AHORA

Cuando tenía 32 años, a Arne Johansen le diagnosticaron la enfermedad de Lou Gehrig. Es una edad muy joven para recibir el trágico pronóstico de que te quedan solo unos cuantos años de vida. Arne era padre de cuatro, muy activo en su comunidad, así como entrenador de los equipos deportivos de sus hijos. Su hijo mayor, Ryan, tenía tan solo 11 años cuando le diagnosticaron la enfermedad.

Según me contó Ryan, Arne y él eran muy unidos. Tanto que hablaron largo y tendido sobre la realidad que su padre estaba viviendo.

Aunque seguían pasando mucho tiempo juntos, Ryan notó que su padre, casi inmediatamente después de recibir el diagnóstico, empezó a dedicar varias horas al día a escribir cartas. Cuando sus capacidades motoras se deterioraron (lo que ocurrió bastante pronto), mecanografiar se convirtió en una tarea difícil. Corrían los primeros años de la década de 1990 y aún no existía una tecnología de dictado sofisticada. «Recuerdo que lo veía teclear todo el tiempo y, cuando ya no pudo hacerlo, le instalamos en la silla de ruedas unos brazos mecánicos que le sostenían las manos con unas pequeñas puntas de goma en los dedos para que pudiera pulsar las teclas de la máquina de escribir», relata Ryan.

Cuando esa tecnología rudimentaria no fue suficiente porque su salud se seguía deteriorando, la familia contrató a una enfermera. Incluso en este estado, Arne continuó escribiendo cartas mediante el dictado a su enfermera.

Ryan, a manera de cuidador, iba a ver a su padre todas las mañanas antes de ir al colegio o al entrenamiento de futbol americano. Una de esas mañanas, unos tres años después del diagnóstico inicial, Ryan descubrió que su padre se había «ido».

Ryan ahora es el jefe de policía de San Bruno, una pequeña ciudad al sur de San Francisco, y se ha acostumbrado a lidiar con situaciones en extremo difíciles, pero reconoce que ese momento fue particularmente horrible. Para mucha gente ese es el momento «que recuerdas para siempre, ¿qué se siente ver a tu padre así, sin vida?».

Pero ese no es el recuerdo dominante o el más vívido de aquella mañana. Sino que, después de descubrir que su padre había muerto, fue a buscar a su madre para contarle lo sucedido. Diez minutos después, ella le entregó un sobre de papel manila que contenía una breve carta de Arne.

Más que el trauma de la muerte y la negatividad asociada a esa pérdida, lo que Ryan recuerda es la carta. Estaba dirigida a él —no a los otros niños ni a su madre—, y aunque solo era un párrafo, era un esfuerzo por estar presente en lo que «probablemente sería el momento más difícil de mi juventud, y un momento en el que hubiera querido que mi padre estuviera ahí, pero él no podía estar», me contó Ryan.

Lo que no sabía era que le llegarían muchas más cartas de este tipo. En una de ellas, Arne escribió que no tenía necesariamente miedo a morir, que ya lo había asumido cuando le diagnosticaron la enfermedad. No, lo que más temía era no poder estar al lado de su mujer y sus hijos en los años venideros. Reconoció que todos los ritos de iniciación normales —momentos que deberían provocar alegría pura— quedarían marcados para siempre por el dolor asociado a su ausencia.

Por ello, en un esfuerzo por mitigar parte de esa tristeza, escribió cartas para conmemorar casi todas las experiencias vitales significativas que sus hijos enfrentarían en el futuro.

A sus cuarenta y tantos años, Ryan ha recibido notas de su padre el día del funeral, en el primer aniversario de su muerte, en sus graduaciones del bachillerato y de la universidad, en el día de su boda y en el nacimiento de su primer hijo. Incluso hay una carta esperando el nacimiento de su primer nieto.

Arne escribió docenas de estas cartas: para sus otros hijos, para su mujer y también para otras personas.

Estas cartas son un poderoso recordatorio de que podemos mantener un sentimiento de conexión con las personas incluso después de que se han ido. Al pensar en su propio yo del futuro y en la vida más allá de la existencia de ese yo, Arne acabó por darle forma al futuro yo de los demás también.

Gracias a las cartas, Ryan aún siente cerca a su padre, que sigue siendo una influencia importante en su vida. Y, lo más inesperado, es que las cartas han permitido a sus propios hijos llegar a conocer mejor a su abuelo, su voz, su personalidad y su «yo», todo lo cual parece haberse asomado a través de la escritura.

Las cartas de su padre incluso motivaron a Ryan a crear su propia empresa. Cuando se hizo policía hace dos décadas, trabajaba en el Departamento de Policía de San Diego y tenía asignada una ronda en un barrio especialmente violento.

En su primer año se vio implicado en un incidente en el que recibió varios disparos. Aunque su padre se pudo dar el «lujo» de disponer de varios años para planificar lo que le quedaba de vida, Ryan se dio cuenta de que en su trabajo podría morir en cualquier momento.

Así que se sentó a escribir el mismo tipo de cartas que su padre. Sin embargo, la tarea le resultaba muy difícil —tardaba una eternidad en escribir tan solo la mitad de una carta—.

Tal vez, pensó, podría usar su *webcam* para grabar una «videocarta». Pero también esto resultó más difícil de lo que esperaba. Grabar un video con la intención de que fuera una fuente de apoyo el día de la boda de su hija se convirtió, más bien, en un montón de sollozos unidos a un mensaje apenas inteligible.

Estos esfuerzos llevaron a Ryan a fundar EverPresent, una empresa que pretende ser un foro en el que cualquier persona, sana o enferma, pueda crear este tipo de videos «de legado» para compartirlos con sus seres queridos después de su muerte.

Como señaló Ryan, y aunque suene raro viniendo de un jefe de policía, las instrucciones del video siguen en realidad las técnicas habituales de interrogación: se le hace al usuario una serie de preguntas con el objetivo de que cuente una historia. Resulta que hacer eso es mucho más fácil que sentarse delante de una cámara sin un guion real o un sentido del orden.

Para Ryan, el proceso ha tenido un impacto, ya que lo ha obligado a pensar más profundamente en sus seres queridos, y la creación de los videos lo ha acercado a ellos. Otros usuarios de EverPresent han tenido experiencias similares. En un testimonio, por ejemplo, un usuario señala que, aunque compró una suscripción para su madre como regalo de Navidad, desde que ella grabó sus videos, el regalo ha sido para toda la familia.

Y Ryan obtuvo otro beneficio: al llevarlo a pensar más allá de su tiempo de vida, los videos grabados lo hicieron sentirse más cómodo ante la perspectiva de su propia mortalidad, en parte porque sabe que no dejará ningún cabo suelto con su familia.

Tener menos miedo a morir, a su vez, ha hecho que le sea más fácil mostrar compasión en los momentos clave de toma de decisiones a los que se enfrenta como policía. «Puede que estés un poco más dispuesto a hablar antes de sacar la pistola», me dijo, porque sabes que, en caso de morir, tienes preparado un cierre de ciclo con tu familia, aunque solo sea en forma de «videocartas».

Y Ryan no es el único: los médicos de Stanford Health Care han emprendido un proyecto similar de redacción de cartas con sus pacientes. En un esfuerzo por hacer que estos reflexionen más a fondo sobre sus deseos al final de su vida, los médicos de cuidados paliativos han introducido una directiva anticipada en forma de carta. La estrategia es similar, aunque no busca conseguir exactamente lo mismo que Ryan con EverPresent. Se les pide a los pacientes que escriban tanto sobre lo que más les importa ahora como sobre lo que creen que les importará al final de su vida, y también cómo quieren que sus familiares los recuerden. Esto ha hecho que a los pacientes les sea más fácil expresar sus preferencias a los médicos.[24] En la medida en que los planes claros y bien documentados para el final de la vida conducen a «mejores» muertes (tanto para los pacientes como para sus cuidadores), es razonable pensar que estos ejercicios de escritura de cartas podrían facilitar un poco la etapa más difícil de la vida.[25]

Aquí hay una lección más importante. Para filósofos como Derek Parfit, considerar las conexiones con nuestro yo del futuro es algo que puede hacer que la muerte sea un poco menos aterradora. Si pensamos que solo existe un «yo», entonces la vida termina cuando llega la muerte. «Después de la muerte», escribe Parfit, «no habrá nadie vivo que sea yo».

Pero si nuestra vida se define mejor como una colección de yoes separados —que experimentan cierto grado de conexión entre sí—, entonces tal vez la muerte no nos inspire tanto terror. Claro que, como señala Parfit, la muerte creará una fuerte división «entre mis experiencias presentes y las futuras, pero no romperá otras relaciones».[26] Podremos seguir viviendo en la mente y el corazón de nuestros seres queridos. Los destellos del yo sobreviven.

El significado de esta reflexión es que no necesitamos que nos defina nuestro rostro, nuestros intereses, nuestros recuerdos o la carne que se aferra a nuestros huesos. Esos aspectos de nuestro ser dejarán de existir al morir. Otros aspectos, sin embargo, pueden persistir, y lo hacen en gran medida a través de nuestras relaciones más cercanas. Ya sea mediante los valores fundamentales que transmitimos a los demás, de las impresiones que les causamos o de las historias que cuentan sobre nosotros, podremos seguir influyendo en el mundo incluso cuando nos hayamos ido.

Pregúntale a Ryan, o quizá incluso a la gente de Alcor.

Reconocer las conexiones entre los yoes a lo largo del tiempo puede influir mucho en nuestro comportamiento y nuestra satisfacción por la vida. Ya sea a través de decisiones financieras o de salud, de caminos éticos o de relaciones póstumas con los seres queridos, mantener fuertes lazos con nuestro yo lejano está vinculado a resultados positivos. En resumen, cuanto más cerca te sientas de tu yo del futuro, mejor te prepararás para el porvenir, sea cual sea.

Pero antes de hablar de cómo acortar la distancia entre tu yo actual y el del futuro (lo que haremos en la última sección del libro), es importante comprender el lado oscuro de las relaciones con nuestro yo lejano. ¿Qué ocurre cuando las conexiones con nuestro yo del futuro se desvanecen y qué se puede hacer, si es que se puede hacer algo, para evitarlo? ¿Qué nos dicen las conexiones débiles con nuestro yo del futuro sobre los errores que cometemos a menudo en nuestra vida cotidiana?

EN RESUMEN

- Las relaciones que mantenemos con nuestro yo del futuro desempeñan un papel crucial en las decisiones que tomamos.
- Unas conexiones más fuertes con nuestro yo lejano están vinculadas a resultados positivos.
- Estos resultados pueden encontrarse en diversos ámbitos, como un mayor bienestar económico, una mayor probabilidad de hacer ejercicio, mejores calificaciones y un mayor bienestar psicológico.
- Reforzar la conexión con tu yo del futuro puede aumentar tu disposición a emprender más acciones en su beneficio.

PARTE II

TURBULENCIA

Entendiendo los errores que cometemos al pasar del ahora al después

Capítulo 4

PERDER EL VUELO

Cuando Groupon se echó a andar en 2008, se centró en ofertas con grandes descuentos que se «activaban en grupo»: un número determinado de consumidores tendría que comprar la oferta antes de que se activara. Como estudiante de posgrado con un presupuesto ajustado, pensé que la empresa ofrecía un excelente servicio, así que a menudo compraba con gusto cupones para cosas que «necesitaba» o sentía que necesitaba.

A dos años de la existencia de Groupon, yo vivía en Chicago y estaba dando clases a estudiantes de maestría en Administración de Empresas por primera vez. Esto significaba que mi atuendo habitual de pantalones cortos y playera no era adecuado: necesitaba ropa de vestir para el aula.

Me alegré mucho cuando vi una oferta de Groupon de dos camisas de vestir por noventa dólares. Dado que no era mi primera experiencia con Groupon, era muy consciente de la tentación que sentiría cuando fuera a usar el cupón. Sabía que probablemente compraría más de la cantidad asignada, y que gastaría más de noventa dólares en camisas que no necesitaba. En otras palabras, me iría a la quiebra ahorrando dinero.

Pero tenía una solución. En lo que me pareció un movimiento de sofisticada previsión, le pedí a mi mujer que me acompañara a la tienda, implorándole que me ayudara a comprar solo dos camisas.

Antes de nuestra jornada de compras, ya estaba algo preocupado por excederme en mi presupuesto, ya que la tienda estaba justo al lado del lujoso distrito comercial de Michigan Avenue, en Chicago, cuyo elegante nombre era «Clothiers».

Tras subir las escaleras, nos saludó Jake, un apuesto e impecablemente vestido vendedor. Llevaba un peinado perfecto y su camisa abotonada parecía hecha a la medida. Antes de que pudiera decirle: «Vengo por la oferta de Groupon», nos estrechó la mano y nos preguntó si queríamos tomar algo: «¿Un té, café, o vino o cerveza?». Bueno, una cerveza estaría bien, pensé.

Cuando volvió con nuestras bebidas, de nuevo intenté decirle que estaba allí por la oferta de Groupon, pero enseguida empezó a preguntarnos cómo iba el día y me felicitó por mi atuendo. Finalmente, le hice saber que tenía el cupón para dos camisas y que eso sería todo lo que necesitaría ese día.

—Claro —dijo—, pero primero déjame enseñarte nuestros trajes.

—No, no —protesté—, de verdad que solo he venido por las dos camisas.

Me gustaría pensar que pude haber intentado decirle que ya había elogiado mi atuendo, entonces ¿qué necesidad tenía de comprar más de dos camisas? Pero estoy seguro de que no me habría atrevido. Además, él era un profesional, sabía exactamente lo que hacía.

—Está bien —cedió—, solo las dos camisas. Pero de todas formas tenemos que pasar por la zona de trajes, así que puedo mostrártelos.

Me dijo que había tres categorías de trajes. Los de «gama baja» costaban unos quinientos dólares. La categoría intermedia, la que aparentemente «compraba la mayoría de los clientes», rondaba los novecientos dólares. ¿Y la última categoría?, unos 18 000 dólares por traje.

¿Dieciocho mil dólares? Le pregunté por qué diablos un traje costaba tanto. Claro, el material se veía bueno, pero también parecía un traje de rayas común y corriente.

Jake nos comentó que todo estaba cosido a mano y hecho a la medida de cada cliente para que le quedara a la perfección. ¿Pero las rayas? «Míralo bien», me dijo. Cuando me acerqué al traje me di cuenta inmediatamente de que las rayas tenían... un monograma.

«Piénsalo», dijo Jake en tono soñador, «¡tu traje podría decir "HAL, HAL, HAL, HAL" por todas partes!». Y aún mejor —como si uno pudiera imaginar que algo fuera todavía «mejor» en un traje así—, el hilo estaba bañado nada menos que en oro líquido.

Por supuesto que no compré el traje. Hubiera preferido comprarme un coche nuevo. Y para ser honesto, no creo que Jake estuviera realmente tratando de vendérmelo. Pero lo que estaba haciendo, con bastante eficacia, era llamar mi atención con un precio mucho más elevado que los noventa dólares que estaba dispuesto a gastarme.

Una hora más tarde, mientras apretaba el recibo de cuatro camisas —el doble de las que pretendía comprar—, le dije con orgullo a mi mujer (y a mí mismo) ¡que al menos no me había dejado engañar para gastarme un montón de dinero en un traje que no me podía permitir!

ANCLAS Y VIAJES EN EL TIEMPO

Lo que Jake había hecho era «anclarme» en un precio muy alto. Como vendedor talentoso que era, sabía que probablemente me quedaría anclado en esa cifra y luego estaría dispuesto a comprar más de las dos camisas que había planeado.

Puede que hayas oído hablar de este fenómeno, es un concepto que ha pasado del mundo académico de la economía conductual a la conversación popular. La idea básica es que, cuando tomamos decisiones que implican información numérica, a veces prestamos demasiada atención a una cifra inicial, lo cual evita que nos adaptemos por el ancla que esta deja en nuestra mente.

Cuando se ancla un barco, este permanece cerca de donde se echó el ancla. Es cierto que puede flotar un poco en una u otra dirección, pero al final del día seguirá estando más o menos en el lugar donde se echó el ancla inicialmente.

Lo mismo ocurre con los números. Nos anclamos a un valor inicial y, aunque sabemos que podemos y debemos alejarnos de él, no lo hacemos lo suficiente. Sabía que nunca pagaría alrededor de veinte mil dólares por un traje con rayas HAL, pero al pensar tanto en esa cifra, no me di cuenta de que incluso cien dólares más era mucho más de lo que había planeado gastar.

Este concepto del anclaje es el núcleo del primer error que cometemos al viajar en el tiempo. Al igual que nos ceñimos demasiado a las cifras iniciales, incluso cuando no son relevantes, a menudo nos centramos demasiado en nuestro actual yo. El presente se convierte en nuestra ancla, distorsionando nuestras decisiones sobre el futuro.

Como ejemplo, imagina que planeaste un viaje a un lugar lejano. Llegas al aeropuerto con mucha antelación. Pero después de pasar el control de seguridad, decides tomarte unas copas en el bar del aeropuerto. Al fin y al cabo, estás de vacaciones. Por desgracia, pierdes la noción del tiempo y también pierdes el vuelo.

Algo parecido puede ocurrir con los viajes en el tiempo: en lugar de hacer el viaje al futuro en nuestra mente —y actuar de forma que nos beneficie en el futuro— nos dejamos absorber por el presente y perdemos nuestro «vuelo». En otras palabras, tomamos decisiones anclados en nuestro yo presente, prestando demasiada atención a sus caprichos y pensamientos de que es perfectamente feliz bebiendo cerveza en el bar de un aeropuerto.

IMAGINA QUE ERES UN FANÁTICO DE LOS BILLETES DE LOTERÍA RASCA Y GANA…

Permíteme intentar ilustrar lo que ocurre aquí con la ayuda de unos billetes de lotería mágicos. Imagina conmigo por un momento que eres fan de los billetes de lotería rasca y gana.[1]

Un par de veces a la semana, tu ritual matutino consiste en comprar un billete y rascarlo en tu escritorio antes de empezar a trabajar. En este día de otoño particularmente fresco tienes tu billete y una taza de café caliente al lado. Lo rascas y, ¡zas!, te das cuenta de que ganaste mil dólares. Cuando miras más de cerca el billete, ves que dice: «¡Ganaste mil dólares! Canjeable en seis meses».

Te decepcionas un poco porque esperabas poder cobrar el dinero enseguida; pero, aun así, serán mil dólares extra que irán directo a tu cuenta de banco. Estás a solo una manzana de la tienda donde compraste el billete, y estás tan emocionado que decides caminar hasta allí para compartir la buena noticia con Izzy, el dueño de la tienda.

Cuando entras a contarle lo que ganaste, te explica que, en realidad, como recientemente se han hecho amigos, él estaría encantado de darte el dinero en ese momento. O puedes elegir esperar a recibir tu dinero hasta dentro de seis meses (como dice el billete).

¿Por qué esperar? Si te dieran la oportunidad de recibir mil dólares ahora mismo o el mismo monto dentro de un mes, lo más probable es que aceptarías tomar el dinero ahora.

Esa elección es una versión de perder nuestro vuelo y quedarnos demasiado cerca del presente; estamos optando por recibir el dinero ahora en vez de esperar. Sin embargo, nos sería difícil encontrar el error en priorizar el recibir los mil dólares ahora en vez de dentro de seis meses.

Ahora supongamos que han pasado unas semanas desde que ganaste tus mil dólares. Es un día lluvioso de noviembre y tienes tu billete de lotería junto a tu café en el escritorio (si ya ganaste una vez, piensas, ¿por qué no volver a intentarlo?). Rascas el billete. O eres el jugador de lotería más afortunado de la historia, o tu tienda de conveniencia está bendecida, ¡volviste a ganar! De nuevo el premio es de mil dólares canjeables en seis meses.

De nuevo decides ir a contarle a tu amigo de la tienda acerca de tu más reciente racha de buena suerte. Quién sabe, a lo mejor te adelanta el premio otra vez. Pero cuando llegas a la tienda, el dueño te sugiere otra cosa. «Escucha, podría pagarte tus mil dólares en seis meses, o si quieres, te pago ahora pero esta vez necesito sacar una tajada, así que te daría 990 dólares», me dice Izzy.

¿Deberías elegir la cantidad menor que puedes conseguir inmediatamente, o esperar a recibir la mayor? Por varias razones podría tener sentido recibir el dinero ahora mismo. Por ejemplo, ¿podrías hacer más con el monto menor? ¿Podrías invertirlo o darle otro uso que dejaría a tu yo del futuro en una mejor situación?

Si es así, probablemente tomar los 990 dólares ahora mismo no sería un error. La cuestión es que hay circunstancias en las que tiene sentido elegir montos menores de dinero ahora en lugar de montos significativamente mayores en el futuro. Al elegir menos dinero, estás «descontando el valor de una recompensa futura».[2] En otras palabras, le estás dando un valor menor a una recompensa futura que a la que podrías obtener ahora mismo.

Si siguieras ganando premios de lotería, e Izzy bajando la cantidad de dinero que te ofrece para dártelo de inmediato —980, 970… 500… y así sucesivamente—, es probable que en algún momento digas: «Está bien, de acuerdo, ¡esperaré los mil dólares!», solo porque no valdría la pena renunciar a, digamos, cien o doscientos dólares, o cualquiera que sea tu «punto de indiferencia» específico.

¿Quién soy yo para decir cuáles de tus elecciones en estos escenarios son errores? Tal vez necesitas el dinero en este momento, por lo que tomar $900 —o $600, o lo que sea— en lugar de esperar seis meses enteros tiene sentido. Está bien ser impaciente, siempre que tengas una buena razón.

Pero el verdadero error de viajar en el tiempo —el error de perder el vuelo por culpa de esos tragos del aeropuerto— surge cuando tendemos a descontar las recompensas futuras y a actuar contrario a como quisiéramos comportarnos idealmente. Querías hacer ese viaje. Reservaste el vuelo, encontraste el hotel, leíste las guías. Fue solo tu actual yo quien momentáneamente tomó una mala decisión.

TOMARÉ UN HELADO CON ESA MÚSICA DE BAILE, POR FAVOR

Qué crees que genera más ganancias en Las Vegas: ¿las máquinas tragamonedas, las mesas de blackjack, las *suites* de hotel, los elaborados espectáculos o las extravagantes comidas? Resulta que nada de eso. La verdadera mina de oro de Las Vegas son los clubes.

En los más grandes, como Hakkasan, Tao o Jewel, algunos de los DJ más famosos del mundo empiezan sus elaboradas sesiones sobre la una o las dos de la madrugada y no terminan hasta el amanecer. Los clubes de varios pisos están llenos de gente que esperó horas haciendo fila para entrar o que se gastó enormes sumas de dinero para evitar formarse. Los clientes gastan tanto dinero en entradas y bebidas (el servicio de mesa puede costar miles de dólares) que algunos DJ ganan más de cien mil dólares *por noche*.

Pero a muchos de estos jóvenes DJ les cuesta retener ese dinero caído del cielo. Uno de los más famosos, Afrojack, ha derrochado gran parte de los muchos millones de dólares ganados. Hace varios años, cuando ya poseía un Ferrari, un Mercedes y tres Audi, decidió comprarse otro Ferrari que estrelló después de tan solo

45 minutos al pasar sobre una mancha de aceite. Su lujoso estilo de vida va más allá de los coches: alquiló un yate de 24 metros para celebrar el cumpleaños de su hija y un avión Jetstream privado (por 38 000 dólares) para ir a uno de sus espectáculos.

En un perfil del *New Yorker* sobre la megaestrella de 1.90 m parecía estar conciente de que estaba viviendo su vida de una forma que podría considerarse, como mínimo, «extravagante». Sin embargo, cuando le preguntaron al respecto, la respuesta que dio representa, cuando menos, una descripción única del descuento extremo: «Si alguien te regala un montón de helado, ¿qué vas a hacer, meterlo al congelador? Claro que no. Te vas a comer el puto helado».[3]

Sospecho que este deseo es comprensible, aunque ninguno de nosotros pueda realmente identificarse con las circunstancias concretas de Afrojack. Al pensar así —que el helado se derretirá si no nos lo comemos enseguida—, sobrevaloramos la importancia de lo que está ocurriendo en nuestra vida *en este momento*. Priorizamos la cerveza del aeropuerto sobre las vacaciones de mañana, o nos anclamos al cómodo sofá en lugar de subirnos a la caminadora.

A este tipo de deseo me refiero también cuando digo que podríamos estar actuando contrario a como nos comportaríamos en un mundo ideal.

CUANDO EL FUTURO SE CONVIERTE EN PRESENTE

Volvamos un momento al ejemplo de la lotería. Después de varios encuentros divertidos con tu amigo, el dueño de la tienda, él decide plantearte una pregunta. «Imagínate que dentro de un año vuelves a rascar un billete de lotería ganador», te dice. «De nuevo podrías llevarte tus mil dólares completos dentro de seis meses o pedirme que te dé novecientos inmediatamente».

Lo que te está pidiendo que imagines, en otras palabras, es que podrías tener novecientos dólares en un año o esperar un año y medio para conseguir los mil completos.

¿Qué te parece? ¿Le dirías que preferirías tener novecientos dólares en un año en lugar de mil dólares en año y medio? Supongo que optarías por esperar a recibir la mayor cantidad de dinero. En otras palabras, en un mundo ideal, tu opción preferida sería aquella en la que necesitas más paciencia.

Entonces, ¿no es totalmente incoherente elegir un monto mayor cuando ambas opciones se dan en un futuro lejano (dentro de un año en comparación con un año y medio) y conformarse con el menor hoy cuando la opción es conseguirlo ahora en vez de dentro de seis meses? Por lógica, sí. Pero la realidad es que, a medida que el futuro se acerca al presente, nos resulta más difícil ser pacientes. Parece que cada vez nos cuesta más actuar en beneficio de nuestro yo del futuro. En su lugar, empezamos a centrarnos en nuestro yo actual.

De hecho, en estudios en los que se le ofrecen a la gente opciones como las que he presentado, vemos pruebas de este tipo de inversión de preferencias[4] a menudo. La idea básica es que, en ausencia de una recompensa inmediata, las personas *sí* valoran el futuro y eligen actuar con paciencia. Pero cuando una tentación está disponible ahora (o cerca del ahora), el futuro y todo lo que encierra se devalúan más intensamente.

He aquí un ejemplo de un típico estudio de investigación: cuando la gente tiene que elegir entre recibir treinta dólares en ocho días y 34 dólares en 17 días, opta por esperar la recompensa mayor. Pero si una de las recompensas está disponible ahora —digamos, treinta dólares de inmediato frente a 34 dentro de nueve días—, las preferencias se invierten y la gente opta por la recompensa más pequeña e inmediata.[5]

También puedes encontrar estos patrones en otras áreas. Por ejemplo, qué preferirías dentro de una semana, ¿un plátano, una manzana, un chocolate o unos frutos secos (de los buenos, no los aburridos, sin tostar y sin sal)?

Si eres como muchos de los participantes en la investigación a los que les preguntaron lo mismo, es probable que hayas elegido la opción saludable dentro de una semana. Pero una semana más tarde, cuando a las personas se les presentó la misma opción, con la diferencia de que esta vez las recompensas estarían disponibles de inmediato, la mayoría cambió de rumbo —y apuesto a que habrías hecho lo mismo—[6] y prefirió la comida chatarra a la sana.[7] Cuando elegimos para nuestro yo del futuro, elegimos el plátano, pero cuando se trata de nuestro yo actual, acabamos atiborrándonos de chocolate.

Este tipo de comportamiento —conocido como descuento extremo de recompensas futuras—[8] se asocia con, y en algunos casos hasta los predice, comportamientos que muchos de nosotros deseamos evitar, como el tabaquismo, el abuso y la dependencia del alcohol, el consumo de heroína y estimulantes, e incluso con la obesidad y la adicción al juego.

Esta inversión de preferencias también se puede observar en no humanos. Cuando a unas palomas, por ejemplo, les dieron acceso a granos durante dos o seis segundos, prefirieron la recompensa mayor, siempre y cuando ambas recompensas se entregaran en un momento futuro. O mejor dicho, un «tiempo futuro» en términos colombófilos: 28 segundos más tarde para la recompensa menor y 32 segundos más tarde para la mayor. En este contexto, todas las palomas eligieron la recompensa mayor.

Sin embargo, cuando se aumentó el tiempo entre las recompensas —dos segundos para la pequeña y seis segundos para la grande—, las palomas actuaron como los humanos que comen comida chatarra:[9] escogieron la menor cantidad de comida que estaba disponible antes. Se ha demostrado que las ratas se comportan de la misma manera.[10]

En realidad, puede resultar difícil detectar esos cambios de preferencias tan «limpios» en nuestra vida cotidiana. Rara vez nos enfrentamos a circunstancias en las que primero expresamos una preferencia explícita y luego cedemos a la tentación y cambiamos de rumbo.

Lo más común es que tengamos preferencias generales sobre cómo nos gustaría comportarnos en el futuro. Por ejemplo, es posible que quieras ser una persona que come alimentos sanos, pero que, al llegar la noche, si ha sido un día largo, termines comiendo una bolsa de M&M's de cacahuates en lugar de la manzana que sin duda le caería mejor a tu cuerpo.

MÁS VALE PÁJARO EN MANO QUE CIENTO VOLANDO

¿Por qué somos creaturas tan impulsivas? ¿Por qué no podemos atenernos a nuestras preferencias a largo plazo frente a la gratificación instantánea?

Hay una explicación acerca de la certeza —o más bien, incertidumbre— del futuro. Ni los animales ni los seres humanos pueden saber qué les deparará el futuro, y esperar una recompensa prometida en lugar de apostar sobre seguro ahora mismo implica un riesgo.

Este es, por supuesto, el pensamiento que subyace en el viejo refrán «pájaro en mano», que apareció por primera vez en un antiguo texto del siglo VII como «es mejor un gorrión en la mano que un centenar de aves volando en el cielo» (el autor de este antiguo texto tiene algunos otros refranes relacionados con animales con el mismo sentido, como «Una pata de cordero en tu mano vale más que una pierna de cordero en manos de un extraño»).[11]

Parece que hace tiempo estamos conscientes de que el futuro no ofrece garantías, y de que puede ser más sensato apostar por lo que está disponible en el presente, aunque solo sea una pata de cordero.[12]

Por eso una de las razones por las que nos anclamos en el presente es porque este es más conocible que lo que sea que existe más allá de sus límites.

Esta explicación es, sin duda, intuitivamente atractiva. Pero debemos tener en cuenta que todavía hay muchos casos en nuestra vida en los que aunque el futuro *sea bastante seguro,* aun así defraudamos a nuestro yo futuro (piensa en el estudio en el que las opciones eran la manzana o el chocolate. Hay poco riesgo de que Estados Unidos se quede sin manzanas, sin embargo, seguimos sin poder decir que no al placer inmediato del postre).

¿Por qué, entonces, priorizamos el ahora? ¿Por qué nos anclamos en el presente, si nos cuesta el futuro? La respuesta no es sencilla, en parte porque la tendencia a darle demasiada importancia al presente no se debe a una causa única.[13] Sin embargo, hay algunas explicaciones convincentes.

EL PRESENTE ES UNA LUPA

Liz Dunn, catedrática de Psicología de la Universidad de Columbia Británica, es una destacada experta internacional en el estudio de la felicidad, además de una ávida surfista. Cuando comí con ella hace unos años, le pregunté casualmente si tenía alguna buena historia de surf que contarme mientras esperábamos a que llegara nuestra comida.

«Espera, ¿nunca hemos hablado de surf?», me preguntó. Por su mirada de desconcierto supuse que algo se me estaba escapando. «¿No te conté de la vez… que me mordió un tiburón?».

La verdad es que no recuerdo todo lo que la gente me cuenta, pero seguro me habría acordado de esto. Su historia sonaba tal como uno se imagina una historia de un ataque de tiburón.

Estaba en Hawái y había contratado a un guía para que la llevara por los rompientes de la zona; como me dijo más tarde, «no quieres acabar en el sitio equivocado». Después de montar una ola que la alejó de su guía y su amigo, se tumbó tranquilamente en su tabla de surf para poder volver remando con los brazos a su grupo. Pero su tranquilidad se vio interrumpida por una enorme protuberancia debajo de la tabla. Supuso que una tortuga torpe había chocado con su tabla, pero se sorprendió cuando de repente sintió que algo le mordió la pierna, dejando tres grandes agujeros en su traje de neopreno y una herida que le llegaba hasta el hueso. Lo único que vio del tiburón fue su gigantesca cola, que por suerte se alejaba después de haberla estado rodeando amenazadoramente durante un rato.

Lo gracioso de la experiencia, si tuviera algo de eso, «fue que después todos los periodistas querían que les diera los detalles del contexto. Me preguntaban cosas como: "¿A qué distancia estabas?... ¿Qué aspecto tenía el tiburón?", etc. Y yo les decía: "¡Ni idea!"». Como si fuera una escena sacada de *La ley y el orden*, le enseñaron una rueda de reconocimiento de posibles tiburones, pero no pudo identificar al culpable. (Ahora utiliza esta anécdota en sus clases de psicología social para ejemplificar la poca fiabilidad de los testigos).

Toda su atención, como es de esperar, estaba centrada en lo que sucedía en ese momento y en si el tiburón la atacaría de nuevo. En términos emocionales, ¿cómo no estar concentrada en eso? O, en sus palabras: «No es como si estuviera pensando en qué cenar más tarde... ¡o en mi plan de retiro!».

Este es un ejemplo extremo de un hábito muy común: prestamos mucha atención al presente. El aquí y ahora tiende a consumir nuestro ancho de banda mental, bloqueando los pensamientos sobre el futuro, aunque lo que esté ocurriendo ahora sea mucho menos trascendente que un ataque de tiburón. Esta observación refleja una frase de una investigación que Liz publicó unos años después del infame viaje a Hawái. «Al parecer, vemos el presente bajo una lupa emocional», escribieron ella y sus coautores.[14]

Dicho de otro modo, las emociones que sentimos en un momento dado simplemente pueden parecernos más importantes que las que hemos sentido en el pasado o las que imaginamos que sentiremos en el futuro.

Si alguna vez has llevado un diario, intenta recordar algunos de los temas sobre los que escribiste y los sentimientos que estos te provocaron. ¿Qué tan importantes, intensos y absorbentes fueron esos acontecimientos pasados? Apuesto a que *mientras* los estabas viviendo, las emociones fueron más intensas que las que estás experimentando ahora al recordarlos.

Pero incluso si no eres de los que llevan un diario, seguro se te ocurren ejemplos de situaciones en las que esa lupa del presente se asoma. Por supuesto, está la clásica experiencia de «comprar con hambre», es decir, comprar demasiada comida en la tienda solo para darte cuenta, después de cenar o de ver que no hay espacio en el refrigerador, de que te excediste con tus compras.

Los economistas han señalado los «factores viscerales» para explicar la tendencia a prestar demasiada atención a las emociones del momento.[15] Si tenemos hambre, sed o nos sentimos privados de una manera visceral o profunda, haremos todo lo posible por satisfacer esa necesidad, incluso haciendo algo de lo que luego nos arrepentiremos.

Cuando cedemos a esos impulsos viscerales, es como si, en nuestro interior, albergáramos una versión impetuosa e infantil de nosotros mismos que se impone a un adulto más paciente. En términos biológicos, en nuestro cerebro tenemos tanto un sistema dopaminérgico (el niño) como uno asociado a la corteza prefrontal (el adulto sensato).

El sistema dopaminérgico desencadena una reacción emocional ante lo que sea que tengamos delante y nos ayuda a codificar el valor de todo lo que nos rodea, bueno y malo. El sistema prefrontal, por el contrario, nos permite tener una visión de conjunto y nos ayuda a tener paciencia ante las tentaciones.[16] Reconocimos estos sistemas, en parte, observando lo que les ocurre a pacientes con lesiones en sus regiones prefrontales, quienes padecen lo que se conoce como *síndrome de dependencia ambiental.*

Sin una corteza prefrontal que te guíe, acabarías dependiendo de tu sistema dopaminérgico, actuando según las sensaciones que tu entorno inmediato te provoque. En la década de 1980, el neurólogo francés François Lhermitte describió de manera emotiva este síndrome.

Una de las escenas más conmovedoras ocurrió cuando llevó a uno de sus pacientes a su departamento.[17] Al ver la cama del dormitorio del doctor, el paciente se desvistió, se metió en la cama y se acomodó como si estuviera listo para pasar la noche (al parecer, la preocupación por la privacidad en la década de 1980 era distinta a la de ahora, ya que el artículo de la revista contiene imágenes del incidente).

Sin una corteza prefrontal en pleno funcionamiento, el paciente hacía lo que se le ocurría en el momento en que se le ocurría. Como estaba cansado, simplemente se metió en la cama más cercana sin importarle a quién le pertenecía.

En un caso menos extremo, los investigadores Baba Shiv y Alexander Fedorikhin le pidieron a un grupo de personas que eligieran entre un trozo de pastel de chocolate y una ensalada de frutas (no creo que sea necesario explicar cuál de los dos es más atractivo emocionalmente). No te sorprenderá saber que el pastel de chocolate tenía más probabilidades de ser elegido, pero solo cuando se estimulaba la corteza prefrontal. Es decir, quienes tendieron más a elegir el pastel fueron los integrantes del grupo a los que se les pidió memorizar una serie de números (¡una tarea mentalmente agotadora!) mientras esperaban para elegir entre el pastel y la fruta.[18]

De este hallazgo se desprende de manera muy clara algo propio del siglo XXI. Según el consejo convencional, puede tener sentido dejar el teléfono en otra habitación cuando estamos interactuando con otras personas. Al fin y al cabo, cualquier distracción (un pitido o un zumbido puede inclinar la balanza a favor del presente inmediato y alejarnos del objetivo más amplio de pasar tiempo de calidad con nuestros amigos y familiares.[19] Lo más probable es que esto último sea más significativo a largo plazo que escrolear tus redes sociales.

De nuevo, una de las razones por las que sobrevaloramos las recompensas que podemos obtener de inmediato es que las emociones de nuestro yo actual triunfan sobre las que esperamos que sienta nuestro yo del futuro. Con la ayuda de la corteza prefrontal a veces podemos moderar esas emociones tan poderosas y concentrarnos en las recompensas a largo plazo. Sin embargo, cuando estamos distraídos —lo que ocurre a menudo— o cuando la atracción de las emociones del momento es demasiado poderosa, terminamos por ceder.

Como ya mencioné, esta línea de razonamiento nos permite entender por qué a veces elegimos el ahora en lugar del más tarde, incluso cuando no es nuestra intención inicial. Otra explicación convincente tiene que ver con la forma en que concebimos el tiempo.

ESTUFAS CALIENTES Y GENTE LINDA

Einstein dijo: «Siéntate con una chica guapa durante una hora, y te parecerá un minuto; siéntate sobre una estufa caliente durante un minuto, te parecerán muchas horas. Eso es la relatividad». Siempre pensé que era solo un experimento mental hasta que leí un artículo en *Scientific American* titulado «El tiempo caliente de Einstein».

Según cuenta la historia, Einstein decidió poner a prueba su idea. Para ello sacó de su garaje una pequeña estufa que no utilizaba desde hacía tiempo. Luego llamó a su amigo Charlie Chaplin y a su bella esposa, Paulette Godard, y les preguntó si Paulette podría visitarlo durante una hora.

Después de pasar lo que le pareció un minuto con Paulette, Einstein miró su reloj y, en efecto, había pasado casi una hora. ¡Confirmada la primera parte de su hipótesis! Sin embargo, la segunda parte de su proyecto de investigación terminó antes de tiempo, con Einstein en el consultorio del médico con una leve quemadura en la nalga izquierda.[20]

Años después de leer esta anécdota se me ocurrió que podía tratarse de una broma. Sin embargo, plantea algo serio: el paso del tiempo es relativo. O mejor dicho, la forma en que percibimos el paso del tiempo es relativa: la misma cantidad de tiempo objetivo puede *parecer* más larga o más corta dependiendo de lo que esté ocurriendo.

Esa es la conclusión a la que llegaron los investigadores de Yale después de una serie de experimentos en los que las personas informaban qué tan largo les había parecido un periodo determinado utilizando solo papel y un lápiz. Les mostraron a los participantes una línea en cuyo extremo izquierdo decía «muy corto» y en el extremo derecho «muy largo». A distintos grupos les pidieron que marcaran la duración de tres meses, un año y tres años.

Ahora bien, siendo objetivos, todos sabemos que tres años son más largos que un año, y que un año es más largo que tres meses. Sin embargo, las percepciones subjetivas del tiempo no se correspondían con estas diferencias. Subjetivamente, el lapso de un año solo se sintió 1.2 veces más largo que el de tres meses (cuando, si se hubiera considerado de manera objetiva, ¡habría sido cuatro veces más largo!). Y lo que es aún más extraño, el plazo de tres años se sintió casi igual al de un año. En otras palabras, los bloques de tiempo se comprimen a medida que se alejan del «ahora».[21]

La implicación importante de este trabajo es que un día, que abarca desde ahora hasta mañana, puede parecer más largo que ese mismo periodo de un día en tres meses. Lo mismo pasa con lo que se siente durante un largo vuelo o viaje en coche: de antemano, la duración de todo el trayecto puede parecer un largo bloque de tiempo; sin embargo, cuando ya recorrimos la mitad del camino, las horas restantes nos empiezan a parecer interminables a medida que nos vamos acercando al destino.[22] He aquí por qué esto es significativo: si un periodo nos parece muy largo, nos va a ser mucho más difícil tener paciencia y esperar hasta el final para recibir la recompensa.[23]

Piensa en lo que significa esta deformación del tiempo para tu tendencia a dejar que lo que ocurre en el presente influya demasiado en ti. Si tienes que elegir entre recibir cien dólares dentro de cuatro semanas y 125 dólares dentro de seis semanas, la diferencia entre ambas recompensas puede parecerte relativamente corta. Estarías dispuesto a esperar a la recompensa mayor, ¡son solo dos semanas! Pero cuando la entrega de las recompensas se adelanta, a recibir los cien ahora y 125 dentro de dos semanas, el periodo de espera puede parecerte subjetivamente mucho más largo. Esa prolongación del tiempo puede hacer que sea muy difícil ser paciente en el momento actual. El resultado final es que tratamos el presente de una manera especial.

Pero ¿qué entendemos por «presente»? Dado el poder psicológico único del presente, parece importante responder a esta pregunta. Por supuesto, la respuesta puede parecer obvia: ¡el presente es ahora! Es este mismo momento. No obstante, espero complicar esa obviedad. En el fondo, el momento presente está compuesto de transiciones.

Permíteme explicártelo con orugas.

BIEN, ENTONCES ¿QUÉ QUIERE DECIR «EL PRESENTE»?

Cuando mi hija era pequeña, como muchos otros niños de dos años, se obsesionó con el libro *La oruga muy hambrienta*. Al leerlo, no pude evitar darme cuenta de que la progresión de la oruga, de pequeña oruga a hermosa mariposa, no difería del avance del tiempo del presente al futuro.

La analogía se me quedó grabada (probablemente porque leíamos el libro de Eric Carle noche tras noche). Así que me puse en contacto con Naoki Yamanaka, profesor asociado de entomología de la Universidad de California en Riverside, para hacerle algunas preguntas (es uno de los expertos mundiales en el estudio de la metamorfosis).

Fue la primera vez que hablé con un entomólogo de verdad y no con un niño al que le gustan mucho los bichos. Y cumplió todas mis expectativas. Yamanaka incluso me mostró frascos con docenas y docenas de moscas de la fruta al principio de nuestra reunión. Pero realmente se animó cuando empezó a describir el proceso de transformación de la oruga en mariposa.

Señaló que los científicos tienen marcadores muy claros para saber cuándo se le llama oruga a una oruga y cuándo se le llama de otra manera. Cuando las creaturas se mueven sin parar y comen todo lo que ven, eso es una oruga. Pero en el momento en que dejan de moverse —cuando no son ni oruga ni mariposa— se conocen como pupa. Y cuando rompen la cáscara dentro de la cual estaban, se convierten en mariposa.

Las delimitaciones del tiempo siguen, al parecer, un patrón similar. Si nos presionan, la mayoría estaríamos de acuerdo en que hay un presente y un futuro. Pero ¿dónde acaba uno y dónde empieza el otro?

Los entomólogos tienen una idea clara de cuándo un bicho es esto o aquello, pero los psicólogos no tienen un sentido claro de cuándo el presente da paso al futuro. En cambio, cada uno de nosotros, como individuos, debemos decidir cuándo creemos que termina el presente y empieza el futuro. En una investigación que llevé a cabo con Sam Maglio, un profesor de la Universidad de Toronto, le hicimos esta misma pregunta a miles de personas. Al igual que en el ciclo vital de oruga-pupa-mariposa, al preguntarles a los participantes en nuestra investigación acerca de sus perspectivas generales sobre el tiempo, identificaron con claridad tres bloques: el presente, algún periodo «intermedio» (algo así como la pupa) y el futuro.[24] Sin una definición clara de dónde acaba el presente y dónde empieza el futuro, la gente dio respuestas que iban desde «el futuro próximo empieza cada vez que paso de una tarea a otra» a «cada presente dura unos tres días» o «el presente acaba cuando termine este extraño estudio de investigación». Para ver qué lugar ocupa tu respuesta en relación con la de nuestros participantes, observa la siguiente imagen.

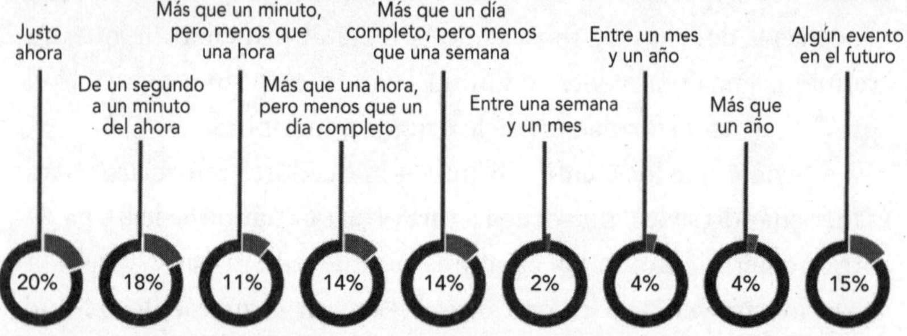

* Gráfica creada por Neil Bage a partir de datos de Hershfield y Maglio, «When Does the Present End and the Future Begin?». Los porcentajes suman más de 100% debido al redondeo.

Pero hubo un hallazgo importante: nadie tuvo dificultad para responder, aunque sus definiciones fueran diferentes. Tal vez porque el presente es el bloque de tiempo en el que pasamos la mayor parte de nuestra vida. Y, en consecuencia, es el que más ponderamos.

Yamanaka compartió conmigo un hecho que es relevante aquí, algo que parece haber escapado de las páginas de los libros infantiles. Las orugas, me dijo, tienen lo que se conoce como «discos imaginales» en sus regiones «espinales». Si disecas una oruga, verás que las diminutas agrupaciones de células parecen DVD en miniatura. Y aunque muchas de las células mueren con el tiempo, estas agrupaciones concretas ya tienen asignada la parte del cuerpo de la mariposa en la que se convertirán. Algunas serán los ojos, otras las patas y otras las alas. En otras palabras, la oruga ya tiene en su interior los elementos necesarios para crear su futuro yo de mariposa. Y, sorprendentemente, si disecas una mariposa adulta, aún podrías ver restos de su anterior yo de oruga.

Podemos concluir algo crucial de estas células: separamos fácilmente el presente del futuro, pero a menudo no reconocemos la manera en que cada «presente» se suma a un futuro global.

Lo que le ocurre a nuestro actual yo —el yo que vive en el presente— nos parece más importante que todo lo demás. Queremos tomar una cerveza más en el bar del aeropuerto, no queremos subirnos a la bicicleta estática, deseamos esa dona de chocolate que nos está haciendo ojitos. Dada la atracción visceral del presente, tiene sentido que le demos prioridad. Volviendo a mi investigación con Sam Maglio, los participantes que dijeron que el presente les parecía particularmente grande —es decir, que ocupaba más espacio en su mente— asignaron menos dinero a una cuenta de ahorro imaginaria a largo plazo. Cuanto más grande es el presente, más lejos queda el futuro; cuanto más lejos está el futuro, menos importancia le damos a nuestro yo del presente.

Al sobrevalorar así el «ahora», tratamos al presente como si fuera una extensión de tiempo separada del resto de nuestra línea temporal, lo cual no es verdad. Cada periodo que etiquetamos como «el presente» se convierte luego en el siguiente «presente». Somos como la oruga hambrienta que devora feliz su fruta y sus caramelos, sin tomar en cuenta que pronto será una pupa y luego una mariposa. En resumen, ignoramos nuestras versiones futuras, lo que puede dejarnos muy decepcionados cuando nuestros yoes futuros no están preparados para su propio presente. Y, así, acabamos como mariposas decepcionadas, llenas de remordimientos por nuestras elecciones siendo oruga.

Darle demasiada prioridad al presente —perder el vuelo, por así decirlo— no es el único error que cometemos al viajar en el tiempo. Incluso cuando reconocemos las interconexiones entre el presente y el futuro, es probable que fallemos en tratar al futuro, y a nuestro yo del futuro, de forma realista. Somos como una oruga convencida de que se convertirá en saltamontes. Hablaré de esta tendencia, a la que yo llamo «mala planificación del viaje», en el siguiente capítulo .

EN RESUMEN

- Nuestro primer error al viajar en el tiempo es enfocarnos demasiado en el presente y no tener en cuenta el futuro. Hay al menos tres razones que explican esta tendencia.
  1. El presente simplemente es más seguro que el futuro, y preferimos apostar a lo seguro que arriesgarnos a algo más adelante.
  2. Nuestras emociones actuales parecen más poderosas que las que esperamos que sienta nuestro yo del futuro.
  3. El tiempo parece durar más en el presente, lo que hace más difícil tener paciencia.
- Es posible que no veamos cómo nuestro yo actual se va sumando hasta convertirse en nuestro yo del futuro.

Capítulo 5

MALA PLANIFICACIÓN DEL VIAJE

Mozart, el gran genio de la música, no se ajusta a nuestra noción estereotipada de prodigio musical.

¿Dedicaba muchas horas del día a practicar? No. ¿Era bien intencionado con sus planes? Tampoco. Más fiestero que adulto consciente, sus biógrafos lo describen como alguien «muy adicto al entretenimiento trivial».[1]

Así que no es de sorprender que tampoco fuera conocido por terminar sus composiciones a tiempo. De hecho, a finales de octubre de 1787, después de casi haber terminado la partitura de *Don Giovanni*, decidió salir a beber con sus amigos. Hacia el final de la velada, un amigo se dirigió nervioso a él y le comentó que no podía creer que aún no hubiera escrito la obertura cuando la ópera se estrenaría al día siguiente.

Mozart se apresuró a volver a casa para empezar y —con suerte terminar— la pieza que le faltaba. Pero dado que cabeceaba debido al alcohol y lo tarde que era, le pidió a su mujer Constanze que lo ayudara a mantenerse despierto contándole historias.

Sorprendentemente, solo tres horas después la obertura estaba terminada. Sin fotocopiadoras, los copistas tuvieron que transcribir las partes de la orquesta a mano y, según cuenta la leyenda, las últimas páginas llegaron al teatro solo unos minutos antes de que se levantara el telón. De hecho, la tinta seguía húmeda cuando los miembros de la orquesta la estrenaron.[2] La ópera fue un éxito y hoy, casi 250 años después de aquel estresante debut, se sigue representando de manera regular en auditorios de todo el mundo.

Dejar las cosas para el último momento es un mal hábito que muchos tenemos. Tomemos como ejemplo la historia de Tim Urban, creador del popular blog *Wait But Why*. Tim es un autoproclamado «maestro de la procrastinación» y ha relatado la historia de cómo, durante su último año de universidad, posponía una y otra vez la redacción de su tesis de licenciatura.

Dado que esta debía ser un proyecto de un año de duración, el plan era comenzar en los meses de otoño y redoblar esfuerzos en enero, para mantener un ritmo de trabajo exigente hasta mayo, fecha en que debía entregarse. Pero no ocurrió así. Buscó excusa tras excusa para no empezar, hasta que finalmente se sentó a escribirla dos noches antes de la fecha prevista. Tras pasar no una, sino dos noches seguidas en vela, logró escribir las noventa páginas y entregarla justo a tiempo.

Según cuenta en su blog y en una charla TED, una semana después recibió una llamada de uno de los administradores de la universidad.

—Sr. Urban, tenemos que hablar de su tesis —dijo.

—De acuerdo… —respondió Tim nervioso.

El administrador continuó.

—Bueno… es la mejor que hemos visto.

En el relato de Urban se nota lo sorprendido que se quedó al recibir esta noticia.

Pero luego, tras una pausa, dice:

—En realidad, eso no ocurrió en absoluto. De hecho, fue una tesis muy, muy mala.

Ojalá posponer las cosas se tradujera en una acogida tan positiva como la de *Don Giovanni*. Sin embargo, la mayoría hemos tenido experiencias más parecidas a la de Urban que a la de Mozart: la procrastinación no suele recompensarnos.

ESPERA, ¡PENSÉ QUE ESTE VUELO IBA A BOSTON!

Aunque existe la posibilidad de que nunca hayas procrastinado como Mozart, supondré que estás íntimamente familiarizado con este comportamiento. En todo el mundo, alrededor de 20% de las personas son procrastinadores crónicos.[3] Y aunque es difícil calcular con exactitud cuántas personas procrastinan, una encuesta informal reveló que 85% lo hace de una forma que le molesta.[4]

No nos equivoquemos: la tendencia a posponer las cosas no solo es mala para los estudiantes universitarios que intentan terminar extensos trabajos. Como ha documentado la psicóloga Fuschia Sirois, hacerlo puede tener consecuencias mucho más graves: la procrastinación crónica se asocia a una letanía de resultados indeseables, como mala salud mental, ansiedad, hipertensión y enfermedades cardiovasculares.[5] Y este tipo de procrastinación se convierte en un círculo vicioso:[6] los procrastinadores posponen y no programan las citas médicas que podrían ayudarles a aliviar algunos de sus problemas de salud.

Considera por un momento cuál es el verdadero significado de procrastinar. La palabra se deriva del latín *procrastinaire*, que significa «dejar para mañana». Está bien, claro, eso ya lo sabes. Pero lo más interesante es que procrastinar también está relacionado conceptualmente con la palabra griega *akrasia*, que significa «hacer algo *a pesar* de saber que va en contra del buen juicio».[7]

Por lo tanto, procrastinar no solo consiste en dejar para mañana lo que podrías hacer hoy. También consiste en saber que, a medida que lo retrasas, te estás perjudicando a ti mismo.

Piensa en esta definición en el contexto de nuestro presente y nuestro futuro. Cuando nos enfrentamos a una tarea desagradable —por ejemplo, doblar la ropa o por fin concertar esa cita con el cardiólogo—, y decidimos *no* hacerla, priorizamos el deseo de nuestro actual yo de evitar las emociones negativas. Hasta cierto punto, eso es de lo que hablábamos en el capítulo anterior, nos anclamos a los sentimientos del presente. Pero la procrastinación presenta un problema adicional: al posponer algo para más adelante en el tiempo, tampoco tenemos en cuenta hasta qué punto nuestro yo del futuro también querrá evitar las mismas emociones negativas que estamos intentando evitar ahora.

No es que solo no consideramos a nuestro yo del futuro. Cuando procrastinamos sí pensamos en el futuro y en sus yoes, pero no de una forma muy profunda o significativa.

De este modo, la procrastinación representa el segundo error a la hora de viajar: la mala planificación del viaje. Es como si estuvieras a punto de irte una semana de vacaciones a Boston y ya tuvieras pensadas algunas cosas que quisieras hacer cuando llegues. Quizá probar algunos platos típicos de Boston y tal vez conocer su rica historia cultural. Pero una vez en el avión te das cuenta de que, aparte de reservar una habitación de hotel, hiciste muy pocos planes. Tal vez logres probar alguna sopa de almejas, pero si esperabas hacer un recorrido por Fenway Park o visitar la casa de Paul Revere —atracciones cuyos boletos de entrada se agotan rápido—, tu yo del futuro puede acabar decepcionado.

Aún viajarás a Boston, pero tu viaje será muy distinto del que pretendías tener.

Lo mismo ocurre con los viajes en el tiempo: al pensar en el futuro de una forma meramente superficial, acabamos viajando a un futuro distinto del que teníamos en mente. Es como si quisiéramos llegar a una versión concreta del futuro —en la que somos felices, gozamos de buena salud y tenemos seguridad económica—, pero seguimos un camino en el que potencialmente aterrizamos en un lugar muy distinto.

EL PROFESOR DE LA PROCRASTINACIÓN

Tim Pychyl, un profesor de psicología de la Universidad de Carleton, Canadá, ha analizado precisamente este tipo de error en los viajes en el tiempo.

En un estudio, él y su antigua alumna Eve-Marie Blouin-Hudon encuestaron a cientos de estudiantes universitarios (aunque las investigaciones con estudiantes suelen tener sus limitaciones, constituyen un excelente campo de pruebas para todo lo relacionado con no terminar las tareas a tiempo). Los científicos les preguntaron acerca de sus hábitos de procrastinación y de la relación que tenían con su yo del futuro.[8] Resultó que quienes sentían una mayor similitud y conexión emocional con su yo del futuro también fueron los que menos retrasaban innecesariamente las tareas importantes que se proponían realizar.

Sin embargo, la sensación de similitud y conexión no eran lo único que importaba. También les preguntaron a los participantes qué tan vívidamente imaginaban el futuro. Por ejemplo, si tú participaras en este estudio, te pedirían imaginar al sol alzándose sobre el océano en un día brumoso. ¿Qué tan vívida es esa imagen en tu mente? Por un lado, podría ser muy clara —casi como si la pudieras ver frente a ti—. Por el otro, podría ser que no existiera imagen alguna, sino que solo *sabrías* que estás pensando en la salida del sol.

En la investigación de Blouin-Hudon y Pychyl, los estudiantes que afirmaron evocar las imágenes mentales más vívidas también tenían una relación más fuerte con su yo del futuro y eran los menos inclinados a procrastinar.

Son correlaciones, pero sugieren algo convincente. Tener más facilidad para imaginarnos plena y vívidamente en el futuro puede dificultar que justifiquemos el aplazamiento de algo a sabiendas de que el hecho de no actuar hoy hará que nuestra futura versión sufra las consecuencias. O en otras palabras, dado que podemos evocar la decepción de nuestro futuro yo en Boston, es más probable que nos esforcemos en planificar el viaje «correcto».

Me puse en contacto con el profesor Pychyl para preguntarle algo más sobre su trabajo. Naturalmente, tenía curiosidad por saber si él —un experto internacional en el estudio de la procrastinación— también procrastina.

«Casi nunca», me dijo riendo. Pero advirtió que no se debe a una cierta virtud suya. Por el contrario, reconoce la procrastinación por lo que es: un deseo de que nuestro yo del futuro haga las cosas que nuestro yo del presente quiere evitar. Como dice: «Sé que mi yo del futuro no va a querer hacer esto con más ganas que mi yo actual. Y siento empatía por mi futuro yo: va a estar sometido a una gran cantidad de estrés, así que mejor hagamos esto ahora».

PERDONANDO A TU YO DEL PASADO

Pero cuando Tim actúa como el resto de nosotros y procrastina, recurre a la autocompasión. En esencia, después de posponer algo de forma perjudicial, es necesario reconocer y aceptar que una versión tuya del pasado ha hecho algo que ha perjudicado a tu yo del presente. Y entonces tu yo actual debe perdonar a tu perezoso del pasado.

Supongamos que has acumulado una pila de papeles en la mesa del comedor —unas cuantas facturas, quizá algo que te llegó por correo que tienes pendiente de archivar y alguna obra de arte que tu hijo trajo del colegio (todo esto es hipotético, lo juro)—.

La pila de papeles está causando desorden en una parte de la casa que debería estar limpia, lo que resulta en que tu pareja o compañero de departamento se moleste cada día más contigo; además te arriesgas a tener que pagar algunos recargos de servicios por pasarte de la fecha límite.

Está claro que aplazar el momento de ordenar la pila de papeles te perjudica de varias maneras.

Parte de la razón por la que esto pasa una y otra vez, como ya señalé, es que hay muchas emociones negativas asociadas a la creciente pila de papeles. Es probable que te sientas mal por no haberte ocupado de nuevo del desorden, y quizá eso te haga pensar en otras ocasiones en las que no cumpliste con un compromiso, ya sea contigo mismo o con otra persona. Es posible que además te sientas cada vez más avergonzado ante tu pareja o compañero de departamento y, por irracional que sea, sientas cierto resentimiento hacia él o ella. Claro, la pila de papeles es tuya, pero… ¿no podrían ayudarte a ordenarla? O en lugar de fastidiarte acerca de la mesa del comedor, ¿debería guardar la ropa que doblaste ayer? (De nuevo, todo esto es hipotético).

Una buena forma de evitar esas emociones negativas es evitar el comedor —y el ordenar la pila de papeles— por completo. Y eso es lo que acabamos por hacer, día tras día, mientras que la pila sigue creciendo.

Sin embargo, ¿qué pasaría si reconocieras que metiste la pata y te perdonaras por la transgresión contra… ti mismo? En teoría, esto reduciría algunas de las emociones negativas que asocias con la pila de papeles que acumulaste.

Con el perdón disminuye la evasión de lo que justo estamos tratando de evitar. Piensa en lo que ocurre cuando perdonas a otra persona por una transgresión: al reducir parte de la ira, la tristeza, etc., que asociaste con ella, te resulta más fácil volver a disfrutar de su compañía. Del mismo modo, perdonar a una versión pasada de ti mismo por procrastinar puede aumentar la probabilidad de que, en lugar de evitarlo, pagues tus facturas, programes la cita con el médico, revises tus correos electrónicos pendientes, y sí, te encargues de ordenar esa pila de papeles. Todo lo que a la larga debería mejorar la vida de tu yo del futuro.

Pychyl ha puesto a prueba la idea de ser autocompasivo ante la procrastinación en el contexto del estudio para los exámenes universitarios. A lo largo de un semestre, Tim y sus colaboradores enviaron cuestionarios a los estudiantes de primer curso justo después de su primer examen parcial y, de nuevo, justo antes del segundo.

Imagina que eres estudiante de primer año y que te hagan preguntas como estas: «¿Comenzaste a estudiar mucho más tarde de lo que tenías previsto?», «¿Te tardaste en empezar a estudiar por hacer otras cosas menos importantes?». Yo, desde luego, habría respondido avergonzado que sí a ambas preguntas.

Como era de esperar, los estudiantes que más procrastinaron fueron los que sacaron las peores notas en el primer examen parcial del año. Pero los investigadores también les preguntaron acerca de las estrategias de autocompasión. ¿Hasta qué punto los estudiantes se menospreciaban y culpaban por haber estudiado menos tiempo del que sabían que deberían haberle dedicado? ¿Y en qué medida se perdonaban a sí mismos?

Resulta que la estrategia de la autocompasión no solo ha ayudado a Tim, sino que también benefició a los estudiantes que él y sus colaboradores evaluaron. Los más propensos a autocompadecerse tendían a abordar el estudio para su próximo examen parcial con menos emociones negativas. Y eso, a su vez, se tradujo en menos procrastinación y mejores calificaciones en el siguiente parcial.[9]

Una advertencia: aceptar la responsabilidad, disculparse y perdonar a otras personas de nuestra vida no es un proceso sencillo.

Tampoco lo es el perdonarse a uno mismo. Sabemos, por ejemplo, que hay tipos de disculpas que no funcionan con todos. Del mismo modo, hay formas de aceptación y perdón que no funcionarán con nuestro yo del pasado.

Piensa en dos posibles disculpas que podrías ofrecer después de provocar una abolladura en el coche de enfrente: «Siento haber chocado, sé que debería haber prestado más atención y asumo toda la responsabilidad» o «Siento haber chocado con tu coche, es una consecuencia natural del ciclo lunar en el que nos encontramos». No hace falta ser un experto en comportamiento humano para reconocer que la primera opción conlleva una mayor probabilidad de ser perdonado que la segunda.

La cuestión aquí es que, si te perdonas por procrastinar, pero no aceptas realmente la culpa, te estás negando la oportunidad de abordar las causas de tu procrastinación. Esto es lo que los psicólogos Michael Wohl y Kendra McLaughlin han denominado *pseudoautocompasión*, y lo más probable es que no resulte en ningún cambio en tu comportamiento futuro.[10] Pero si quieres que la vida de tu yo del futuro mejore, entonces tu yo actual necesita aceptar genuinamente la responsabilidad por los errores de tu yo del pasado. La mesa del comedor no está desordenada por culpa de esos ciclos lunares, ni porque hayas estado demasiado ocupado con otras tareas. Está así porque elegiste evitarlo. Es culpa tuya.

Así pues, la procrastinación es una batalla entre nuestro yo del pasado, el actual y nuestro yo del futuro. Y surge, en parte, debido a nuestra tendencia a la «mala planificación del viaje», es decir, a considerar nuestro yo del futuro, pero no de manera suficientemente profunda o significativa.

¿POR QUÉ ES TAN DIFÍCIL PONERSE EN LOS ZAPATOS DE TU YO FUTURO?

Todos hemos procrastinado alguna vez y sentido el impacto negativo de hacerlo. Después de algunas experiencias, ¿no deberíamos ser capaces de pensar en la vida de nuestro yo del futuro y darnos cuenta de lo difícil que le estamos poniendo las cosas?

Uno pensaría que sí. Pero, debido a algunas peculiaridades psicológicas, puede ser bastante difícil conseguirlo.

Una de esas peculiaridades es que tendemos a pensar que en el futuro nuestros sentimientos serán, de algún modo, menos intensos que los de ahora. Considera este experimento: los investigadores preguntaron a unas personas cuán felices estarían por ganar veinte dólares ahora mismo, y luego cuán felices pensaban que estarían dentro de tres meses al ganar la misma cantidad de dinero.

Para que quede claro, las preguntas *no* tratan de si «prefieres tener dinero ahora o más adelante». La cuestión aquí es, más bien, qué tan feliz te sentirías si recibieras cierta cantidad de dinero ahora y qué tanto si recibieras lo mismo en el futuro.

La respuesta debería ser la misma en ambos casos, ¿verdad? Si dices que recibir el dinero hoy sería un ocho sobre una escala de diez, ¿no debería ser también un ocho sobre diez si lo recibieras dentro de tres meses?

En teoría así debería ser, pero no fue el caso. Las personas dijeron que sentirían un mayor nivel de felicidad si recibían el dinero hoy que en el futuro.[11] Al parecer, creemos que nuestras emociones futuras serán menos sustanciales que las que experimentamos hoy.

Es fácil ver cómo esa tendencia puede hacer que procrastinemos más. Sabemos que a nuestro yo del futuro le resultará doloroso hacer cualquier tarea que hayamos pospuesto, pero nos engañamos pensando que a ese futuro yo no le dolerá *tanto* como al actual.

Volviendo a la pila de papeles en la mesa del comedor, mi actual yo no soporta la idea de ponerse a revisarlos. Y, sin embargo, mi actual yo también asume que al futuro Hal no le importará hacerlo. Seguro será una máquina ordenadora.

Por desgracia, aún no me he convertido en ese futuro Hal.

PUEDE QUE TU VECINO LO SEPA MEJOR

Nos cuesta mucho simular o conjurar nuestros sentimientos futuros. Es más, la mayoría ni siquiera somos conscientes de la dificultad que tenemos con este proceso; creemos que se nos da bastante bien.

Para ilustrarlo, unos psicólogos de Harvard crearon un servicio de citas rápidas. En cada sesión, un hombre debía entrar primero en una sala y rellenar un «perfil de cita» que incluyera su foto.

A continuación, una mujer tenía una cita de cinco minutos con ese hombre (el estudio se realizó con personas heterosexuales). Una vez terminada la cita, ella escribía un breve informe sobre cuán agradable había sido esta. Llamamos a esto el «informe inicial de la cita».

Después, se les daba a otras mujeres la oportunidad de tener una cita con el mismo hombre. Pero aquí es donde las cosas se pusieron interesantes: a un grupo de mujeres se les pidió que *simularan* la experiencia de tener una cita: se les entregó el perfil de citas del hombre y se les pidió que predijeran qué tanto disfrutarían una cita con él (antes de tenerla). A otro grupo, sin embargo, se le pidió utilizar el «informe inicial de la cita» para predecir cuán agradable imaginaban que sería la cita. Podría considerarse una estrategia sustituta. En otras palabras, para hacer una predicción sobre el futuro se puede utilizar a otra persona como sustituto de uno mismo: aquella ya ha vivido una experiencia que uno está a punto de tener, ¿por qué no confiar en su opinión?

La única diferencia —y es una importante— es que algunas mujeres hicieron un pronóstico con base en una simulación y otras, en un informe de citas sustituto.[12] Imagina que participas en el estudio. ¿Qué proceso elegirías: tu propia simulación o el informe de otra persona?

Si eres como 75% de las mujeres de este estudio, elegirías la simulación en vez del informe sustituto. Valoramos mucho nuestras propias opiniones y descartamos las perspectivas de los demás.

Pero ¿qué predicción fue *en realidad* más exacta? Resulta que el informe sustituto le ganó por mucho a la simulación. En lo que respecta a cuánto disfrutaron las mujeres de la cita, aquellas que habían hecho sus predicciones basándose en el «reporte inicial de cita» acertaron casi el doble de veces que las que hicieron sus predicciones con base en en simulaciones.[13]

Dan Gilbert, el profesor de psicología que dirigió este proyecto de citas rápidas, se inspiró en una cita de François de La Rochefoucauld, un escritor del siglo XVII: «Antes de empeñarnos demasiado en algo, examinemos primero cuán felices son quienes ya lo poseen».[14] ¿Cuál es el punto? Nuestras predicciones sobre experiencias futuras podrían beneficiarse de quienes ya han tenido esas mismas experiencias.

«¡Pero los demás no son como yo!», estarás pensando. Es cierto. Pero ten en cuenta que, aunque nos diferenciamos de los demás en muchos aspectos, tenemos respuestas emocionales similares: la mayoría preferimos el calor al frío, estar satisfechos a tener hambre, y a ganar en vez de perder. No importa si eres de Nueva Jersey o de Nebraska, de Islandia o de China; nuestras respuestas fisiológicas básicas a los estímulos de nuestro entorno son muy parecidas.

De ahí el sorprendente poder de recibir consejos de algún vecino o sustituto: dado que las fuentes de dolor y placer entre las personas son similares, confiar en la experiencia de alguien más

—y esto es sobre todo cierto si la persona se parece a nosotros— puede ayudarnos mucho a anticipar lo que nos depara el futuro.

En una investigación reciente, Poruz Khambatta, un investigador posdoctoral de la UCLA, le dio un giro muy moderno a esta idea. Él y sus colaboradores pidieron a miles de personas que valoraran los beneficios que les reportaría leer una serie de artículos. También entrenó a un algoritmo de inteligencia artificial para resolver esta misma tarea. Imagina esto como un programa que primero averigua lo que tienes en común con miles de personas y, a continuación, utiliza las reacciones de todas ellas para generar los mejores consejos posibles *para ti*.

La computadora sustituta, al igual que las mujeres del estudio de citas rápidas, hizo mejores predicciones sobre cómo respondería la gente a los artículos.[15] Por supuesto, las empresas ya utilizan algoritmos para predecir qué tipo de material te gustaría. Pero no suelen predecir qué tipo de material te hará sentir mejor o que has invertido bien tu tiempo.

En este caso, el algoritmo se utilizó para hacer predicciones acerca del consumo de medios de comunicación. Pero el conocimiento de esta investigación podría aplicarse fácilmente a otras decisiones importantes en las que dependemos de nuestra capacidad de simulación, como dónde vivir, a qué universidad ir, o qué plan de jubilación o seguro médico sería mejor para nuestras necesidades particulares, y tal vez incluso con quién casarnos. Antes de descartar esta idea como una fantasía futurista no basada en la realidad, ten en cuenta algo que me dijo Poruz: en cualquiera de estas grandes decisiones «puede que sea la primera vez que nos encontremos en una encrucijada concreta, pero muchos otros han estado allí antes». Por eso sus opiniones pueden ser tan valiosas. Es más, nuestras predicciones sobre el futuro —tanto el inmediato como el lejano— podrían mejorar considerablemente si nos basáramos en la experiencia colectiva de amigos, vecinos y desconocidos.

Claro, la mayoría nos resistimos a esta idea. Como observó Poruz: «Queremos pensar que somos únicos. No queremos sentir que nuestra vida es predecible. Pero, aunque cada uno de nosotros es único a su manera, hay mucho que podemos aprender de la experiencia colectiva».

Sin embargo, con la inteligencia de datos —es decir, el gran conjunto de datos que aprovecha el hecho de que existen suficientes similitudes entre tú y todas las personas que te han precedido— debería ser posible identificar patrones de comportamiento predecibles. Esto debería permitir a las personas tomar decisiones más satisfactorias sobre su futuro.

Hablando de consejos vecinales. Tenemos la tendencia a pensar con antelación, pero no con la suficiente profundidad: simulamos el futuro cuando nos convendría más recurrir a un sustituto. La procrastinación es solo uno de los errores que surgen de estos casos de «mala planeación del viaje», pero no es el único.

A modo de explicación, permíteme presentarte a un tipo que una vez dijo que sí a todo.

DE «SÍ, SEÑOR» A «¡MALDITA SEA!»

Cuando Danny Wallace rondaba los 25 años, se encontró en una encrucijada propia de la edad. Su novia lo había dejado hacía poco y tenía un trabajo que no lo motivaba en absoluto, así que empezó a aislarse y a rechazar la mayoría de las invitaciones y oportunidades sociales. Inventaba excusas cada vez más elaboradas para evitar hacer cualquier cosa que no fuera estar solo; en pocos meses se convirtió, en esencia, en un «no, señor».

Hasta una noche en la que esperaba el metro de Londres para volver a casa, en la que el sistema de altavoces informó a los pasajeros que el tren estaba fuera de servicio y que debían salir de la estación, algo que sin duda produce frustración y enfado a cualquier viajero habitual. Mientras caminaba hacia un grupo de autobuses de reemplazo, Wallace comenzó a platicar con otro pasajero, conversación que se convirtió en una serie de quejas sobre la vida misma. Bueno, sobre la vida de Wallace. El barbudo desconocido se limitó a escuchar y luego, de forma casual, le sugirió que intentara decir más *sí*.

Y eso fue justo lo que Wallace hizo. Al principio, iba a hacerlo solo por un día. Y le generó algunos momentos incómodos, como cuando lo llamaron para preguntarle si quería un presupuesto gratuito para ventanas de doble cristal y respondió: «Sí, claro que sí». Solo que había un problema: sus ventanas ya tenían doble cristal, lo cual resultó en una llamada muy confusa: «Entonces, ¿por qué en un inicio dijo que sí?», le preguntaría el vendedor.

Al poco tiempo su pequeño experimento se convirtió en algo grande. Wallace decidió ver qué rumbo tomaría su vida si se tomaba en serio el consejo del desconocido y decía más *sí* —es más, ¡a todo!— durante los siguientes cinco meses y medio.

En el transcurso acabó comprando un Nissan verde menta que ya tenía 13 años («Yo parecía como si hubieran metido a un G.I. Joe en el coche de un pitufo»); con lo cual ganó —y de inmediato perdió— 25 000 libras esterlinas. También respondió que sí a innumerables estafadores por correo electrónico. Si algo de esto te resulta familiar, es porque la película *¡Sí, señor!*, de Jim Carrey, está inspirada en las memorias de Wallace.[16]

Lo anterior es un ejemplo convincente, aunque no extremo, de otra de las consecuencias de «mala planeación de un viaje»: decimos que sí a compromisos futuros solo para lamentar más tarde que nuestro yo del pasado haya accedido.

Los psicólogos no son necesariamente conocidos por poner nombres creativos a los efectos que estudian, pero en este caso particular creo que encontraron uno bueno. Los profesores de marketing

Gal Zauberman y John Lynch llaman a la tendencia a decir sí a algo y luego arrepentirse como *efecto sí/maldita sea*. «Sí, lo haré... ¡Maldita sea! Ojalá no hubiera dicho que sí».

En el experimento de Wallace, algunos de sus *síes* resultaron en lo que muchos consideraríamos errores obvios: al no poder decir «no», dijo «sí» en tantos contextos que terminó con una deuda enorme de tarjetas de crédito, estuvo a punto de llevarse una golpiza en un antro y se convirtió en dueño de recetas de antidepresivos y medicamentos para la caída del cabello que no necesitaba.

Sin embargo, el efecto sí/maldita sea no siempre aparece de forma tan inmediata (o ridícula). Piensa en la última vez que te pidieron a comprometerte a hacer algo en el futuro, como una presentación en el trabajo, entrenar al equipo de futbol de tus hijos o ir a la fiesta de cumpleaños de un amigo que es más bien un conocido.

Mirar al futuro y ver un calendario vacío puede hacer que el «sí» parezca la respuesta obvia. Pero cuando llega la presentación, la temporada de futbol o el cumpleaños del «amigo», podrías estar deseando hacer cualquier otra cosa con el poco tiempo que tienes. Eso es, en pocas palabras, el efecto sí/maldita sea.

Como me explicó Zauberman, no es que pensemos que dentro de tres meses no tendremos *nada* que hacer, sino que pensamos que serán *relativamente menos* cosas que ahora. Y así nos engañamos pensando que el futuro será una tierra mágica de tiempo libre.

De hecho, en uno de los estudios de Gal se les pidió a los participantes pensar en si tiempo disponible en una escala del uno al diez, donde uno implicaba mucho más tiempo disponible hoy, y diez, mucho más tiempo disponible dentro de un mes.[17] La respuesta promedio fue 8.2.

Esta tendencia se debe en parte a que cada día tenemos un montón de pequeñas cosas que nos consumen minutos y horas: correos electrónicos, reuniones, visitas de un colega, un vecino o un amigo. Seguro que se te ocurren muchas más. Lo que todas ellas tienen en común es que representan pequeñas interrupciones inesperadas que consumen nuestro ancho de banda y nuestro tiempo.

El problema es que no somos buenos para anticiparnos a esas pequeñas y perniciosas obligaciones. Así que, cuando miramos al futuro y vemos mucho tiempo libre, no tenemos en cuenta los compromisos que sin duda harán que un martes dentro de tres meses se parezca mucho al muy ocupado martes de la semana que viene. El error surge, entonces, cuando nos comprometemos de maneras que acaban añadiendo más carga que beneficio. Al igual que cuando procrastinamos, estamos pensando en el futuro, pero no de forma realista.

Sin embargo, está claro que decir que sí no siempre es un error. Cuando me encontré con Danny Wallace para hablarle de su experimento «Yes Man», lo expresó así: «El sí es una palabra de oportunidad para la diversión, la aventura y la imprevisibilidad. Porque el sí nos llevará a otra cosa, a otro sí, como el efecto dominó». Wallace es muy divertido, pero se puso muy serio cuando señaló que «algunas de las cosas más inusuales o extraordinarias que te han sucedido —tus historias y tus recuerdos— deben haber ocurrido *porque* dijiste "sí" a algo».

Nunca se sabe lo que resultará de un sí, y tal vez por eso nos inclinamos tan a menudo a decirlo. Danny me contó la historia de una de las productoras de la película *¡Sí, señor!* Mientras rodaba en Los Ángeles, la invitaron a una fiesta a la que no quería ir, ya que estaba a más de una hora de distancia como para salir de casa. Pero pensó: «¿Sabes? Estoy haciendo esta película sobre un tipo que dijo "sí" a todo, así que también podría ir a esta cosa». Durante la mayor parte de la fiesta se quedó sentada sin interactuar con casi nadie. Hasta el final, claro. Según su descripción, estaba sentada en una mesa hablando de estrellas de la gran pantalla de la década de 1920 (o algo por el estilo), cuando de la nada escuchó una voz grave que dijo: «Llevo toda la vida esperando oír a una mujer como tú decir algo así». No se me escapa la ironía de esta anécdota: se trata de un romance hollywoodense que floreció durante una conversación sobre los clichés de Hollywood de una mujer que estaba produciendo una película sobre un tipo que decía *sí* a todo. Ahora están casados y tienen hijos.

Como señala Wallace, la unión no se habría formado sin ese sí. Zauberman (uno de los investigadores que realizó el trabajo académico original sobre el efecto sí/maldita sea) se hizo eco de los sentimientos de Wallace. En parte, decir que sí puede ser beneficioso porque te compromete a hacer cosas futuras para las que hoy no tendrías tiempo. Me dijo: «Tal vez la única forma de que asistas al recital de piano de tu hijo de cuarto grado es teniendo esa percepción de que en el futuro te sobrará tiempo. Porque si fuera hoy y mirara mi calendario, quizá tendría que decirle: "Lo siento, campeón, no puedo ir"».

No obstante, decir que sí es complicado. Cuando lo decimos, mantenemos abiertas puertas que de otro modo se cerrarían, pero también nos exponemos a situaciones en las que perjudicamos a nuestro yo del futuro. En este sentido, la palabra *no*, me dijo Wallace, «es poderosa porque podemos usarla como escudo para protegernos a nosotros y nuestro tiempo». Y no es que cada «sí» tenga como resultado un cambio de vida. «Tienes las mismas probabilidades de conocer a tu pareja en una buena fiesta como en una mala», afirma Wallace. La otra cara de la moneda es que es igual de probable —¡incluso más!— que no conocerás a tu pareja en una fiesta.

Para compensar este tipo de situaciones, Dilip Soman, un profesor de marketing de la Universidad de Toronto, me dijo que había puesto en práctica en su vida la intervención «Noo, Yay» (no, yupi). Cuando le piden que se comprometa a algo en el futuro, tiene presente el efecto sí/maldita sea y dice «no» a cosas que teme que sean demasiado agobiantes. Además, de manera ingeniosa, anota el compromiso en su calendario con un comentario que dice: «No acepté hacer esto». Cuando llega la fecha de la supuesta obligación, puede mirar sus compromisos y decir «¡yupi!» a su nuevo tiempo libre.

Entonces, ¿cómo elegir entre decir «sí» o «no»? No hay una solución fácil. Sin embargo, me gusta un consejo de Wallace: puede ser una buena idea decir que sí a compromisos que no tengan un impacto negativo en tu propia felicidad para hacer felices a los demás. Si priorizas la felicidad de los demás por encima de la tuya, o si tienes el hábito de descuidar tu propio calendario, entonces un «no» puede tener más sentido. Evidentemente, los sí y los no deben decidirse según el caso.

Por eso seguimos planificando mal nuestros viajes: pensamos en nuestro futuro, pero a menudo no lo suficiente. Aquí he destacado la procrastinación y el efecto sí/maldita sea como ejemplos canónicos.

Pero también señalé que esta tendencia de la mala planificación del viaje puede ser un error, sobre todo si acabamos por hacer o dejar de hacer cosas de las que luego nos arrepentimos. Sin embargo, este hábito a veces puede dar buen resultado en el caso de los compromisos lejanos. Por ejemplo, el viaje en barco para observar patos que reservamos de manera espontánea, puede resultar muy divertido.

Sin embargo, el punto más amplio de este debate es la conciencia de uno mismo. A la hora de comprometer a nuestro yo del futuro en alguna actividad, debemos tener en cuenta los dos aspectos de su bienestar. ¿Cuánta carga y estrés experimentará? Pero también: ¿qué oportunidades podría surgir para el yo futuro el comprometernos a hacer algo después en lugar de ahora? Esto se aplica tanto a la procrastinación como al efecto sí/maldita sea.

En el capítulo 4 hablé de las veces en que nos anclamos demasiado en nuestro presente. En este traté los momentos en los que pensamos en el futuro, aunque no lo suficientemente profundo. En el próximo capítulo hablaré de los momentos en los que mezclamos ambos. Cuando utilizamos lo que está ocurriendo en el presente para darnos una idea de cómo serán las cosas en el futuro, en ocasiones cometemos un error en particular: nos basamos demasiado en nuestras emociones presentes para predecir un futuro que no hemos ponderado lo suficiente. Al hacerlo, «empacamos la ropa equivocada». Es invierno en Boston y tenemos la maleta llena de trajes de baño.

EN RESUMEN

- El segundo error al viajar en el tiempo es que pensamos en el futuro, pero solo de forma superficial.
- La procrastinación es un ejemplo clásico de este error: al no considerar el futuro de manera profunda, fallamos en reconocer hasta qué punto nuestro yo del futuro querrá evitar las mismas situaciones negativas de las que hoy intentamos escapar.
- El efecto sí/maldita sea es otro ejemplo: podemos decir «sí» a un compromiso futuro, pero no prever cuánto lo lamentará nuestro yo futuro.

Capítulo 6

EMPACAR LA ROPA EQUIVOCADA

A mediados de la década de 1990, Greg Tietz estaba en una buena racha profesional. Era socio de dos pequeñas empresas: una agencia de publicidad y una compañía de regalos y chucherías que vendía «extrañas cosas ridículas». A todas luces, a este nativo del noreste de Ohio le estaba yendo bien en la vida. Sin embargo, no disfrutaba de la presión que conllevaban sus dos roles, así que decidió cambiar su vida por completo y mudarse a San Francisco.

En una entrevista me dijo que la vida en la ciudad era un poco más libre que en el Medio Oeste y que le encantaba la idea de empezar de cero. Nuevos amigos, nuevo trabajo, nuevo todo. Trabajaba de mesero en Bottom of the Hill, un lugar de música en vivo. Desvelarse hasta las dos o las tres de la madrugada la mayoría de las noches era precio bajo que pagar a cambio de poder ver a algunas de las más notables bandas de rock.

Cuando tenía un día libre, solía dedicarlo a explorar Mission, un céntrico barrio de San Francisco que cuenta con docenas de restaurantes, taquerías y panaderías mexicanos. Si alguna vez tienes antojo de un delicioso burrito del tamaño de un brazo que te mantendrá lleno el resto del día, este es el lugar al que debes ir.

En uno de esos días de paseo, Greg decidió comprar unas sorpresas culinarias y galletas para sus compañeros de departamento. Fue entonces cuando vio un pequeño restaurante llamado Casa Sanchez, en cuyo escaparate había un cartel que le llamó la atención. En él aparecía el logotipo del restaurante y una frase muy llamativa:

«Tatúame en tu cuerpo
y consigue comida gratis de por vida».

No está seguro de si fue la promesa de un taco de un restaurante que aún no había probado o el cartel del escaparate, pero Greg decidió entrar. ¿Será real la promoción?, se preguntó. ¿Sería alguien capaz de tatuarse el logotipo del restaurante en el brazo solo para conseguir… burritos gratis a libre demanda? (En realidad, mientras escribo esto, la idea no me parece tan descabellada). Entró y le preguntó a Martha, la dueña, si la oferta seguía en pie. Por supuesto que sí, dijo. «Te haces el tatuaje y te damos comida gratis de por vida».

Como había trabajado en una agencia de publicidad, pensó que el *marketing* que había detrás de este acuerdo era brillante. A decir verdad, ya le había estado dando vueltas a la idea de hacerse un tatuaje incluso antes de aterrizar en San Francisco.

«Pero todo el mundo tiene historias de terror por equivocarse al elegir su primer tatuaje, y yo no quería que ese fuera mi caso», me explicó Greg. Antes de mudarse al oeste quería encontrar algo que tuviera algún significado para él, algo que le importara. Así que había decidido esperar hasta que apareciera la idea del tatuaje perfecto.

Resultó que eso ocurrió cuando pasó frente al anuncio de la taquería. Se rio al contármelo. «Fue como un relámpago: aquí está mi respuesta a todo».

GUACAMOLE CON UNA GUARNICIÓN DE TINTA

A todo esto, ¿cuál era exactamente el logotipo del restaurante? Era un niño pequeño, me dijo Greg, surfeando hacia el espacio exterior sobre una mazorca. «Era una imagen tan divertida, y además me encantó la idea de la promoción». Reconocía que hacerse un tatuaje era una decisión importante, y en parte por eso había tardado tanto en elegir uno. Pero aquel día en Casa Sanchez se convenció.

Antes de salir corriendo al estudio de tatuajes más cercano, pidió un burrito de carne asada *deluxe* —si vas a comer algo gratis el resto de tu vida, ¡más te vale que esté rico!—.[1] Lo consideró bastante bueno y decidió que, en efecto, ese sería su tatuaje. Llamó a un amigo que tenía varios tatuajes y le preguntó si quería acompañarlo.

Y así fue como Greg y su amigo se convirtieron en las primeras personas en aceptar el trato de tatuaje por comida que ofrecía la Casa Sanchez. Según sus cálculos, comió gratis entre cuarenta y cincuenta veces antes de que el restaurante cerrara en 2012. (No te preocupes: el nuevo restaurante que abrió en el antiguo local siguió cumpliendo el trato hecho previamente con Greg, y Casa Sanchez ahora vende sus totopos y salsas en tiendas de abarrotes. Pero hasta donde sé, Greg y su amigo deben pagar sus totopos como todo el mundo).

Es una historia rocambolesca, y cuando Greg me la contó, sentí una mezcla de admiración —ojalá yo pudiera ser más espontáneo— y preocupación. (¿Se habrá arrepentido Greg de este tatuaje? ¿De tener grabado para siempre en su piel a un niño surfeando sobre una mazorca?). Aunque yo solía vivir cerca de Mission y he comido un montón de burritos increíbles allí a lo largo de los años, pienso que tatuarme el logotipo de un restaurante en el brazo sería algo que más tarde me cuestionaría.

Arrepentirse de los tatuajes no es una experiencia única. Aunque las cifras son difíciles de precisar, de los millones de estadounidenses tatuados, hasta una cuarta parte se arrepiente de al menos uno.[2] Más aún: se calcula que el mercado mundial de la eliminación de tatuajes mueve unos 4.7 mil millones de dólares y crece a un ritmo de 15% anual.[3]

Visité a Cesar Cruz, un tatuador y propietario del estudio Black Tower Tattoo de Los Ángeles, para preguntarle por qué, según su experiencia, la gente quiere borrarse los tatuajes. Me respondió que existían dos razones clásicas. Una es que los símbolos dejaron de tener significado y otra que las palabras tatuadas ya no les producen alegría. Parece que ambas razones son el resultado de nuestra expectativa de que los tatuajes van a tener significado y producirnos alegría para siempre (o al menos durante mucho tiempo), pero cuando ya no lo hacen, nos sentimos decepcionados. También hay razones más inocuas, como cuando los tatuajes se desvanecen o ya no se ven bien a medida que el cuerpo envejece.

Los datos de las encuestas corroboran sus observaciones y plantean algunas otras posibilidades: hay quienes se arrepienten de haberse tatuado porque estaban en un estado alterado en aquel momento; otros porque se tatuaron en una parte del cuerpo que más tarde consideraron demasiado visible para el mundo exterior; y otros más porque se tatuaron algo que era significativo, pero ya no desean recordarlo.[4]

Permíteme ser claro: la mayoría de los que se tatúan no se arrepiente ni recurre a la eliminación con láser. Pero menciono el tema porque arrepentirse es un ejemplo perfecto del tercer y último error al viajar en el tiempo, al que yo llamo «empacar la ropa equivocada». Este error mental tiene implicaciones graves y puede influir en todo, desde en la profesión que elijas hasta en la atención médica que recibirás al final de tu vida.

SUÉTERES EN MIAMI

Es febrero en Chicago y estás a punto de emprender un esperado viaje a Florida. Ha sido un invierno duro y traes puesta tu ropa más abrigadora mientras haces la maleta para tus vacaciones en South Beach. Claro que el tiempo en Florida es mucho más acogedor para la piel expuesta que el de Chicago, así que decides dejar tu gigantesco abrigo de invierno. Ya sabes cuál, el que te llega hasta los tobillos y añade diez centímetros de circunferencia a tu cuerpo. Pero piensas en que aún podría hacer un poco de frío por la noche, ¿no?

Así que metes uno o dos suéteres en la maleta. Mientras tanto, piensas que también podrías agregar una camisa de manga larga y una chamarra ligera por si acaso. Seguro, en South Beach hace más calor, pero más vale estar preparado, aunque haya que documentar una o dos maletas.

Llegas a Miami, te bajas del avión y te encuentras con una temperatura de 27° con niveles de humedad que hacen que el aire parezca bebible. Y aún no has salido del aeropuerto. Te das de topes al darte cuenta de que tus suéteres, la camiseta de manga larga y la chamarra ligera se quedarán en la maleta el resto del viaje. Si hubieras hecho la maleta para este clima, el equipaje de mano habría bastado.

La lección es que el hecho de que ahora tengas frío en Chicago no significa necesariamente que lo tendrás en el futuro. Cuando hacemos predicciones sobre cómo nos sentiremos en un tiempo lejano, corremos el riesgo de dar demasiada importancia a cómo nos sentimos en el presente. Al fin y al cabo, los seres humanos somos temperamentales y es probable que nuestro estado actual no dure mucho. El error de «empacar la ropa equivocada» se produce cuando confiamos demasiado en las sensaciones de nuestro actual yo y las proyectamos a un yo del futuro que es probable que no se sienta igual.

SUBIENDO UNA COLINA MÁGICA

George Loewenstein, catedrático de Economía y Psicología de la Universidad Carnegie Mellon, está considerado uno de los economistas más destacados de su generación (su nombre incluso suena cada año entre las personas a las que les gusta especular sobre quién ganará el Premio Nobel de Economía).[5] También es un ávido aventurero al aire libre, que dedica gran parte de su tiempo a escalar, correr y navegar en kayak.

Según me contó, le encantaba correr en «una colina muy grande» cercana a su casa de Pittsburgh. Empieza en uno de los ríos de la zona y sube casi doscientos metros, así que cuando llegaba a la cima estaba completamente agotado. Pero medio minuto después de haber dado la vuelta en la cima e iniciar el descenso, solía pensar algo así como: «¡No fue para tanto!». Al cabo de poco tiempo, su dolor y su miseria ya eran recuerdos fugaces. Era como si la colina creara por arte de magia la experiencia del dolor intenso en la subida y borrara su recuerdo en cuanto comenzaba a bajar.

Al mismo tiempo, recibía con frecuencia invitaciones para impartir seminarios en distintas zonas horarias. En su casa de Pittsburgh esperaba con ilusión la oportunidad de viajar al extranjero y reencontrarse con viejos colegas y conocer a otros nuevos, por lo que solía decir que sí. Pero, según me dijo, lo curioso es que cuando recibía una de esas invitaciones durante el transcurso de un viaje, era mucho más probable que dijera que no. Sufría un *jet lag* terrible en esos viajes, «era como si solo tuviera la perspectiva de la miseria del *jet lag* cuando lo estaba experimentando en el momento».

Al juntar ambas experiencias, George empezó a formular una teoría: cuando no estamos experimentando un estado emocional, puede ser difícil apreciar cómo nos sentiremos o comportaremos en el momento en que *sí* lo experimentemos. Pero cuando uno está en las garras de emociones poderosas es difícil imaginar *no* estar allí, más bien se siente como si uno siempre fuera a estar en ese mismo estado...[6] Me lo explicó de forma sucinta: «Compro más de la cuenta con el estómago vacío y cuando estoy deprimido siento que lo estaré para siempre».

Esto significa que empacamos la ropa equivocada de dos maneras diferentes: primero, nos basamos en los estados emocionales de nuestro yo actual para tomar decisiones para nuestro yo futuro que no sentirá lo mismo. Y segundo, cuando nos anclamos en estados menos emocionales, no tomamos en cuenta las emociones fuertes que nuestro yo del futuro podría experimentar.

Consideremos un estudio que George y sus colaboradores realizaron: se les dio a los participantes adictos a la heroína la oportunidad de elegir entre tomar una dosis extra de buprenorfina (un sustituto seguro de la heroína que ayuda a eliminar la compulsión) o recibir algo de dinero unos días más tarde. Si debían decidir justo antes de recibir su dosis actual —cuando se encontraban en un estado de ansia máxima—, valoraban la dosis extra el doble en comparación a cuando tomaban la decisión justo después de recibirla (cuando su ansia había disminuido). Tiene sentido valorar más lo que va a aliviar el ansia cuando lo estás sintiendo que cuando no, pero los adictos estaban tomando una decisión que entraría en vigor cinco días después, cuando su estado actual de ansiedad sería irrelevante.[7]

Loewenstein y sus colaboradores Matthew Rabin y Ted O'Donoghue detectaron que estas observaciones podían aplicarse a una serie de situaciones en las que las decisiones actuales tienen consecuencias futuras. Acuñaron el término *sesgo de proyección*[8] para referirse a nuestra tendencia a tomar decisiones para el futuro con base en nuestras emociones e impulsos actuales, en lugar de los que predeciblemente experimentaremos cuando esas decisiones entren en vigor.

Incluso si estamos conscientes de que nuestro estado mental futuro será diferente, no adecuamos nuestras decisiones lo suficiente. Puede que sepamos que compraremos más de la cuenta con el estómago vacío, o que nuestra actual depresión no durará mucho, pero como no lo sentimos así, compramos y tomamos decisiones muy importantes basándonos en estados emocionales del presente, que a menudo son de corta duración.

Piensa cómo se distingue este error de los otros dos del viaje en el tiempo. Cuando «perdemos el vuelo» es porque estamos demasiado centrados en el presente y no tenemos en cuenta el futuro. En la «mala planeación del viaje» pensamos en el futuro hasta cierto punto, pero no con la profundidad suficiente. Y cuando «empacamos la ropa equivocada», nos centramos activamente en el futuro, pero confiamos demasiado en el presente, lo que a menudo se traduce en arrepentimiento por las decisiones tomadas. Resulta que el tatuaje con el nombre de nuestra pareja, que nos hicimos cuando estábamos enamorados, ya no luce tan bien cuando esta o este se convierten en ex.

DE SNICKERS A CONVERTIBLES A CARRERAS UNIVERSITARIAS

El sesgo de proyección es un error humano tan común que lo damos por sentado. Suponemos que forma parte de la vida, y no es un error que podamos solucionar. He aquí un ejemplo mundano que me ocurre todo el tiempo. Imagina que uno de tus compañeros de trabajo está planeando una reunión para la semana que viene y que, para aumentar las probabilidades de que la gente asista, se le ocurrió la grandiosa idea de traer bocadillos. ¡Nada menos que bocadillos personalizados! Así que te llama y te pregunta qué te gustaría comer —llevará tu nombre— en la reunión de la semana que viene.

Las opciones van de lo saludable (manzanas, plátanos y arándanos) a las chucherías (papas fritas, Snickers y Reese's). Te ofrece estas opciones a última hora de la tarde, justo cuando los antojos empiezan a aparecer. ¿Qué vas a elegir? Cuando en un estudio de investigación se le preguntó a un grupo de oficinistas lo mismo a última hora de la tarde, casi de manera unánime, se inclinaron por los bocadillos no saludables.

Al sentir que nos morimos de hambre, podemos pensar erróneamente que estaremos igual de hambrientos cuando llegue el futuro. En consecuencia, elegimos el bocadillo que satisfará ese imaginado futuro antojo. Sin embargo, cuando a otro grupo de oficinistas se les pidió elegir sus bocadillos justo después de comer —cuando se sentían satisfechos—, este se inclinó más por la manzana o el plátano.[9]

Se sabe que los consumidores que compran coches se comportan de forma parecida. En concreto, el clima al momento de la compra puede tener un impacto desproporcionado en la elección. Cuando hace más calor y el cielo está más despejado, aumentan las compras de convertibles.[10] Lo contrario también es cierto: una tormenta de nieve de 25 cm provoca que las ventas de vehículos con tracción en las cuatro ruedas aumenten 6% durante las dos o tres semanas siguientes.

Más allá de la disyuntiva entre elegir manzanas o Snickers, o entre un convertible o un todoterreno, estas pautas pueden encontrarse también en contextos personales y profesionales.

Por ejemplo, en 2008, Corea del Sur implantó un periodo de reflexión obligatorio para los divorcios: las parejas tenían que esperar varias semanas desde el día en que solicitan el divorcio hasta el día en que se podría oficializar. La práctica pareció surtir efecto, ya que las tasas de divorcio disminuyeron significativamente tras la aprobación de la nueva ley.[11] Las emociones negativas intensas y la sensación de que estas siempre estarán presentes pueden avivar el deseo de divorciarse. De hecho, las tasas de solicitud de divorcio nunca disminuyeron, pero al dar tiempo a que los sentimientos negativos se disiparan, el deseo de divorciarse disminuyó.

Incluso algo tan trivial como la hora en que se imparte una clase obligatoria a los estudiantes universitarios puede influir en decisiones importantes para el futuro. En un estudio realizado con casi veinte mil cadetes de West Point a lo largo de 17 años, los investigadores descubrieron que estos tenían 10% menos probabilidades de especializarse en una asignatura determinada si se les asignaba al azar una clase a primera hora de la mañana (a las 7:30) en lugar de más tarde.

Piensa por qué: si cursas Economía 101 muy temprano, es posible que cometas el error de atribuir tu cansancio a tus sentimientos sobre la materia y decidas que, después de todo, no es la especialidad que quieres estudiar.[12] Concluyes que la economía es aburrida, cuando en realidad solo necesitas más cafeína y acostarte más temprano. Uno de los investigadores de este proyecto, Kareem Haggag, profesor de Toma de Decisiones Conductuales y colega mío en la UCLA, señaló que la elección de la carrera universitaria no es intrascendente. Al contrario, tiene un peso significativo en varios resultados de la vida. Como me dijo: «Incluso en un contexto de alto riesgo —en el que la decisión puede influir no solo en el disfrute de los próximos años de universidad, sino también en la trayectoria de los ingresos a lo largo de la vida—, las personas están predeciblemente predispuestas por sus sentimientos temporales pasados».[13]

¿DÓNDE ESTÁ EL ERROR?

Hagamos de abogado del diablo por un momento: ¿es realmente un error el sesgo de proyección? Puede haber muchos casos en los que tengamos verdaderas dificultades para anticipar nuestras preferencias futuras. Por ello dependemos de nuestros sentimientos actuales para hacer predicciones. ¿es esto realmente tan terrible?

Resulta que el error radica en la intensidad con la que nos involucramos en este proceso. Priorizar demasiado nuestras circunstancias presentes nos conduce a situaciones que pueden ser lamentables o injustas para nuestro yo del futuro, y ahí es cuando empiezan a acumularse los problemas. Volvamos al caso de las maletas en Miami llenas de ropa para el frío: ya sabemos que el problema no es que empacamos de más, sino que tuvimos que pagar para documentarlas, y que quizá nos faltó empacar trajes de baño y playeras.

El economista Marc Kaufmann planteó la hipótesis de que, en un contexto profesional, la tendencia a sobreproyectar nuestras circunstancias actuales puede llevarnos a cometer errores en la gestión de nuestro tiempo. Piensa en cómo te sientes cuando empiezas un proyecto que te entusiasma. Tal vez llevas arrastrando tus antiguos proyectos, o quizá no te has sentido muy motivado, pero como la oportunidad de trabajar en algo nuevo aviva tu optimismo, sientes que tienes mucha energía para llevar adelante el proyecto.

Como resultado, es posible que dediques una buena cantidad de tiempo a las primeras etapas. Kaufmann ilustra lo anterior con el caso hipotético de un estudiante que tiene un examen parcial al día siguiente. Al despertarse sintiéndose descansado, el estudiante sabe que tiene que estudiar ocho capítulos. Al principio el trabajo va sobre ruedas y cada capítulo le lleva unas dos horas. Entonces puede que piense: «¡Perfecto, no voy a tener dificultades para terminar a tiempo!». Sin embargo, el sesgo de proyección entra en juego cuando comete el error de pensar que el optimismo y entusiasmo del principio le va a durar hasta el final. Cuando llega la noche, y empieza a sentirse aburrido y hambriento, cada capítulo le toma cada vez más tiempo, hasta que acaba dándose por vencido.

Así que podemos dedicar demasiada energía a las primeras etapas de una tarea, solo para luego quedarnos sin energía y sin tiempo mientras se acerca la fecha límite.[14]

Sobreproyectar el presente en el futuro puede traer problemas aún más graves. Sirva como ejemplo un grupo de estudiantes que participó en una investigación dirigida por Loran Nordgren, un profesor de gestión de la Northwestern's Kellogg School of Management. A algunos se les pidió que memorizaran cadenas de números durante veinte minutos (¡una tarea agotadora!), mientras que a otros se les pidió memorizar números durante solo dos minutos. Inmediatamente después se les preguntó a todos qué tan cansados se sentían, qué tan bien creían que podrían controlar el cansancio en el futuro y qué tanto de sus estudios los dejarían para la última semana del semestre. Los estudiantes no cansados (el grupo que pasó solo dos minutos memorizando números) confiaron mucho más en su capacidad para controlar el cansancio en el futuro y, en consecuencia, optaron por dejar el estudio para después.

Pensemos en lo que ocurre aquí: a los estudiantes que no les habían endilgado una tarea agotadora les resultaba mucho más difícil imaginar lo que implica estar realmente cansados. Quizá por confiar demasiado en su descansado estado actual, no podían acceder vívidamente a futuras sensaciones de fatiga, lo que inevitablemente los llevó a querer abarcar demasiado.

Pero no solo los estudiantes mostraron este patrón. A lo largo de cuatro meses, fumadores reformados que creían tener más control sobre sus ansias tendían más a exponerse a situaciones tentadoras, como pasar tiempo con amigos fumadores.[15] Y esto, a su vez, provocó más recaídas.

A menudo tomamos decisiones sobre acciones futuras «en frío». ¿Deberíamos reunirnos con una expareja a tomar unas copas aunque estemos felizmente casados? ¿Deberíamos ir a la sala de descanso de la oficina tras recibir un correo invitándonos a comer pastel a pesar de que estamos a dieta? ¿Deberíamos tener un paquete de cigarros en casa, aunque hayamos dejado de fumar? Cuando confiamos en nuestros sentimientos en frío para hacer predicciones sobre nuestra capacidad para resistirnos a la tentación, no entendemos del todo lo tentador que puede ser la hora feliz con un o una ex, el trozo de pastel o el cigarro en casa. Por tanto, irónicamente, nos sobreexponemos a esas mismas tentaciones, solo para sucumbir a ellas de formas que no habíamos previsto.

En una entrevista, Loran Nordgren —el investigador que estudió a los fumadores «reformados»— me lo explicó así: «Nuestros sentimientos y emociones tienen un poder extraordinario para moldear nuestras acciones, pero la gente tiene tremendas dificultades para entender lo transformadoras que pueden ser esas emociones. Subestimamos la amenaza y, por ende, nos ponemos en peligro».

Así que a veces «empacamos la ropa equivocada», es decir, tomamos decisiones, con base en los sentimientos de nuestro yo actual, de las cuales nuestro yo del futuro podría arrepentirse. Tenemos frío y nos olvidamos de lo que es sudar en Miami.

Ahora, hay otra versión de este error que se basa menos en las emociones que tenemos en el momento y más en las percepciones generales que tenemos sobre nuestra personalidad, gustos y aversiones actuales.

CADA QUIEN TIENE SU BANDA...

Piensa en la última vez que un grupo musical te gustó de verdad. Puede que fuera hace diez años o incluso más. Cuando yo estaba en mis veinte, mi banda favorita era una de Boston llamada Guster. Esta confesión viene acompañada de un poco de vergüenza: con sus agradables canciones pop y sus portadas de aspecto ligeramente *grunge*, Guster era la típica música de finales de la década de 1990. No podía imaginarme un mundo en el que no sonaran todo el tiempo en mi sala (mi *roomie* incluso amenazó con mudarse si tenía que volverlos a escuchar). Y yo me habría gastado el poco saldo de mi cuenta bancaria para ir a uno de sus conciertos.

Hoy mis gustos han cambiado un poco; Spotify me informa que al parecer escucho mucho a un grupo llamado The National. Con sede en Los Ángeles, tienen un sonido ligeramente más oscuro y melancólico, y antes de la pandemia de covid intentaba ir a sus conciertos siempre que podía. Me muero de ganas de que vuelvan a salir de gira, y me resulta difícil creer que llegue un momento en los próximos años en que *no* quiera verlos.

En 2020 me enteré de que Guster, mi vieja banda noventera favorita, tocaría en el cementerio Hollywood Forever, a una media hora de donde vivo. Hacía siglos que no los escuchaba y pensé que podría ser divertido revivir el pasado. Pero me pareció muy caro pagar los cuarenta dólares que costaba la entrada. ¿Podría justificar gastar ochenta dólares para que mi mujer y yo viéramos a un grupo que hoy me parece un poco… cursi?

¿Mi punto? Cuando era fan absoluto de Guster, estaba dispuesto a gastar una buena parte de mis ingresos en sus conciertos y asumía que siempre me sentiría así. Ahora siento algo similar por The National, mientras que Guster ha sido relegado al basurero de la historia, y me resulta difícil imaginar un tiempo en el que no seguiré sintiéndome así. Aunque sé que mis gustos cambiaron en el pasado, me cuesta trabajo imaginar cómo podrían cambiar en el futuro.

Es probable que tus gustos también hayan cambiado a lo largo de tu vida. Quizá no solo en cuanto a conciertos, pero ¿qué hay de la patineta cara que tuviste de niño? ¿Sigues obsesionado con los Power Rangers, los peluches Beanie Boos o las Doc Martens negras brillantes?

Esta tendencia a proyectar nuestros intereses y preferencias generales al futuro es algo que el investigador Jordi Quoidbach y sus colaboradores estudiaron en miles de personas. Considera la pregunta que le hicieron a los visitantes de la página web de un popular programa de televisión belga: «¿Cómo habría calificado su personalidad (en términos de apertura a nuevas experiencias, concienciación, extraversión, agradabilidad y neuroticismo) hace diez años?».

Ahora trata de predecir tu puntuación en esos aspectos *dentro* de diez años.

Si crees que has cambiado más del pasado al presente de lo que prevés que cambiarás del presente al futuro, no estás solo. Ya fueran jóvenes, de mediana edad o adultos mayores, casi veinte mil personas mostraron un patrón claro al creer que habían cambiado mucho en comparación con el pasado —en cuanto a su personalidad y sus valores—, pero no eran capaces de ver que seguirían cambiando en el futuro.[16]

Un estudio de seguimiento reveló que los participantes en la investigación eran partidarios de pagar 60% más por ver tocar a su grupo favorito actual dentro de diez años que los participantes a los que les preguntaron cuánto desembolsarían por ver tocar hoy a un antiguo grupo favorito. Parece que la gente pagaría mucho más por una oportunidad futura para satisfacer una preferencia actual.

Estos efectos no solo quedan relegados a cuestiones hipotéticas: Jordi y sus colaboradores también descubrieron que, a lo largo de treinta años, miles de estadounidenses subestimaron una y otra vez cuánto cambiaría su propia satisfacción vital.[17] Esta tendencia se ha etiquetado como la «ilusión del fin de la historia».

EL FIN DE LA HISTORIA TAL Y COMO LA CONOCEMOS

Lo esencial es que, aunque reconocemos que hemos evolucionado desde lo que alguna vez fuimos a lo que somos ahora, fallamos en ver que seguiremos cambiando en el futuro.

Uno de los autores del artículo, el psicólogo Dan Gilbert —quien también llevó a cabo el estudio sobre citas rápidas descrito en el capítulo 5—, me dijo que cuando era joven creía que, aunque sus veinte años serían diferentes de sus treinta, y estos un poco diferentes de sus cuarenta, a partir de ahí su vida «sería imperceptiblemente diferente».

Lo que intuía era que, alrededor de los 40 años, de algún modo habría «llegado» y convertido en la versión completa de sí mismo. Sin embargo, al mirar hacia atrás descubrió que no había sido así. «En muchos aspectos, tener 64 años es muy diferente de los 54 y estos de los 44», me dijo. Puede ser difícil ver que, aunque hayamos experimentado grandes cambios en el pasado, los seguiremos experimentando en el futuro.

En las elocuentes palabras de Jordi, Dan y su colaborador Tim Wilson, «tanto los adolescentes como los abuelos parecen creer que el ritmo del cambio personal se ha ralentizado y que recientemente se convirtieron en las personas que serán para siempre. Parece que la historia siempre termina hoy».[18]

No sabemos exactamente por qué se produce esta ilusión, pero podemos especular: quizá se debe en parte a la autoprotección y en parte, sospecho, al miedo a lo desconocido. Cuando las personas piensan en cómo han cambiado del pasado al presente, implícitamente recuerdan cómo han mejorado.[19] Así que, en general, vemos nuestro yo presente de forma positiva:[20] la mayoría de la gente se gusta a sí misma, cree que su personalidad es atractiva para los demás y que sus valores son dignos de admiración. Puede que nos asuste pensar que, si cambiáramos, abandonaríamos este noble lugar, por lo que intentamos aferrarnos a quienes somos ahora.

De manera similar, nos gusta creer que nos conocemos bien, y la idea de que nuestras personalidades, valores y preferencias pueden cambiar nos produce cierta ansiedad existencial.[21] Si no sabemos cómo cambiaremos en el futuro, ¿hasta qué punto sabemos realmente quiénes somos hoy?[22]

Aquí hay algunas implicaciones importantes. Por ejemplo, en la vida profesional podemos basarnos demasiado en nuestras circunstancias actuales a la hora de planificar nuestra carrera, y desestimar cómo han cambiado nuestros valores e intereses en el pasado y cómo podrían cambiar en el futuro. Una encuesta entre funcionarios apuntaba precisamente a esta conclusión. Un grupo de empleados evaluó cómo habían cambiado sus valores del pasado al presente, y reconoció que poder trabajar de forma independiente y ayudar a los demás eran valores cuya importancia había crecido de modo espectacular durante los diez años previos. A los integrantes de otro grupo les pidieron predecir qué valores serían importantes para ellos en los años venideros. Resultó que este segundo grupo —el de los «predictores»— anticipó muchos menos cambios en sus motivaciones laborales que los experimentados por el grupo de los «informadores».[23]

He aquí el problema: si nos equivocamos al considerar lo que creemos que será importante al enfrentarnos a nuevas orientaciones profesionales o perspectivas de empleo, es posible que tomemos (o no) decisiones de las que luego nos arrepentiremos.

En una conversación conmigo, Jordi planteó otro resultado convincente: «¿Podría la ilusión del fin de la historia hacer que dejemos pasar oportunidades que de otro modo habríamos disfrutado?». Tomemos como ejemplo viajar a un lugar exótico. Imagina que en este momento de tu vida solo puedes permitirte un viaje austero; piensa en autobuses y hostales. El lado positivo es que podrás conocer otra parte del mundo. El lado negativo es que también aprecias mucho las cosas buenas de la vida y disfrutas de una cama en un hotel lujoso. Basándote en esto, podrías cometer el error de suponer que eso es exactamente lo que tu yo del futuro también valorará. «Oh, esperaré hasta que sea mayor y tenga el dinero para hacerlo bien», sugirió Jordi. Pero ¿y si eso es un error? Qué tal si, cuando te conviertas en esa versión mayor de ti mismo, ¿ya no quieres viajar a Australia porque prefieres pasar tiempo con tu familia? ¿Te arrepentirías de haber renunciado a la aventura cuando eras más joven? A veces, aprovechar el momento significa abrazar los intereses de tu yo actual, porque puede que a tu yo del futuro no le interese asistir a un concierto de Guster.

Hay otra consecuencia nefasta que puede surgir que tiene que ver con el futuro lejano: la planificación del final de la vida. Es un tema que B. J. Miller, médico especialista en cuidados paliativos de vanguardia en San Francisco, ha estado estudiando durante gran parte de su vida.

EL FINAL PUEDE SER DISTINTO

«El empeño de un hombre por cambiar nuestra forma de morir». Este es el título del artículo de B. J. Miller publicado en 2017 en *The New York Times.*[24] Aunque parezca una descripción arrogante, en realidad da en el clavo.

El primer encuentro del doctor Miller con la muerte se produjo una noche de noviembre de 1990. Como estudiante de segundo año en Princeton, estaba de fiesta con unos amigos y decidieron ir a una tienda de abarrotes a eso de las cuatro de la madrugada. Para llegar ahí tenían que cruzar las vías del tren suburbano de Princeton que llevaba a los pasajeros en un corto trayecto del campus hasta la estación de Amtrak. Por alguna razón, Miller y sus amigos pensaron que sería divertido subirse al minitrén (los lugareños lo llaman «Dinky»), que permanecía inactivo en las vías.

Miller fue el primero en subir por la escalera de la parte trasera del tren. Cuando llegó al techo, su brazo se acercó demasiado al cable eléctrico y 11 000 voltios de corriente pasaron por el reloj metálico que llevaba en la muñeca, atravesándolo como un cohete. Aunque sobrevivió, tuvieron que amputarle un brazo a la altura del codo y las dos piernas a la altura de las rodillas.

Aquel acontecimiento lo llevó a intentar comprender mejor y, en última instancia, a cambiar el modo en que los pacientes reciben atención médica. Al contar la historia, Miller a veces se ríe al reflexionar sobre cómo algo llamado Dinky cambió su vida. Aunque recibió un tratamiento excelente en la unidad de quemados del Saint Barnabas Medical Center, se dio cuenta de que gran parte del mundo médico está diseñado para tratar enfermedades y no necesariamente personas. Desde su punto de vista, esto es más evidente en la atención al final de la vida, donde, por defecto, se trata de mantener vivos a los pacientes a toda costa.

Hasta hace poco, Miller era profesor de medicina y cuidados paliativos en la Universidad de California en San Francisco y director del Zen Hospice Project, una organización que utiliza los principios del budismo para atender a los moribundos. En 2020 fundó Mettle Health, una organización dedicada a ayudar a los pacientes a navegar por el sistema de atención médica, especialmente al final de la vida. Es una especie de consultoría «viviendo con la muerte».

Su objetivo es hacer que la muerte deje de ser algo que se hace a un lado hasta el final, como suele ocurrir en los cuidados tradicionales, y que sea más un acontecimiento del ciclo de la vida que hay que celebrar. El modelo médico moderno, repleto de luces brillantes, máquinas parpadeantes y habitaciones estériles, trata a la muerte como un resultado que hay que «superar»: cuando un paciente muere, lo sacan rápidamente de la habitación, sin dejar apenas rastro de que alguna vez estuvo allí.

En cambio, Miller quiere infundir un mayor sentido humano a los cuidados paliativos. Su objetivo —me dijo— es que la muerte «forme parte de la vida». En charlas anteriores puso el ejemplo de una paciente cuyos pulmones están fallando a causa de la ELA. Ella quiere fumar, no para acelerar la muerte, sino para «sentir cómo se llenan sus pulmones mientras aún los tenga».[25] Otra paciente quiere que, en lugar de más quimioterapia, le permitan a su perro estar en la habitación con ella, acurrucado contra su piel.

Ninguno de estos deseos se cumpliría en un hospital tradicional. Al promover este enfoque más empático, Miller se convirtió en el «pionero de un nuevo modelo de cuidados paliativos», como lo describió *The New York Times*. ¿Cómo implementamos este modelo? Primero necesitamos conversar más, y de manera más profunda, sobre la muerte.

Por supuesto, es un tema deprimente, y no es que surja de forma natural ni del que se quiera hablar. Además, hay un problema que tiene sus raíces en la ilusión del fin de la historia. Cuando pensamos en el futuro, nos viene a la mente la vejez y el final de nuestra vida, algo que —al menos en muchas culturas— no suele verse de manera positiva.[26] Sospecho que para ejercer cierto control sobre el proceso de envejecimiento, creemos que seguiremos siendo las personas que somos ahora, lo que nos lleva a ignorar lo inevitable. Ya es bastante difícil imaginar nuestro yo del futuro, pero pensar en un mundo en el que ya no exista lo es aún más.

Por ello no es sorpresa que muchos adultos no tengan planes para el final de su vida. Estimaciones recientes sugieren que solo uno de cada tres estadounidenses ha elaborado un documento de instrucciones anticipadas,[27] y entre los que sí lo han hecho, es posible que muchos no los hayan actualizado para incluir los cambios en sus deseos. A modo de ejemplo, en un estudio de investigación en el que se les preguntó a participantes sanos si aceptarían recibir un extenuante tratamiento de quimioterapia que podría prolongar su vida por tres meses, solo 10% dijo que sí; en cambio, cuando se les hizo la misma pregunta a pacientes con cáncer... el porcentaje aumentó a 42%.[28] Parece que a medida que se acerca el final, el valor de la vida aumenta.

Como ya dije antes, el enigma de este tipo de elecciones —y que subyace en el sesgo de proyección y la ilusión del fin de la historia— es que, aunque nuestros gustos y preferencias evolucionan constantemente, a menudo tomamos decisiones pensando en nuestro yo actual. Solo después nos damos cuenta de que nuestros yoes anteriores —que ya no comparten los mismos puntos de vista con el yo en el que nos hemos convertido— tomaron decisiones importantes que nos están afectando ahora.

Le pregunté al doctor Miller: «A la hora de tomar decisiones para el final de nuestra vida, ¿cómo sabremos que lo hicimos bien?». Pasó un rato dándole vueltas a la cuestión antes de explicar cómo muchas veces sale mal. Las cosas se vienen abajo, me dijo, cuando tenemos la sensación de «Oh, mierda, pensé que las cosas iban a ser de esta manera y resulta que para nada». Ese elemento sorpresa, cuando se añade a todas las demás cargas emocionales que rodean a la muerte, puede ser devastador.

Sin embargo, su respuesta para cuando sí sale bien, representa un buen antídoto para las veces en que «empacamos la ropa equivocada». Las personas que han tenido las mejores muertes, me dijo, no son las que experimentan un final sin dolor. Más bien, son las que tienen una visión madura del tiempo, las que reconocen que pueden planear un futuro determinado, pero que también pueden sentir diferente acerca de esos planes a medida que pasa el tiempo.

Parte de esta madurez proviene de estar consciente de una fluidez: los pacientes que entienden que son un «trabajo en proceso» son los que mantienen activa la conversación sobre lo que desean para el final de su vida. Son los que se sienten más cómodos con los cambios de preferencias, valores e incluso personalidades. Sospecho que parte de la razón por la que muchos nos resistimos a estos ajustes es que el cambio va unido a la pérdida; tenemos que admitir que nuestro yo del pasado se ha ido, se esfumó. Los pacientes más sabios afrontan estas pequeñas pérdidas y, en el camino, abrazan su propia mortalidad. Como dijo Miller: «Al darte cuenta de lo que has perdido, casi invariablemente te percatas de todo lo que aún tienes».

En su campo laboral, Miller es partidario de la expresión «El hombre hace planes y Dios se ríe». Hay algo de verdad en ello, me comentó, sobre todo en la medida en que nunca podemos saber cómo se desarrollará el final. «Y, sin embargo, ¡seguimos planeando!», exclamó. Esos planes —ya sean para mañana, para el final de la vida o para un momento intermedio— deben hacerse con cuidado y no de forma dogmática. Desde un punto de vista práctico, la planeación puede adoptar la forma de nombrar un «apoderado de tratamientos médicos», o alguien que pueda hacer planes por uno a medida que se acerca el final).[28] Subrayó la importancia de mantener «suposiciones sueltas sobre cómo será el final». Eso te ayuda a reconocer que puedes controlar algunos resultados, pero no todos.

Para Miller, adoptar este tipo de mentalidad te llevará a un buen lugar, venga lo que venga.

DE REGRESO AL NIÑO EN LA NAVE DE MAZORCA

Cuando se trata de confiar en nuestro yo actual para hacer pronósticos para el futuro, hay muchos casos en los que empacamos la ropa equivocada. Como cuando no creemos que nos vamos a sentir indefinidamente igual a como nos estamos sintiendo ahora.

Pero no siempre tendremos hambre, frío o ansiedad. Mi lista de canciones más escuchadas en Spotify no siempre incluirá un exceso de canciones de The National.

Volvamos a Greg Tietz, el hombre que se hizo el tatuaje de Casa Sanchez a cambio de burritos gratis: ¿entró su decisión en alguna de estas categorías? En otras palabras, ¿se arrepintió de haberse tatuado? Cuando le hice esta pregunta, su respuesta fue clara: «De ninguna manera. No me arrepiento ni un poco». El tatuaje, me dijo, «captura un momento específico en el tiempo» —uno en el que tenía menos preocupaciones.. Aunque se siente bien con su vida actual, ahora forma parte del mundo empresarial y no puede mantenerse despierto hasta las dos o las tres de la madrugada sirviendo tragos, escuchando grandes grupos y comiendo burritos gigantes en sus días libres. Sin embargo, le reconforta saber que, siempre que quiere, puede mirar su brazo y conectarse a esa época particular de su vida.

Igual quc los pacientes más sensatos del doctor Miller, Greg se dio cuenta de que la versión más joven de sí mismo no era más que un parche en su colcha de yoes. Así como ha cambiado de ser quien era a quien es, sin duda seguirá cambiando con el paso de los años. No se ha hecho ningún otro tatuaje, aunque lo ha considerado. Quizá solo esté esperando otra oferta de comida gratis que querrá comer por el resto de su vida.

EN RESUMEN

- Nuestro último error al viajar en el tiempo: no reconocemos las diferencias entre el futuro y el presente.
- El sesgo de proyección es un ejemplo de este error: tomamos nuestras emociones actuales y las proyectamos *sobre* nuestro yo del futuro.

- La ilusión del fin de la historia es otro ejemplo: pensamos que nuestras personalidades y preferencias actuales no cambiarán mucho en los próximos años.
- Como resultado, tanto del sesgo de proyección como de la ilusión del fin de la historia podemos tomar decisiones de las que luego nos arrepentiremos, que van desde lo que decidimos comer hasta las carreras que estudiamos.

PARTE III

EL ATERRIZAJE

Soluciones para suavizar el camino entre el presente y el futuro

Capítulo 7

ACERCANDO EL FUTURO

La escena comienza en un anodino edificio de oficinas. El reloj de pared se acerca a las cinco de la tarde. El árbol de Navidad al fondo deja claro que las vacaciones están a la vuelta de la esquina.

Tres veinteañeros matan el tiempo lanzándose una pelota mientras hablan de tonterías.

De repente, el edificio tiembla. Un destello de luz estalla y tres hombres mayores aparecen en la sala, de pie frente al filtro de agua y la fotocopiadora.

Dramáticamente, el hombre mayor en el centro del grupo dice: «Somos el yo del futuro de cada uno de ustedes».

Él y sus amigos han vuelto para lanzar una grave advertencia sobre los peligros del cambio climático.

Pero antes de que pueda continuar su frase, uno de los jóvenes lo interrumpe. «En primer lugar… hola. Encantado de conocerte», dice. Entre risas, lanzan una ráfaga de preguntas a los hombres mayores. «¿Cómo nos va en la vida? ¿Somos ricos?».

Los hombres mayores responden acongojados que, en realidad, están muy endeudados.

Uno de los más jóvenes responde: «De acuerdo, está bien, ¿pero la vida familiar es buena? Estamos todos casados, ¿no?».

Una vez más, las respuestas no son positivas. El líder informa: «No, pasé por un verdadero mal divorcio, pero si actúas ahora, ¡podremos evitar la extinción total de la humanidad!».

Desanimado, uno de los jóvenes lo interrumpe y le dice: «A mí… no me importa». Y entonces llega el remate de este ridículo *sketch* de *Saturday Night Live:* «Si tú eres para lo que estoy trabajando, no quiero formar parte de ello».

Después de intentar repetidamente volver al tema del cambio climático, la interacción entre los yoes actuales y los del futuro se convierte en una discusión sobre quién tiene la culpa de la desgracia de los yoes mayores.

Esta escena, escrita por el trío de improvisación Please Don't Destroy, recuerda al relato de ciencia ficción de Ted Chiang que mencioné en la introducción de este libro. Ambos plantean la misma intrigante pregunta: si pudieras sentarte y tener una conversación con tu yo del futuro, ¿qué le dirías y qué ocurriría como resultado?

Con un poco de suerte, la reunión no sería tan oscura como en el *sketch* de *SNL*. Con un poco más de suerte, el encuentro sería mucho más positivo y educativo. Sin embargo, ¿cambiaría algo sobre la manera en que vives tu vida actual? Esta es la pregunta que empecé a plantearme hace varios años con algunas cámaras, luces y gafas futuristas.

CUIDADO CON LA BRECHA

A lo largo de sus décadas de carrera, Jane Fonda ha desempeñado muchos roles. De estrella de cine a activista política y de gurú del ejercicio a defensora de la justicia social, ha conseguido mantenerse en la vanguardia cultural. Hace varios años trabajé con ella cuando estaba probando un rol completamente diferente.

De pie frente a mí, se puso una tosca máscara de realidad virtual y esperó con paciencia mientras yo le colocaba unos sensores de cámara en los hombros. En la habitación en la que nos encontrábamos había una larga barra de gimnasia de dos por cuatro colocada sobre una alfombra monótona. Pero gracias a las gafas de realidad virtual, ella veía otra cosa: un campo de heno con un enorme hoyo en el centro. El agujero era tan profundo que parecía como si el suelo hubiera sido golpeado por un meteorito. Y de un extremo a otro del hoyo había un sólido tablón de madera.

A través de los sensores sobre sus hombros, las cámaras situadas alrededor de la habitación seguían sus movimientos. Cada paso que daba Fonda se transmitía a una computadora central, que utilizaba esa información para reconfigurar el mundo que ella veía en su pantalla. Con cada paso que daba en la vida real, parecía —en su mundo virtual— que se acercaba cada vez más al hoyo. Aunque sabía que estaba en una habitación normal, lo que veía a través de sus gafas de realidad virtual era mucho más aterrador. Su tarea consistía simplemente en atravesar la viga, sabiendo que, en realidad, se elevaba solo cinco centímetros de la acolchada alfombra.

Después de haber visto a otros sujetos de investigación intentar atravesar «el tablón», estaba acostumbrado a ver a gente que, temerosa, se negaba a cruzarlo. Pero no fue el caso con Fonda. Me quedé detrás, vigilándola por si se caía de la viga, y la observé cómo se ponía de puntitas y aterrizaba sana y salva en el otro extremo. Impresionante. El ejercicio que acababa de realizar formaba parte de una demostración destinada a enseñar el realismo y la «inmersión» de la realidad virtual.

Fonda estaba allí para promover, entre otras cosas, un enfoque más positivo del envejecimiento. Mientras escribía un libro sobre el bienestar en los últimos años de la vida, se interesó por el trabajo que varios investigadores y yo estábamos realizando. Durante los últimos meses había metido a participantes en un tipo diferente de sala de realidad virtual. En ella los participantes se encontrarían cara a cara, a través de un espejo virtual, con versiones más viejas, más grises y arrugadas de sí mismos.

La idea surgió en una reunión en la que expuse mi investigación sobre nuestros yoes del futuro. Había estado hablando de las relaciones que mantenemos con ellos y por qué son importantes: con lazos más débiles vendrían más decisiones que lamentaríamos a largo plazo. Si tan solo hubiera, me lamenté, alguna forma de que la gente interactuara con un holograma u otra versión de su yo del futuro. Algunos de mis colegas señalaron que, aunque un holograma era algo descabellado, existían otras posibilidades. Me dijeron que a solo unos metros del pasillo del edificio de psicología quedaba el departamento de comunicaciones. Y en su interior estaba una de las salas de realidad virtual inmersiva más modernas del mundo.

Mi reflexión fue la siguiente: si pudieras ver y hablar con tu yo del futuro en un entorno virtual, ¿se reforzaría el vínculo emocional que tienes con él? ¿Y esa conexión haría que en la actualidad hicieras más cosas —como ahorrar dinero, comer más sano, etc.— para mejorar tu vida en el futuro?

Aunque parezca inverosímil, había una buena razón para pensar que podría funcionar.

EL PODER DE UNO

A finales de agosto de 2015, Abdullah Kurdi, un refugiado sirio, se dispuso a abandonar Turquía con su familia en una pequeña embarcación rumbo a Kos, una isla griega. El objetivo era navegar hasta Canadá, donde los Kurdi tenían familia.

Trágicamente, el viaje terminó casi tan pronto como empezó: la embarcación se hundió cinco minutos después de abandonar la costa de Turquía y, en el proceso, la esposa y los dos hijos de Kurdi se ahogaron. La periodista turca Nilüfer Demir estaba cerca y captó una imagen de Alan, el más pequeño, de tres años, tumbado boca abajo en la playa. Un día después, esa impactante fotografía apareció en las portadas de los periódicos internacionales y fue vista por más de veinte millones de personas en las redes sociales.

Sin embargo, no solo captó la atención del mundo. También consiguió que, poco después del incidente, se modificaran las políticas de refugiados en países tan lejanos como Estados Unidos y que, en la semana posterior a la publicación de la foto, las donaciones a un fondo de la Cruz Roja sueca, destinado explícitamente a ayudar a los refugiados sirios, se multiplicaran por cien.[1] Pero, como señalaron el psicólogo Paul Slovic —experto en el estudio de la evaluación de riesgos— y sus colegas, la crisis en Siria ya llevaba más de cuatro años al momento de la muerte de Alan Kurdi.[2] Una estimación muy conservadora es que, cuando se tomó esa foto, el número de víctimas mortales ya superaba los 250 000. Sin embargo, la respuesta del mundo había sido el silencio.

Las víctimas individuales e identificables, como Kurdi, tienden a producir titulares que duran semanas o incluso meses.

Como señaló Deborah Small, profesora de marketing en Yale e investigadora principal de varios trabajos sobre el «efecto de víctima identificable», los seres humanos individuales no son los únicos que generan tal atención. Cuando Cecil, un león macho adulto de Zimbabue, fue cazado y abatido, la noticia de su muerte avivó la indignación internacional. En cambio, las estadísticas sobre muchos casos similares hacen muy poco por mover el corazón o los bolsillos de la gente. De hecho, Small observó en uno de sus trabajos que más de mil millones de niños viven en pobreza, pero las historias sobre la pobreza masiva rara vez generan cobertura mediática o donaciones de ciudadanos particulares.[3]

Hay aquí una ironía evidente: la víctima individual nos motiva más que el sufrimiento de muchos. Nos desvivimos (y abrimos nuestras carteras) por un individuo, pero escondemos la cabeza bajo tierra cuando nos enfrentamos a estadísticas que detallan tragedias similares a escalas mucho mayores. Es una tendencia bien documentada, no solo en casos como el de Kurdi o el del león Cecil, sino también en experimentos científicos rigurosamente controlados.

Por ejemplo, en un ingenioso estudio realizado por Small, les preguntó a los clientes de un centro comercial si querían donar a una casa de Hábitat para la Humanidad local. A algunos les dijeron que la familia que recibiría la casa «ya fue seleccionada» y a otros que «será seleccionada». Considera lo que ocurre aquí: decir que la familia ya había sido seleccionada la hacía más identificable. En otras palabras, era más fácil imaginarse a una familia recibiendo la donación si se sabía que esta ya había sido elegida que si no. Y, de hecho, ese contexto hizo que aumentaran las contribuciones.[4]

Asimismo, Small y sus colegas descubrieron que cuando los usuarios del sitio de préstamos de microfinanciación Kiva.org tenían que elegir entre donar a empresarios individuales o a grupos de empresarios, preferían la donación a individuos.[5]

Tanto en el caso de Hábitat para la Humanidad como en el de los préstamos de microfinanciación, es más probable que los donantes saquen la billetera cuando distinguen claramente al posible beneficiario. Por supuesto, no hace falta buscar mucho para ver que las organizaciones benéficas emplean a menudo este tipo de estrategia.

Piensa por qué un individuo conmueve más que muchos. Recuerda lo que ocurre cuando ves un deporte profesional por televisión. Cuando la cámara se desplaza sobre el estadio —ya sea de futbol americano, beisbol, basquetbol o futbol—, las caras aparecen borrosas y los colores tienden a mezclarse. Cualquier persona queda oculta por la multitud. Sin embargo, cuando el equipo de cámara decide enfocar a un aficionado, es mucho más fácil ver su expresión facial y la ropa que lleva puesta, e incluso imaginar la vida que lleva; es mucho más fácil sentir que podríamos conocerlo.

Del mismo modo, cuando se señala al posible beneficiario de una organización de caridad, es más fácil identificarse con él o ella, sentirse como él o ella y adoptar su perspectiva, ver el mundo a través de sus ojos. Investigaciones recientes indican que, cuando las personas ven a un beneficiario identificable, se activan las regiones del cerebro asociadas a las emociones positivas. Esa actividad, a su vez, predice el comportamiento de las donaciones.[6]

Por tanto, una sola persona objetivo genera una sensación de cercanía, y esta importa cuando se trata de nuestro deseo de ayudar a los demás.[7]

Es una mentalidad psicológica que esperaba poder producir en la sala de realidad virtual. Al mostrarle a la gente su yo del futuro —haciendo más identificable ese yo lejano—, pretendía reducir la distancia entre la persona que somos y la que seremos. Por supuesto, nuestro yo del futuro no es igual a los beneficiarios desconocidos de la caridad. Tenemos más qué compartir con las personas en las que un día nos convertiremos que con los desconocidos en campañas filantrópicas. Sin embargo, se pueden encontrar similitudes. Al igual que los objetivos de una campaña de Hábitat para la Humanidad, el bienestar de nuestro futuro depende en última instancia de las decisiones que tomemos hoy.

¿ESE ES EL ABUELO?

Alterar la imagen de alguien para que parezca mayor alguna vez fue cosa de artistas del FBI y equipos de efectos especiales de Hollywood. Para ver cómo serías de mayor, lo mejor era pasar tiempo con un pariente anciano. Sin embargo, cuando empecé mi búsqueda para presentarle a la gente su yo del futuro, la tecnología ya nos ofrecía algunas posibilidades más.

Estas nuevas técnicas no eran perfectas, pero parecían funcionar bastante bien. El procedimiento básico para la «progresión de la edad» consistía en primero fotografiar a una persona con una expresión neutra, sin sonreír, fruncir el ceño ni nada parecido. Después de haber practicado esto conmigo cientos de veces, llegué a la desafortunada conclusión de que mi cara «neutral» asusta. Puedes ver a lo que me refiero en las imágenes de la siguiente página. Pero me estoy desviando.

Tras tomar una foto neutra de la cara de un participante en la investigación, mis colaboradores y yo la corríamos por un programa informático para crear un avatar. En términos sencillos, se trata de una versión virtual del rostro. Sigue siendo una imagen tuya, pero más «digitalizada». La imagen del centro es la mía.

La parte divertida venía después. Tras crear los avatares digitales, mis colegas y yo pasamos las imágenes por un «algoritmo de progresión de la edad». Básicamente, el algoritmo intenta hacer con una imagen lo que el tiempo hace con un rostro real. Descuelga ligeramente la piel, añade depósitos de grasa bajo los ojos, agranda un poco las orejas, crea algunas manchas de la edad, adelgaza y blanquea el pelo, estrecha la cara y alarga la nariz. Esa es la imagen de la derecha. Y, como mi mujer me ha recordado varias veces, la versión mayor de mí podría ser un poco indulgente y estoy de acuerdo con ella: lo más probable es que cuando llegue a la séptima u octava década tenga mucho menos pelo y muchas más arrugas.

Para ser francos, las técnicas de progresión de la edad que utilizamos eran relativamente nuevas. Ahora, por supuesto, hay disponibles varias aplicaciones más baratas y realistas que pueden envejecer rápido tu rostro. No obstante, la imagen bien podría ser una versión de cómo me veré cuando sea mayor. De hecho, una vez mientras jugaba con mi imagen envejecida, mi hija pasó y me preguntó por qué tenía una foto tan rara de su abuelo en la pantalla.

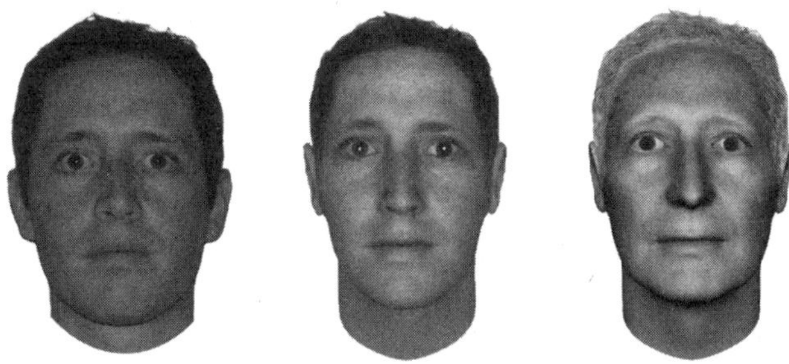

Pero en lugar de limitarnos a mostrar estas imágenes a las personas, decidimos arriesgarnos un poco más. En la misma sala de realidad virtual en la que Jane Fonda caminaba de puntitas por «el tablón», mis colaboradores y yo creamos una especie de mundo digital diferente. En lugar de un espacio con un hoyo imaginario, este parecía una habitación que verías en cualquier edificio de oficinas, con paredes blancas lisas y una alfombra neutra. Pero en una de las paredes había un espejo. O mejor dicho, un espejo virtual. Si te acercabas, veías ya sea una imagen tuya actual o una versión envejecida.

Con la configuración de realidad virtual, la experiencia imitaba con realismo la de mirarse en cualquier espejo. Si desplazabas el cuerpo hacia la derecha, la imagen envejecida del espejo virtual también lo hacía. Y si girabas la cabeza, también giraba la imagen. Para asegurarnos de que los participantes se comprometieran al máximo, les pedimos que dedicaran unos minutos a hablar consigo mismos, es decir, con la versión de sí mismos, la actual o la envejecida en el espejo.

Después les quitamos las gafas de realidad virtual, los llevamos a una sala contigua e hicimos que rellenaran una serie de cuestionarios. Uno de ellos contenía una pregunta crucial sobre decisiones financieras: si recibieras mil dólares ahora mismo, ¿qué harías con ese dinero? ¿Lo invertirías a corto plazo para premiar a tu actual yo o ahorrarías a largo plazo para asegurar a tu yo del futuro?

ENCONTRÁNDOTE CON TU YO DEL FUTURO

¿Qué ocurría cuando las personas podían estar frente a la versión más vieja de sí mismas, hablar con ella y conocerla? Del mismo modo que cuando los beneficiarios de la caridad eran seleccionados y así vueltos más vívidos, ver a su yo del futuro tendía a hacer que las personas fueran más caritativas con él.

En concreto, los que interactuaron con sus imágenes envejecidas destinaron mucho más dinero al ahorro a largo plazo que los que solo vieron una imagen actual de sí mismos.[8]

Hay que reconocer que se trataba de un estudio pequeño y que nuestros participantes eran estudiantes universitarios a los que les faltaban décadas para jubilarse. Así que realizamos un experimento similar, pero sin el contexto de realidad virtual. En un entorno en línea, les preguntamos a trabajadores adultos cuánto quisieran destinar de su sueldo a una cuenta de retiro (en concreto, a una cuenta de jubilación protegida fiscalmente y patrocinada por el empleador) utilizando una pequeña barra deslizante que oscilaba entre 0 y 10%. ¿El truco? Algunos participantes veían una imagen de su yo del futuro sobre la barra deslizante, mientras que otros la de su actual yo.

De nuevo ganaron el cabello más canoso, la piel más arrugada y las manchas de la edad: los que vieron a su yo del futuro destinaron una parte significativamente mayor de sus ingresos a la jubilación (alrededor de 6% de su sueldo) que los que solo vieron a su actual yo (alrededor de 2% de su sueldo).

Una advertencia: preguntamos a la gente sobre dinero *hipotético*. Es posible, por supuesto, que no hubiera estas diferencias si se tratara de dólares y centavos reales. Después de todo, las decisiones sobre los ahorros para la jubilación son importantes, y además los planes de retiro (como el 401(k) de los Estados Unidos) pueden ser confusos. Un usuario de Twitter demostró esta confusión de manera graciosa: «Me inscribí al 401(k) de mi empresa, pero estoy nerviosa porque nunca he corrido un maratón tan largo».[9]

Y así, durante varios años, Dan Goldstein, uno de mis colaboradores, y yo, buscamos oportunidades para realizar un estudio bien controlado en el «mundo real». Nuestra oportunidad llegó en forma de asociación con un laboratorio de ideas de ciencias del comportamiento llamado Ideas 42, la Secretaría de Hacienda de México y un gran banco mexicano. La organización fue relativamente sencilla: enviamos un correo electrónico o un mensaje de texto a unos cincuenta mil clientes bancarios preguntándoles si les gustaría contribuir a sus planes de pensión personal, que son algo similar al 401(k) estadounidense. Alentamos a todos los clientes a ahorrar más para el futuro, pero a la mitad de ellos les permitimos «conocer» a su yo más viejo.

Resultó que esto no solo aumentó el número de clientes que hicieron aportaciones a sus cuentas, sino también la cantidad que ahorraron.[10]

Para ampliar este trabajo, la científica del comportamiento Tamara Sims y sus colaboradores les presentaron su yo futuro a estudiantes de colegios profesionales durante un curso semestral de transición a la universidad. Los estudiantes veían imágenes de sus avatares actuales o envejecidos digitalmente cada dos semanas, mientras respondían a unas encuestas. Quienes conocieron a su yo del futuro se mostraron más motivados a aprender sobre planificación financiera y también reflejaron una mayor confianza en sus capacidades financieras, lo que en última instancia se tradujo en lo que los investigadores llaman «alfabetización financiera».[11] Hay que señalar que estos estudiantes eran socioeconómicamente diversos y la mayoría eran los primeros miembros de sus familias en asistir a la universidad; sus puntuaciones en conocimientos financieros estaban por debajo de la media en comparación con otros estadounidenses de su edad. No obstante, el hecho de que cada dos semanas se reunieran con su yo del futuro produjo un cambio positivo cuantificable. Del mismo modo, un ejercicio de visualización del futuro mejoró los comportamientos preventivos en materia de salud y ahorro entre varios miles de mujeres de las zonas rurales de Kenia.[12]

Este tipo de intervenciones parece tener efectos incluso en los niños pequeños: los preescolares que dibujaron imágenes de su yo del futuro (un día en el futuro) y describieron las experiencias de ese yo mostraron una mayor capacidad de planificación. Por ejemplo, reconocieron mejor qué tipo de cosas necesitarían empacar para un viaje de una noche.[13] Por supuesto, planear lo que se necesita para un viaje de una noche toma menos tiempo que planear lo necesario para una jubilación más acomodada. Pero como puede atestiguar cualquiera que haya interactuado alguna vez con un menor, una herramienta que ayuda a un niño de 3 o 4 años a planificar un futuro próximo es muy valiosa.

Ante estos resultados, las grandes empresas han empezado a aplicar versiones de nuestra intervención. Merrill Lynch, por ejemplo, creó un sitio web de Jubilación Facial en el que los usuarios podían subir sus fotos y verse a sí mismos muy envejecidos dentro de sesenta años, junto con el precio previsto de la gasolina en ese momento (en el supuesto de que todavía conduzcamos coches impulsados por combustibles fósiles). La idea era que esto incitaría a los usuarios a contribuir o aportar más a sus cuentas de jubilación.

Prudential introdujo los puestos de envejecimiento «Future You» en las ferias de prestaciones para empleados con la esperanza de aumentar la participación en los beneficios. Incluso han llegado a colocar vallas publicitarias sobre jubilación junto a las principales autopistas en las que se lee: «Haz que tu yo futuro se enorgullezca».

Otras empresas, sin embargo, han adoptado un enfoque menos directo. En lugar de *mostrar* imágenes envejecidas, el banco británico Nationwide se asoció con el comediante Sunil Patel para evocar la noción de un yo del futuro concreto. «Entiendo la idea de ahorrar, se supone que debes tomar buenas decisiones ahora para tu yo del futuro», observa Sunil. Sin embargo, tras una pausa, exclama: «Pero no creo que ese tipo se lo merezca. ¿Qué ha hecho para obtener ese dinero? No se lo ha ganado; ¡yo sí! No ha hecho nada, así que me lo quedaré porque me gustan las cosas bonitas». Cuando Patel termina su parte, Nationwide explica el verdadero significado de esta: «Un mensaje de tu yo del futuro: es más fácil ahorrar si lo haces el día que te pagan».

Estos son solo algunos de mis ejemplos favoritos, y otras empresas financieras han seguido su ejemplo. Pero el impacto de pensar activamente en el futuro va más allá del dinero. Tomemos como ejemplo a Anmol Bhide, un estudiante universitario del norte de California. Un año después de empezar la pandemia de covid-19 su dieta se había vuelto espectacularmente malsana. Consistía sobre todo en cereales y sándwiches. En solo tres meses la combinación de estos dos alimentos se convirtió en un problema de salud y lo hizo engordar casi 14 kilos. Por desgracia, las dietas tradicionales no le ayudaban a cambiar de rumbo. Pero, como me contó por correo electrónico, decidió tomar un camino diferente después de leer algunas de nuestras investigaciones: utilizó una herramienta online para crear una imagen de su yo del futuro ideal.

Para frenar sus atracones, pegó una copia de ella en el espejo del baño y en la puerta del refrigerador. «Cada vez que bajaba a comer una barra de Häagen-Dazs, veía esa imagen y me regresaba», escribió. Según él, la visualización le ofrecía un objetivo y, con la ayuda de una dieta baja en calorías, algo de cardio y una rutina de levantamiento de pesas, pudo bajar bastante de peso con el tiempo.

Sarah Raposo y Laura Carstensen añadieron una perspectiva científica al relato anecdótico del señor Bhide al informar que descubrieron que los adultos que habían «conocido» a su yo futuro a través de imágenes envejecidas hacían más ejercicio que los adultos que no habían echado un vistazo a su arrugado rostro del futuro.[14]

Y, en el ámbito de la ética, mis colegas y yo descubrimos que la exposición a imágenes vívidas envejecidas llevaba a las personas a tomar un camino más recto cuando se enfrentaban a oportunidades de hacer trampa en juegos que diseñamos en el laboratorio.[15] En un entorno más real, cuando unos estudiantes de secundaria se hicieron amigos de su yo del futuro cuarentón en Facebook durante una semana, tendieron a cometer menos delitos en ese periodo.[16]

Los estudios contenían muestras pequeñas y los efectos eran relativamente modestos. Esto no debería sorprender demasiado: en la decisión de actuar o no de manera ética intervienen muchos factores, y ver el futuro de uno mismo puede ser solo una pieza del rompecabezas. No obstante, puede ser una importante: Jean-Louis van Gelder, mi colaborador en este trabajo, les ha empezado a presentar su yo del futuro mediante imágenes envejecidas a delincuentes holandeses condenados. Lo que descubrió con esto, de manera preliminar, es que el método ha reducido los comportamientos autodestructivos (como beber y consumir drogas) de exconvictos en libertad condicional.[17]

Desde el ahorro a la ética, pasando por la salud, visualizar tu yo del futuro puede ayudarte a mejorar tu comportamiento. Sin embargo, estas imágenes no son necesariamente una panacea, y el contexto importa. Por ejemplo, en el verano de 2019, las influencers célebres y más de cien millones de usuarios en redes sociales participaron en la moda del envejecimiento facial. Descargaron FaceApp, la aplicación que les permitía subir una foto y, en cuestión de segundos, ver el aspecto que tendrían cuando fueran mucho mayores. Algunos se horrorizaron («Parezco Moisés en su cumpleaños 584», comentó uno), mientras que otros se divirtieron (Gordon Ramsay comentó que ese sería su aspecto como presentador de la temporada 50 de *MasterChef*).[18] Pero ¿aumentaron de repente decenas de millones de personas su tasa de ahorro para la jubilación y cambiaron las donas por ensaladas? Sospecho que no.

A los psicólogos sociales les gusta decir que el agua sigue el camino más directo, y que las personas no somos diferentes, ya que a menudo tomamos el camino que presenta la menor resistencia. Si queremos cambiar algún comportamiento indeseable (como gastar demasiado en cosas superfluas y no ahorrar lo suficiente a largo plazo), el proceso para hacerlo tiene que ser fácil. Y las imágenes de FaceApp no estaban asociadas con ninguna herramienta de ahorro, ni programa de alimentación saludable o algo similar fácilmente disponible, lo que hizo improbable el cambio de comportamiento.[19]

Y lo que es aún más importante es que aunque estas imágenes presentaron a una parte considerable del mundo a sus yoes mayores, las presentaciones por sí solas pueden ser insuficientes. De hecho, los investigadores Dan Bartels y Oleg Urminsky descubrieron que para cambiar de comportamiento debemos saber que nuestro yo del futuro existe y preocuparnos por lo que le depara el destino.[20] En el contexto adecuado, ver versiones envejecidas de nosotros puede ayudarnos en ambos frentes: al igual que los lentes nos ayudan a ver y los implantes cocleares a oír, las imágenes envejecidas nos ayudan a imaginar mejor a nuestro yo del futuro, a darle prioridad y a empatizar con él. En ese sentido, representan a la perfección la primera estrategia para mejorar nuestra capacidad de viajar en el tiempo: hacer que el yo del futuro se sienta más cercano a lo que somos ahora. Sin embargo, *ver* imágenes de edad progresiva es solo una forma de hacerlo.

QUERIDO YO FUTURO

Ann Napolitano, autora de *Querido Edward*, superventas del *The New York Times*, creció siendo una lectora voraz. Aún lo es —como novelista, la lectura forma parte del oficio—, pero de niña lo era extremadamente. Después de leer toda la serie de *Ana de las Tejas Verdes* de L. M. Montgomery, Napolitano quería más. Así que recurrió a *Emily de Luna Nueva*, otra serie escrita por Montgomery.

Como me dijo Napolitano, puede que *Ana de las Tejas Verdes* sea más conocida como personaje de ficción, pero Emily era una huérfana valiente y carismática. También era amante de los libros, introvertida y tímida. «A los 14, yo era todas esas cosas, así que resoné con Emily», dijo.

En las novelas, Emily se encuentra en una situación muy solitaria. Para conectar con alguien, con quien sea, decide escribir una carta. Por desgracia, pronto se enfrenta a la triste realidad de que no tiene a nadie a quien enviársela. Así que se escribe una carta a sí misma… ella dentro de diez años.

A Napolitano le pareció genial la idea de escribirle a su yo de 24. Una noche, después de redactar su carta, escribió con cuidado en el exterior del sobre: «Para Ann a los 24».

«El verdadero milagro fue que ¡no perdí la carta!», relató Napolitano. Durante los diez años que transcurrieron entre los 14 y los 24 años, terminó el bachillerato, empezó la universidad y se graduó, se mudó a su primer departamento en Manhattan y empezó sus estudios de posgrado. Durante todo ese tiempo la carta viajó con ella. Cuando tenía 19 años, sintió un fuerte impulso de abrirla, pensó que le sería imposible aguantar los cinco años que aún tenía que esperar. Pero lo hizo, y la mañana de su cumpleaños 24 se sentó a leerla.

Su contenido era previsiblemente adolescente, lleno de angustia y anhelos románticos. En un artículo de opinión, Napolitano explicó que se sintió mortificada al descubrir que su yo de 14 años se preocupaba sobre todo por la forma de su cuerpo y por si encontraría el amor.[21] Decepcionada, decidió repetir el ejercicio y escribirse otra carta, esta vez para leerla a los 34 años.

Napolitano tiene ahora 50 y cada diez años escribe (y lee) una carta titulada «Querido yo del futuro». Siempre empieza por contarle cómo es su vida diez años después. Incluye cosas básicas, como dónde vive y qué hace, pero también explora temas más profundos, como a quién ama, la calidad de sus amigos y las preocupaciones que la consumen. La segunda mitad de la carta, sin embargo, tiende a centrarse en dónde le gustaría estar dentro de diez años. Me contó que intenta ser realista: vive con su marido y sus dos hijos en Brooklyn y en algún momento le gustaría tener una habitación para escribir con una puerta de verdad.

Como me dijo, a menudo ya no recuerda lo que escribió cuando lee las cartas. La última data de hace seis años y apenas recuerda su contenido, pero la experiencia de leer cada carta pasados diez años y descubrir sus esperanzas y angustias pasadas ha sido reveladora. Algunas de las cartas contienen un elemento de tristeza: ninguna de las cosas que deseaba cuando tenía 24 años llegó a suceder. Pero otras son esperanzadoras y ofrecen una perspectiva más amplia de su vida. Antes de abrir la carta de sus 34 años, lo único que recordaba era un deseo de estar menos decepcionada por lo que había hecho y tener más curiosidad por lo que pasaría después. De hecho, al leer esa carta, me dijo, fue la primera vez que no sintió ansiedad al abrirla. Como mencionó en su artículo de opinión, fue la primera vez que se sintió «plenamente integrada en su vida».

Como novelista está realmente interesada en las historias que caracterizan nuestras vidas. Escribirse y leer esas cartas a lo largo del tiempo también le ha permitido ver un arco narrativo en su propia vida. Pero también le han ayudado a pensar de forma más específica sobre su yo del futuro. El hecho de comunicarse con él cada década la obliga a pensar dónde estará dentro de diez años, cómo será la vida de sus hijos y cómo quiere que sea su propia vida. Piensa en las piezas que ya están en su sitio y en cómo podrían agregarse a la versión idealizada de la persona en la que quiere convertirse. El valor de hacer eso, me dijo, es que la obliga a vivir más intencionadamente. «También me hace concentrarme en vivir a plenitud, porque no sé cuántas cartas más recibiré».

CÁPSULAS DEL TIEMPO DEL BACHILLERATO

Por supuesto que Napolitano no es la única persona que ha realizado este tipo de ejercicio. Desde 1994, Richard Palmgren, un profesor de Nueva Jersey, les pide a sus alumnos de secundaria que escriban cartas a sus yoes del último año de bachillerato. Al igual que Napolitano, Palmgren se esfuerza por que estas sean leídas. Una vez cerrados los sobres, los guarda en su despacho y luego los envía por correo cuando los alumnos están por graduarse (ingeniosamente, después de lidiar durante años con la inflación del Servicio Postal, ahora les pide a los alumnos que peguen tres estampillas en los sobres).

En estas cartas los alumnos escriben sobre cómo es la vida en la escuela secundaria, describen algunos acontecimientos actuales y enumeran algunos deseos para su yo del futuro. Cuando finalmente leen las cartas, me dice Palmgren, es «como si mantuvieran una conversación con su yo del pasado». De hecho, contextualiza el ejercicio como una forma para que los alumnos piensen en qué lugar de sus líneas temporales se encuentran. Como alumnos de segundo de secundaria, hace solo seis años que estaban en el kínder, y dentro de seis años tendrán licencias de conducir y estarán listos para graduarse del bachillerato. Para Palmgren, el proyecto obliga a los jóvenes estudiantes (como a Napolitano) a reflexionar sobre sus objetivos y dónde quieren estar cuando se abran las cartas.

A lo largo de las décadas, Palmgren desconocía el contenido de las cartas. Pero en 2020 unos cineastas rodaron un breve documental titulado *Dear Future Me* acerca de Palmgren, sus alumnos y el ejercicio de escribir cartas. Durante el rodaje, Palmgren fue testigo de cómo sus antiguos alumnos las abrían. La publicidad que rodeó al cortometraje también animó a los exalumnos que nunca recibieron sus cartas (ya sea porque se habían mudado o porque no se les pudo localizar) a volver a sus ciudades de origen para recoger sus pequeñas cápsulas del tiempo. La generación más antigua de escritores de cartas tiene ahora más de 30 años.

Como dato curioso, surgió un tema común: la lectura de las cartas de sus yoes del pasado hizo que muchos de los estudiantes de Palmgren se replantearan su trayectoria actual y revisaran los objetivos que se habían fijado tantos años atrás. «Ver reflejado su yo del pasado les ayuda a cambiar el rumbo», me dijo Palmgren. Reajustan, realinean y se proponen los años siguientes de una forma más realista.

El ritual escolar de las cartas «Querido yo del futuro», perfeccionado por Palmgren, ha sido adoptado por otros profesores y es la motivación que hay detrás del sitio web FutureMe que destaqué en la introducción de este libro. Todas estas historias sugieren el poder de esas cartas. Pero las historias son solo eso. ¿Habrá una mejor prueba de que comunicarnos con nuestro yo lejano puede ayudarnos a mejorar nuestra vida actual y futura?

Cada vez hay más evidencias de que la respuesta puede ser afirmativa. Por ejemplo, en un proyecto dirigido por Abe Rutchick descubrimos que, cuando cientos de estudiantes universitarios se escribían cartas a su yo futuro dentro de veinte años (en comparación con los miembros de otro grupo que se escribían cartas a su yo dentro de tres meses), aumentaba la probabilidad de que hicieran ejercicio, y durante más tiempo, la semana posterior.[22] Como pensaban concretamente en su yo del futuro, se sentían motivados a cuidar de su cuerpo.

Sin embargo, puede ser difícil saber qué poner en esas cartas o cómo escribirlas. Por eso, en colaboración con Ideas42, mi colega Avni Shah y yo utilizamos una aplicación al estilo de Mad Libs con una serie de preguntas donde se rellenaban espacios en blanco con el fin de ayudar a los clientes de la banca mexicana a escribirles notas a sus yoes jubilados. Cientos de asesores financieros pidieron a miles de clientes que reflexionaran y describieran con lujo de detalles acerca de quiénes serían cuando se jubilaran. La aplicación les pedía, por ejemplo, que pensaran dónde vivirían, con quién pasarían el tiempo y qué harían en sus últimos años. Resulta que los clientes que escribieron esas cartas estuvieron más dispuestos a contratar una cuenta de ahorros automática que los que no lo hicieron.[23]

Recientemente, los profesores de psicología Yuta Chishima y Anne Wilson descubrieron que, cuando comenzó el covid-19, los adultos que escribieron cartas a (o de) su yo del futuro para leerlas después de un año experimentaron una disminución inmediata de las emociones negativas, en comparación con los adultos que no lo hicieron. El ejercicio de escribir cartas ayudó a las personas a salir del aquí y ahora y a adquirir cierta perspectiva sobre cómo sus sentimientos negativos sobre el covid podrían disminuir a medida que se acercaban a su yo del futuro. Y, al establecer esa conexión, los participantes pudieron liberarse de los grilletes de un periodo productor de ansiedad.[24]

Estas intervenciones concretas que acabo de comentar son «conversaciones» unidireccionales: las personas escriben cartas a o de su yo del futuro. Sería mejor que fueran conversaciones en las que hubiera un intercambio entre las partes. Después de todo, ¿quién quiere tener una cita con alguien que solo habla de sí mismo? Estudios recientes han revelado que una conversación entre el yo actual y el del futuro puede tener un impacto aún mayor que una simple carta a (o de) un yo del futuro. Por ejemplo, Chishima y Wilson pidieron a cientos de estudiantes de preparatoria que escribieran cartas a su futuro yo en tres años. En comparación con los estudiantes que solo enviaron cartas en un sentido, los que se comprometieron a enviarlas y responderlas afirmaron sentir una mayor conexión con su yo del futuro. También declararon que había aumentado la disposición de tiempo para planificar su carrera profesional y estudiar para los exámenes, incluso aunque se expusieran a otras tentaciones.[25]

Además de la escritura de cartas y las imágenes de la progresión de la edad, hay otras formas eficaces de acercarse al yo del futuro. Por ejemplo, a mi antigua alumna Kate Christensen, ahora profesora de la Universidad de Indiana, se le ocurrió una idea ingeniosa: empezar en el futuro y viajar mentalmente de regreso al presente. La mayoría de las veces, cuando pensamos en los años que tenemos por delante, empezamos nuestro viaje mental hoy y viajamos hasta algún punto en el futuro. Pero nada nos obliga a viajar en esa dirección.

De hecho, en varios estudios, Kate, Sam Maglio y yo hemos descubierto que empezar por el final y retroceder en el tiempo aumenta la sensación de cercanía que sentimos hacia nuestro yo del futuro. Incluso hemos descubierto que esta especie de «viaje en el tiempo a la inversa» lleva a la gente a actuar hoy para cuidar del mañana.[26] Por ejemplo, en un experimento utilizamos UNest, una aplicación de ahorros universitaria. Nos pusimos en contacto con más de 25 000 personas que habían iniciado el proceso de inscripción, pero que nunca lo terminaron. Un grupo vio un mensaje que decía: «El año es 2031, retrocede a 2021». Otro grupo vio algo más tradicional: «El año es 2021, avanza hasta 2031». Aunque las tasas de conversión globales eran bajas, el viaje a la inversa fue poderoso: los usuarios que empezaron por el futuro y viajaron al presente tuvieron más del doble de probabilidades de introducir sus datos personales e inscribirse en una cuenta de ahorro para la universidad.

¿Por qué? Piensa en lo que ocurre cuando vas en coche a un restaurante nuevo. ¿Qué parece llevar más tiempo: el viaje de ida o el de vuelta? Si eres como la mayoría de las personas, volver a casa parece llevar menos tiempo que el viajar a un sitio nuevo (los psicólogos tienen un nombre inteligente para este fenómeno: el «efecto volver a casa»). Ir a un nuevo destino conlleva incertidumbre y no nos sentimos «allí» hasta que nos estacionamos y llegamos a la puerta principal. El viaje de regreso es distinto: sentimos que estamos en casa desde el momento en que llegamos al primer punto de referencia —la tienda, el semáforo o el patio de la escuela— que marca el círculo geográfico que consideramos «casa».[27] Y lo mismo puede ocurrir con los viajes mentales en el tiempo. Viajar hacia atrás en el tiempo —desde un futuro incierto a un presente más seguro— hace que el viaje parezca más corto, reduciendo la distancia entre el ahora y el después.

He aquí una última sugerencia para acercar el futuro: en lugar de pensar en el tiempo que media entre el presente y el futuro en términos de años, considéralo en términos de días. Los investigadores Neil Lewis y Daphna Oyserman les pidieron a miles de participantes que lo vieran de este modo y dio buen resultado. Cuando se les pidió que pensaran en la jubilación que empezaría en 10 950 días, planearon empezar a ahorrar cuatro veces antes que aquellos a los que se les pidió que pensaran en que su jubilación ocurriría dentro de treinta años. Pensar en días en lugar de en años también influyó en otros resultados, como la probabilidad de ahorrar para la universidad. Hay una razón importante: los días son cortos y los años largos, y viajar mentalmente a través de días en lugar de años refuerza el vínculo que sienten las personas con su futuro yo lejano.[28]

Ya sea transformar los años del calendario en días, viajar hacia atrás en el tiempo, fomentar las conversaciones entre el presente y el futuro, o interactuar con una selfi envejecida, estas soluciones para acercar el futuro comparten un tema común. Por naturaleza estamos centrados en el presente, absortos en el aquí y ahora. Pero estos trucos probados funcionan y ayudan a engrasar las ruedas de nuestras máquinas para viajar en el tiempo, acercando en última instancia a nuestro yo del futuro a la persona que somos ahora.

EN RESUMEN

- Para salvar la distancia entre el yo presente y el yo futuro, puedes «acercar el futuro».
- Puedes hacerlo visualizando tu yo del futuro con imágenes tuyas envejecidas o escribiendo cartas a tu futuro yo.
- Pero el contexto importa. El mero hecho de ver a tu yo envejecido o de escribirle cartas puede no ser suficiente para cambiar tu comportamiento. En lugar de eso, combina estos ejercicios de «vivacidad» con situaciones en las que puedas tomar una decisión inmediata (como una plataforma de inversión en línea).
- Esto también podrían funcionar: viajar hacia atrás desde el futuro hasta el presente, o pensar en el tiempo que nos espera en términos de días en lugar de años.

Capítulo 8

MANTENER EL RUMBO

La pastilla tiene el mismo aspecto que cualquier otra de farmacia: pequeña y blanca, con un corte en el centro. Alrededor de los bordes hay unas letras de aspecto críptico. Una mañana, justo después de tomarse el café, James Cannon se tomó una con un poco de agua.

Pero luego hizo algo ligeramente inusual. Tomó una botella de vodka, vertió con cuidado un trago en un vaso y lo llenó con agua mineral. A pesar de lo temprano que era, James bebió la mitad, se fue a su dormitorio y vio un poco la televisión. Al cabo de unos 15 minutos, la sensación de relajación que suele acompañar a los cocteles brillaba por su ausencia, no sentía euforia ni un mareo. Solo una extraña presión en el cuello. Se arrastró fuera de la cama, caminó hasta la cocina y se terminó su vodka con soda.[1]

Diez minutos después, la leve presión se intensificó y se extendió al resto de su cabeza. No podía mantener el equilibrio, tenía los ojos irritados e inyectados en sangre; tanto que, al acercarse, vio que «los capilares en el blanco estaban tan congestionados que parecían hiedra creciendo en una pared».

Era casi como si se hubiera saltado la parte divertida de beber y hubiera pasado directamente a una resaca de proporciones épicas.

Eso, de hecho, fue exactamente lo que le pasó a James Cannon, y todo se debió a la pequeña píldora blanca que se tomó. Cuando bebemos alcohol, nuestro hígado lo descompone, primero en acetaldehído, que es venenoso, y luego en acetato, que no lo es. Pero Antabuse —la pastilla que Cannon ingirió con su primera taza de café— pone el tren del alcohol en otra vía. En esencia, impide que el cuerpo procese el alcohol adecuadamente. Bloquea el metabolismo del acetaldehído, de modo que lo único que queda en el organismo es la parte de la bebida que provoca una desagradable resaca.

Este también es un ejemplo perfecto de otra solución a nuestras dificultades para viajar en el tiempo. Como explicaré, el Antabuse es una forma de herramienta conocida como *mecanismo de compromiso*: algo que hace que el viaje sea más difícil de arruinar, pero facilita obtener el resultado esperado. Al igual que los parachoques de las pistas de boliche, los mecanismos de compromiso pretenden mantenernos en el buen camino. Para entender cómo funciona exactamente este proceso, volvamos a James Cannon.

CUATRO NIÑOS Y UN DOCEPACK

En los años que precedieron a su experimento casero con Antabuse, Cannon desarrolló gradualmente un problema con la bebida que se agudizó después de que su mujer tuviera a su cuarta hija. Todos los días, alrededor de las dos de la tarde, abría su primera cerveza y se tomaba entre ocho y 12 más hasta que se iba a la cama a dormir. Para un bebedor ocasional o social, esa cantidad de cerveza seguramente provocaría una borrachera descontrolada y falta de energía a la mañana siguiente. Pero para Cannon, el hábito del docepack diario nunca supuso ningún problema real. Rara vez se emborrachaba y su vida laboral y personal seguía siendo funcional.

La cantidad que bebía era fácil de justificar precisamente porque no tenía ningún problema con ella.

Sin embargo, todo cambió cuando a su mujer le empezó a incomodar su forma de beber, sobre todo cuando sus hijos pequeños estaban cerca. La tensión con su esposa lo llevó a consumir más, las rachas etílicas duraban días o incluso semanas, y lo único que le importaba era conseguir su siguiente trago. Lo que puso fin a estas rachas fue darse cuenta de que su salud se estaba deteriorando. Como él mismo dijo: «No quería lidiar con mi vida, pero tampoco quería morir».[2]

Tras una desagradable borrachera en la década de 1990, decidió pedir ayuda a un amigo médico, Alexander DeLuca. En aquel entonces, DeLuca era el director del Smithers Center for Drug and Alcohol Treatment. El Centro Smithers, que ahora forma parte del departamento de psiquiatría de la Universidad de Columbia, está a la vanguardia del tratamiento de adicciones.

DeLuca recetaba diversos tratamientos a pacientes con problemas de alcoholismo, entre ellos Antabuse. Según me contó en una entrevista, era un fármaco que le gustaba mucho, en gran parte porque había experimentado su eficacia de primera mano.

El propio DeLuca era alcohólico. Su problema con la bebida se remonta a un trauma que sufrió en la infancia. Luego de probar casi todas las demás opciones de tratamiento para dejar de beber, y comprobar que ninguna funcionaba, decidió intentar con Antabuse. Y así fue. En pocos días, DeLuca había reducido drásticamente su consumo de alcohol.

¿Por qué fue tan eficaz Antabuse? DeLuca lo atribuye a su sencillez. Tomar una copa mientras se toma Antabuse, me explicó DeLuca, es bastante horrible: «Incluso las reacciones más leves son terriblemente desagradables». Y no es que puedas beber más para superar ese malestar inicial, porque cuanto más bebas, peor es la reacción. Pero quizá la cualidad más importante del Antabuse es su capacidad para permanecer en el torrente sanguíneo durante varios días después de su consumo. Para DeLuca, a menudo duraba unos diez días, por lo tanto, era mucho más difícil «hacer trampa», como tomarse el Antabuse un jueves para saltarse la dosis del sábado por la mañana para poder enfiestarse el fin de semana.

En palabras de DeLuca, «era mucho más fácil tomar una decisión al día que 25». Es decir, decidir tomar el Antabuse en comparación con no aceptar una bebida tentadora 25 veces. En realidad, era más bien una decisión cada pocos días, ya que el Antabuse permanecía tanto tiempo en el cuerpo.

Actualmente jubilado en Boise, Idaho, DeLuca ya no bebe ni siente el impulso de hacerlo. Pero en la década de 1990 tomó Antabuse durante unos seis años, un periodo, me dijo, en el que realizó su mejor trabajo académico y profesional.

Al igual que DeLuca, James Cannon había experimentado muchas opciones de tratamiento para su alcoholismo. Dado que todas fracasaron, decidió participar en las pruebas de Antabuse.

LA VOZ DE UNA PÍLDORA

Para Cannon, al igual que para DeLuca, los días anteriores al Antabuse suponían una serie de decisiones: cuándo beber, cuánto o abstenerse por completo. Tomar la pastillita cada mañana silenciaba este tipo de diálogos internos.

Pero la píldora también le dio a Cannon la libertad de explorar varios otros problemas. Como ya no estaba obsesionado con la mecánica de la bebida, pudo reconocer las situaciones de su vida diaria que por lo general detonaban su deseo de anestesiarse con una cerveza o tres. Al escribir sobre su experiencia con Antabuse, relató un momento de un sábado por la tarde en el que estaba intentando arreglar una falla en la computadora familiar, resultado de que una de sus hijas descargara accidentalmente un archivo con virus. Después de una hora de trabajo, justo cuando estaba a punto de terminar, su hija menor entró en la oficina, se sentó en el teclado y deshizo lo que Cannon ya había reparado.

Lo que pensó en ese momento, según recuerda, fue que, aunque eso lo exasperó sobremanera, tenía que morderse la lengua y seguir adelante. ¿Qué sentido tenía enfadarse con la niña? Pensó en la fiesta a la que iría el martes, allí podría relajarse y echarse unas copas.

Pero entonces apareció la voz de Antabuse: «Esa fiesta suena muy bien, pero mientras yo esté aquí, beber no va a ser divertido y no te podrás librar de mí para el martes».[3] Más tarde, cuando reflexionó sobre ese momento, se dio cuenta de cómo su respuesta normal a cualquier tipo de frustración era averiguar cuándo podría consumir su siguiente trago. Sin embargo, al profundizar, se dio cuenta de cuánto se había estado reprimiendo y de cómo, en lugar de enfrentar las tensiones cotidianas de la paternidad y superarlas, se limitaba a callarse y planear su próxima borrachera.

Al eliminar el alcohol de la lista de estrategias para lidiar con la vida, el Antabuse le reveló cuál era su estado mental antes de tener otra de sus rachas etílicas. La pequeña píldora blanca lo obligó a desarrollar nuevas herramientas para sobrellevar los problemas, ninguna de las cuales venía en una lata de aluminio.

Antabuse puede ser una herramienta eficaz para un problema específico que afecta a cerca de 6% de la población estadounidense mayor de 12 años.[4] Sin embargo, el consumo excesivo de alcohol comparte similitudes con muchos otros comportamientos problemáticos, como comer en exceso, gastar más de la cuenta o pasar demasiado tiempo frente a nuestras pantallas. En otras palabras, cualquier problema en el cual tenemos una imagen ideal de nuestro yo del futuro, pero también un yo actual que arruina todos nuestros esfuerzos.

Puede que queramos que nuestro yo del futuro esté sano, tenga estabilidad económica y esté más presente. Esperamos que tenga un bajo índice de masa corporal, una cuenta bancaria llena y una familia y amigos que disfruten de su compañía. Sin embargo, sabemos que habrá un yo actual que pedirá papas fritas con chile y queso (aunque la alternativa es una ensalada), sucumbirá a la oferta de envío gratuito de una empresa de ropa cuyos productos no necesitamos, e ignorará a nuestra familia en favor de la notificación en su teléfono (¡es que podría ser una *importante* alerta de las redes sociales!).

En otras palabras, habrá yoes actuales que —a pesar de nuestras mejores intenciones— harán que nuestra vida sea diferente de nuestro ideal esperado.

MANTENER EL RITMO

En el caso del consumo problemático de alcohol, Antabuse dificulta bastante que nuestro actual yo recaiga. Seguro que conoces otras estrategias. Si alguna vez has comprado un paquete de botanas dulces de cien calorías, eso es un mecanismo de compromiso: te comprometes a comer solo cien calorías de esas pequeñas y deliciosas galletas de chocolate Chips Ahoy. Si alguna vez te has apuntado a una clase de gimnasia o planeado salir a pasear con un amigo, te estás comprometiendo —de antemano— a disminuir el tiempo que pasarás viendo televisión. Se trata de formas suaves de «precompromiso», al menos más que tomar una pastilla que te dará un espantoso dolor de cabeza y unas náuseas intensas si te tomas un vodka tonic.

La idea de comprometerse de antemano a seguir un determinado plan de acción no surgió cuando la gente intentaba limitar el número de Twinkies en sus despensas. Thomas Schelling, un economista galardonado con el Premio Nobel en 2005, fue el primero en hablar formalmente del precompromiso en el contexto de prevenir que la Guerra Fría escalara. En 1956 sugirió que las naciones podían reducir la probabilidad de un conflicto total comprometiéndose de antemano a seguir un plan de acción.[5]

Así es como podría funcionar: imaginemos que las fábricas de miel de maple de Canadá van a ser objeto de un atraco por parte de unas naciones hambrientas de miel de maple. Si el Congreso estadounidense aprobara un proyecto de ley que estableciera que los Estados Unidos defendería a toda costa las fábricas de miel de maple canadienses en caso de un ataque, disminuirían las probabilidades de que ladrones extranjeros intentaran robar toneladas de miel. ¿Por qué? Porque la amenaza de una respuesta definitiva, y a la que los Estados Unidos ya se comprometió, haría que atacar a Canadá fuera mucho menos atractivo.[6]

Es una idea que habla de un aspecto crucial de los mecanismos de compromiso que intentamos promulgar a nivel personal: para idear uno eficaz, hay que poseer una sana capacidad para adoptar la perspectiva de los demás y, en concreto, la de nuestro yo del futuro. En mi tonto ejemplo de la miel de maple, los miembros del Congreso deben ser capaces de adoptar la perspectiva de los líderes de otras naciones (¡con ciudadanos fanáticos de los hot cakes con miel de maple!) que se verán disuadidos por el compromiso de acción de los Estados Unidos. Al igual que las naciones potencialmente beligerantes, al adoptar un enfoque de precompromiso, debemos admitir otra perspectiva y averiguar qué exactamente tentará a las futuras versiones de nosotros mismos.

Aunque Schelling nombró esta estrategia, los mecanismos de compromiso existen desde hace siglos. En 1519, por ejemplo, al llegar a México, el explorador Hernán Cortés hundió deliberadamente 11 de sus 12 barcos para asegurarse de que su ejército se viera obligado a seguir adelante y a no dar marcha atrás.[7] Y de forma similar, casi 1 700 años antes, el general chino Han Xin, para una batalla específica, decidió colocar a sus hombres de espaldas a un río para evitar que pudieran retirarse.[8]

En la década de 1980, Schelling cambió de rumbo y se puso a pensar en cómo este tipo de estrategias podrían extenderse a los conflictos que enfrentamos en nuestro interior.[9] Generó algunas posibilidades creativas e inspiró a economistas posteriores a idear las suyas. Supongamos, por ejemplo, que necesitas trabajar, pero no logras empezar porque otras tareas y pendientes te distraen constantemente. Una solución sería pedirle a un amigo que te dejara en una cafetería durante varias horas y te quitara el teléfono para que por fin puedas tachar esos asuntos de tu lista de pendientes. (La poeta Maya Angelou utilizaba una estrategia similar: aunque tenía una casa grande, solía ir a un hotel sin obras de arte en las paredes para poder concentrarse en escribir. Pero una cafetería sin Wi-Fi puede ser una alternativa más barata).[10] También puedes cepillarte los dientes inmediatamente después de cenar para que te resulte más difícil picar algo a última hora de la noche. O qué me dices de esta locura que aún no he probado: si se te dificulta despertarte por las mañanas, podrías beber mucha agua por la noche, lo que te obligará a salir de la cama en cuanto suene el despertador (si no es que antes).[11]

Estos ejemplos plantean una cuestión más amplia sobre los mecanismos de compromiso. Para crear uno que funcione para ti y te ayude a alcanzar los objetivos que te fijaste para tu yo del futuro, es importante que comprendas cuáles son más eficaces y por qué.

COMPROMETERSE A ACTUAR

Seguro que conoces a gente que toma fotos de su comida, tal vez tú mismo lo haces. Mi amigo Craigno es una de esas personas. De hecho, en los casi diez años que lo conozco, no lo he visto nunca sacar el teléfono para tomarle una foto a algo.

Hasta que un día durante la comida lo vi colocar cuidadosamente una manzana, una bolsa de papas fritas y un sándwich sobre la mesa y tomar una foto.

Al notar mi expresión escéptica, dijo: «Oh, lo siento, es que tengo que enseñarle a mi nutrióloga lo que voy a comer».

Tras subir de peso en los últimos años, Craig decidió hacer algunos cambios y la estrategia que eligió era bastante sencilla. Cada vez que se disponía a comer algo —ya fuera el desayuno, un tentempié, la comida o la cena— le enviaba una foto de su comida a una nutrióloga. Su trabajo consistía en hacer una evaluación aproximada de su ingesta de calorías y la diversidad de su dieta. Así, ella podía decirle que añadiera más proteínas a su próxima comida o que redujera los carbohidratos.

Por supuesto, Craig se comprometió de antemano a tomarle fotos a su comida. Pero al crear una dieta con su nutrióloga —y prometerle que le enviaría las fotos de lo que comería—, también se comprometió a comer alimentos más sanos. Se podría considerar como un *compromiso psicológico*: al declarar por adelantado que se va a seguir —o no— un comportamiento, se adquiere un compromiso de naturaleza estrictamente psicológica. Algunos economistas lo llaman «compromiso blando».[12]

Nótese que nada le impedía a Craig comer lo que quisiera. No es como si su nutrióloga pudiera aparecer por arte de magia y regañarlo si se atiborraba de pastel de chocolate. Es más, ella ni siquiera estaba en los Estados Unidos.

Sin embargo, a pesar de las tentaciones a hacer trampa (una vez lo encontré con un paquete de nueces extra fuera del marco de la cámara), el programa le funcionó bastante bien: perdió casi siete kilos y se sentía más sano día con día.

La experiencia de Craig con este compromiso psicológico no es única. Cada vez más estudios de investigación han descubierto que en determinadas circunstancias un dispositivo de compromiso blando puede tener bastante éxito. Quizá la prueba más conocida proceda de un colega mío, Shlomo Benartzi. Junto con el economista Richard Thaler, galardonado con el Premio Nobel en 2017, Benartzi introdujo el plan de ahorro Save More Tomorrow para empleadores. El programa incluye aportaciones automáticas de pagos de nóminas a cuentas 401(k) y aportaciones que aumentan con el tiempo. Aunque suene extravagante, no deja de ser un sencillo compromiso psicológico: los empleados son inscritos automáticamente, pero pueden darse de baja en cualquier momento. Y ha funcionado. En la primera empresa en la que se utilizó este famoso plan, los empleados inscritos en el programa cuadruplicaron su tasa de ahorro en solo cuatro años.[13]

Algunos planes de compromiso psicológico similares —es decir, planes de compromiso blando— han sido utilizados con éxito para mejorar otros comportamientos, como donar a la caridad,[14] o terminar con el programa para bajar de peso.[15]

No obstante, cabe señalar que este tipo de planes de compromiso pueden ser contraproducentes si no se llevan a cabo con cuidado. Un estudio reciente, por ejemplo, detectó una caída de las tasas de ahorro cuando se les daba a los empleados la oportunidad de apuntarse al plan ahora o hacerlo dentro de unos meses. Al ver las dos opciones simultáneamente, los empleados pueden haber interpretado mal el mensaje: «¿Mi jefe me está diciendo que puedo elegir entre hacer esto ahora o más tarde? A lo mejor entonces no es tan importante».

Sin embargo, existe una solución. Si alguien rechaza participar en un programa, solo entonces debería ofrecérsele la oportunidad de comprometerse más adelante. De hecho, en un experimento en el que se preguntó a miles de adultos si querían someterse a una evaluación gratuita de bienestar financiero, quienes tuvieron la oportunidad de inscribirse ahora, seguida de la opción de hacerlo una semana si decían que no, tuvieron una probabilidad mucho mayor de dejarse evaluar que a quienes se les ofreció registrarse ahora o más tarde simultáneamente.

¿Cuál es el punto? Si los planes de compromiso psicológico —o de cualquier tipo— se ofrecen de una forma que no implique urgencia,[16] lo más probable es que no se adopten.

Tras reflexionar sobre su programa de dieta, Craig me dijo que una de las principales razones de su éxito se reducía a la rendición de cuentas que sentía que le debía a la nutrióloga. Saber que tendría que enviarle una foto de su comida lo obligó a ser más consciente de lo que comía. En su opinión, tomar esas imágenes «le puso un espejo a lo que comía» y le preocupaba defraudar a su nutrióloga si elegía opciones poco saludables.

Algunas investigaciones iniciales respaldan la idea de que la rendición de cuentas es importante. Por ejemplo, en un estudio realizado en Chile, los empresarios ahorraron cerca de tres veces y media más cuando se comprometieron públicamente a ahorrar en un «grupo de ahorro entre iguales», en comparación con los que no tenían pares a quienes rendirles cuentas.[17]

Ahora, el precio de fracasar cuando hacemos este tipo de compromisos va más allá de defraudar a los demás. Cuando vamos en contra de nuestros planes, también hay costos *psicológicos*. Piénsalo de este modo: nos gusta ser coherentes con nuestros actos. Si me digo a mí mismo que esta noche no volveré a abrir la despensa después de cenar, pero luego me encuentro comiendo unos M&M's sin pensar, defraudé a mi yo del pasado y al del futuro. Y no quiero pensar que soy el tipo de persona que defrauda a los demás.

Con este tipo de compromisos psicológicos obligamos a nuestras futuras versiones a actuar de una determinada manera. Pero no hay castigos materiales si *no* actuamos así: no es que nos vayan a multar o a encerrar por fallar. Si nos desviamos de nuestro plan, lo que perdemos principalmente —como señalan los economistas Roland Bénabou y Jean Tirole— es la fe en nosotros mismos.[18]

Sin duda, hay formas más extremas de «mantener el rumbo». En lugar de los simples compromisos que acabo de comentar, podemos ir un paso más allá y comprometernos a eliminar las tentaciones.

OPCIONES PARA LLEVAR

Cuando Dave Krippendorf estudiaba una maestría en Administración de Empresas en el MIT, vivía en un departamento en Beacon Hill, Boston, situado a poca distancia de una tienda de Whole Foods. Eso era conveniente para satisfacer sus antojos diarios de botanas mientras hacía sus tareas, pero inconveniente para su deseo de picar menos.

En una entrevista Krippendorf me dijo que, después de que esto se convirtió en un conflicto que se repetía, empezó a preguntarse si había una manera de frenar su obsesión por las botanas. Sabía que no podía evitar ir a Whole Foods y comprar otro pequeño paquete de galletas. Y sabía que limitar sus viajes y simplemente comprar un paquete más grande tampoco funcionaría. Al ver que todas las estrategias fracasaban, reconoció que necesitaba una más ruda.

Quizá porque estaba en el MIT, rodeado de algunos de los mejores ingenieros y aspirantes a empresarios del mundo, la solución a la que llegó implicaba inventar un nuevo producto. Pero no se trataba de una novedosa aplicación o un dispositivo de alta tecnología. Se trataba de una caja fuerte a la antigua usanza, o mejor dicho, una Kitchen Safe (caja fuerte de cocina).

Es exactamente lo que parece: una caja cerrada en la cocina. Pero en lugar de un tosco artilugio metálico con una cerradura atornillada, se trata más bien de un recipiente de plástico tipo Tupperware con una tapa provista de un teclado electrónico. La cerradura puede programarse desde un minuto hasta diez días. Sea cual

sea el tiempo, su función principal es eliminar la tentación en la vida cotidiana.

Krippendorf concibió la idea como proyecto final para una de sus clases de Administración. Se convirtió en un proyecto paralelo y luego, con el tiempo, en una empresa real cuando Krippendorf dejó su trabajo en Wall Street para lanzarse de lleno a ello. Tras unos cuantos artículos en la prensa popular y una aparición ganadora en *Shark Tank*, su pequeña empresa se convirtió en un negocio próspero y autosuficiente. Cada año, decenas de miles de consumidores —con reconocidos problemas de autocontrol— optan por comprar las cajas fuertes para resistirse a los deseos de su yo actual.

Aunque algunos consumidores utilizan el producto para su fin previsto —guardar bajo llave chocolates, galletas y dulces—, otros lo emplean para resolver problemas mucho más graves. Algunos han metido en la Kitchen Safe alcohol u otras drogas, incluidas las recetadas por doctores. Krippendorf, por ejemplo, me contó de una carta que recibió de parte de una usuaria que padece un trastorno del sueño. Un medicamento recetado le ayuda a dormir más profundamente, pero por seguridad solo puede tomarlo cada cuatro horas. Tras darse cuenta de que hacía «trampa» y tomaba el medicamento cada vez más seguido, empezó a guardar el frasco de pastillas en la caja fuerte con un temporizador de cuatro horas.

Mi estudio de caso favorito podría ser el del joven que informó en Reddit de que utilizó la Kitchen Safe[19] para lidiar con las distracciones de internet. Su solución extrema requería un candado, sus libros de física y un clóset. Al colocar la llave del candado en la caja fuerte y ajustar el temporizador a cuatro horas, convirtió su clóset en una cámara de estudio forzado.

Personalmente, luego de distraerme demasiadas veces con las pantallas durante el tiempo en familia (¿realmente necesitaba consultar Twitter mientras me levantaba de la mesa para rellenar mi

vaso de agua?), empecé a utilizar el artilugio de Krippendorf para encerrar mi teléfono por la noche… al menos hasta que los niños se acuestan. La versión que utilizo está diseñada precisamente para este propósito: la caja es opaca, por lo que no es posible ver las ventanas emergentes ni las alertas, y en la parte de atrás hay un espacio para un cargador.

Está claro que el producto ayuda a la gente a afrontar problemas que van mucho más allá de la cocina. Debido a la gran variedad de usos que la gente ha encontrado para el dispositivo, Krippendorf cambió recientemente el nombre de su empresa y producto a KSafe.

El motor que impulsa a este mecanismo de compromiso en particular es que *elimina opciones*. Elimina la galleta, el teléfono, los medicamentos recetados, y sí, incluso la capacidad de salir de un clóset. De hecho, la única forma de abrir el KSafe una vez que se ha cerrado es rompiéndolo con un martillo u otro objeto contundente. Profundizando en la estrategia de eliminar opciones, el neurocientífico Mark Lewis, quien ha luchado con sus propios problemas de adicción, describe a un perro que ha visto un filete en el refrigerador. Al saber que hay un jugoso trozo de carne justo detrás de la puerta del refri, el perro le da zarpazos repetidamente. Pero si su dueño pudiera demostrarle que la puerta está cerrada con llave, el perro dejaría de dar zarpazos, e incluso tal vez su deseo desaparecería.[20]

Me identifico con esta sensación en más de un sentido. Después de guardar mi teléfono por la noche, he notado que mi incesante necesidad de comprobar cada alerta disminuye gradualmente. De manera similar, hace varios años almorzaba con el psicólogo Walter Mischel y me di cuenta de que yo era el único que comía el pan que nos sirvieron antes de la comida. Cuando le pregunté si quería un trozo, me dijo que el pan estaba totalmente prohibido para él. Como padece celiaquía, la canasta de carbohidratos pre-

via a la comida no es una gran tentación para él. ¿Conoces la sensación de comer varios panecillos antes de que llegue la comida, aunque al mismo tiempo te das cuenta de que debes parar y dejar espacio para el plato principal? Mischel ya no la experimentaba después de que le diagnosticaron la enfermedad. En una entrevista con la escritora Maria Konnikova, su antigua alumna, Mischel describió con elocuencia esta realidad: la celiaquía «causó en mí un cambio repentino en el que las cosas que he adorado toda mi vida —pasteles vieneses, pasta Alfredo— se transformaron en mi mente en veneno».[21]

Cuando me contó su experiencia, recuerdo que pensé que yo podría estar más sano si me convenciera de que un alimento indeseable simplemente no era una opción. Años después de aquel almuerzo, por desgracia, se me concedió mi deseo. Me enteré de que también era celíaco y, de repente, el pan se volvió como el teléfono encerrado: algo prohibido.

Resulta que prohibir las tentaciones tiene beneficios que van mucho más allá del ámbito de los sabrosos carbohidratos. La economista Nava Ashraf, por ejemplo, se asoció con un banco rural de Filipinas para crear un nuevo tipo de producto de ahorro al que llamaron cuenta SEED (acrónimo de Save, Earn, Enjoy Deposits, que en español es Ahorrar, Ganar, Disfrutar Depósitos). La característica definitoria de la cuenta es que funcionaba un poco como KSafe: una vez que el cliente depositaba una cantidad en su cuenta de ahorros, no podía disponer del dinero hasta un momento específico elegido (por ejemplo, agosto para material escolar o diciembre para compras navideñas). También podía elegir que sus fondos se quedaran resguardados hasta reunir una cantidad establecida como meta.

Al cabo de un año, los clientes que tenían cuentas SEED[22] aumentaron sus ahorros 82%, es decir, unos ocho dólares, en comparación con los que no las tenían. Puede parecer poco dinero, pero es importante en este contexto: cuando se realizó el experimento de campo, a una familia de cinco miembros le costaba unos veinte dólares comprar arroz para todo el mes. Algunos productos ligeramente diferentes también han tenido éxito en las zonas rurales de Kenia y Malawi.[23]

A pesar de su relativa eficacia, el número de personas que adoptan esta clase de productos que «eliminan opciones» no es muy grande. Por ejemplo, solo 28% de los clientes bancarios de Filipinas a los que se les ofreció la cuenta SEED decidieron utilizarla. Parte del problema, simple y llanamente, podría ser que es difícil restringir nuestro acceso a los recursos que necesitamos y disfrutamos (como el dinero y nuestros alimentos favoritos).

Es posible que la psicóloga Janet Schwartz haya encontrado una solución inteligente a este problema. Se le ocurrió durante una visita veraniega a Coney Island. No se puede ir a Coney Island sin pasar por el famoso puesto de hot dogs Nathan's. Schwartz y dos de sus amigos lo visitaron justo después de que los restaurantes de Nueva York empezaran a incluir el recuento de calorías en sus menús. En una entrevista, Schwartz me contó lo sorprendida que se quedó al ver que la guarnición de papas a la francesa que solía pedir tenía la enorme cantidad de 1100 calorías.

En lugar de tres hot dogs y tres raciones de papas a la francesa, ella y sus amigos decidieron compartir una ración de papas. Nótese que no es que optaran por dividir las papas y un hot dog: ¿quién iría hasta Coney Island solo para comerse la tercera parte de hot dog? No, en lugar de restringir sus opciones en lo que respecta al elemento central de interés (el hot dog), optaron por limitar la opción de la guarnición (las papas fritas).

Si el objetivo general era comer más o menos saludable —es decir, no consumir más calorías de las necesarias en un día—, para Schwartz la solución de «reducir las guarniciones» parecía funcionar: ella y sus amigos podrían haber pedido una o dos guarniciones más de papas, pero prefirieron quedarse con su hot dog más la tercera parte de papas. Aun así, salieron de Nathan's felices y satisfechos, pero también contentos por su autocontrol.

Como experta en mecanismos de compromiso, Schwartz y algunos de sus colaboradores pusieron a prueba esta idea. Lo hicieron en un restaurante chino de comida rápida en el que los platos principales venían acompañados de cuatro guarniciones: verduras al vapor, arroz al vapor, arroz frito y chow mein. Si los comensales pedían una de las opciones ricas en calorías y almidón —todas ellas de al menos 400 calorías— se les daba la opción de reducirla a la mitad.

Ten en cuenta que, antes del experimento, alrededor de 1% de los comensales ya pedía espontáneamente una ración más pequeña de uno de una de las guarniciones con alto contenido calórico. Pero cuando se les ofreció «la mitad de la guarnición», aproximadamente uno de cada tres estuvo de acuerdo.[24] Ahora bien, no es como si los comensales estuvieran compensando de algún modo la porción reducida pidiendo platos fuertes con más calorías, sino que esos platos principales no tenían más calorías que los platos que pidieron los que rechazaron el ofrecimiento. Asimismo, los comensales que pidieron la ración completa de guarnición no dejaron más en sus platos al final de la comida.

Parte del éxito de la intervención, me dijo Janet, se debió «a que nos centramos en las partes periféricas de la comida, no en las focales». Como señaló, cuando uno va a un restaurante de comida rápida, normalmente es porque hay algo que le atrae, ya sea el sándwich de pollo frito, la hamburguesa con queso o el pollo a la naranja. Lo más probable es que uno sea reacio a renunciar a la mitad de uno de esos platillos. ¿Pero renunciar a la mitad del arroz? ¿A la mitad de las papas a la francesa? Eso podría ser más aceptable.

AÑADE CASTIGOS APROPIADOS

Sin embargo, hay un problema importante con estas estrategias, y está bien ilustrado en un cuento infantil de Arnold Lobel. En «Galletas», uno de una serie de los cuentos cortos sobre Sapo y Sepo, dos mejores amigos, Sapo acaba de hornear galletas con chips de chocolate para disfrutarlas juntos.

Cada uno tiene una y afirman que es la galleta más sabrosa que han comido en su vida. Así que se comen otra. Y… otra. Y siguen metiéndose más y más galletas a la boca, mientras dicen: «¡Tenemos que parar!». Sapo, un experto en galletas y astuto psicólogo aficionado, decide desarrollar un mecanismo básico de compromiso que les ayude a poner fin a su atracón de galletas.

Pero por cada posibilidad creativa que genera Sepo, Sapo encuentra una forma fácil de hacer trampa.

—Podríamos meter las galletas a una caja! —propone Sepo.

—Claro, pero podríamos simplemente abrir la caja —señala Sapo.

—Podríamos atar la caja con una cuerda.

—Sí, pero entonces podríamos cortar la cuerda —apunta el siempre práctico Sapo.

—Podríamos poner la caja de galletas, atada, hasta arriba de la despensa, ¡en donde no podríamos alcanzarla sin usar una escalera!

—Sí, pero entonces podríamos subir la escalera, cortar la cuerda, abrir la caja y devorar las galletas que quedan —observa Sapo con pesimismo.

A Sepo se le ocurre una idea mejor. Después de subir la escalera, cortar la cuerda y abrir la caja, la saca al exterior. Y luego grita lo más fuerte que puede: «¡Ey, pájaros, aquí hay galletas!». Al instante, los pájaros bajan de los árboles volando para engullir el contenido de la caja.

Sepo, por fin satisfecho de que no ya será tentado, llega a la conclusión de que él y su amigo han ejercido una gran dosis de fuerza de voluntad.

Sin embargo, es un sentimiento que Sapo no comparte.

—Puedes quedarte con tu fuerza de voluntad —le dice a Sapo—. Ahora me voy a casa a hornear un pastel.[25]

Al igual que estos dos mejores amigos anfibios, en nuestro interior podemos entrar en batallas similares sobre los mecanismos de compromiso. Al igual que Sepo, tenemos las mejores intenciones al comprometernos con un plan de acción y eliminar opciones futuras, pero nuestros yoes actuales —los Sapos— pueden, sigilosamente, encontrar formas de frustrarlo.

Para crear la máxima armonía entre los yoes contrapuestos, los mecanismos de compromiso deben encontrar el equilibrio adecuado entre ser lo suficientemente fuertes como para limitar el comportamiento cuestionable, pero no tanto como para que se vuelvan indeseables.

En pocas palabras, estas estrategias solo pueden funcionar si se adoptan, y no se adoptarán si son demasiado duras. Thomas Schelling, el economista que elaboró las teorías sobre las estrategias de compromiso, escribió sobre el caso de una clínica de adicciones en Denver. Como parte del programa, los pacientes escribían «cartas autoinculpatorias» y las entregaban al personal médico con la promesa de que se entregarían a sus destinatarios en caso de que fallaran un control de drogas. Si, por ejemplo, un médico con una adicción a la cocaína diera positivo en un análisis aleatorio, la carta en la que confesaba que había violado la ley estatal sería enviada a la junta médica del estado.[26] Esto parece bastante extremo y promete ser eficaz, pero podría no ser adoptado por muchos.

La solución, entonces, podría ser introducir la posibilidad de castigos futuros que sean *apropiados*. En otras palabras, el castigo por desviarse del plan debe ser lo suficientemente doloroso como para disuadirnos, pero no tanto como para que nadie quiera que se le aplique.

Pensemos en una estrategia que el autor Nir Eyal denomina «quemar o quemar». En una entrevista me contó que tiene un calendario encima de su cómoda, el cual tiene pegado a la fecha del día un billete de cien dólares, y encima de la cómoda guarda un encendedor. Cada día tiene que tomar una decisión: «Puedo quemar algunas calorías o puedo quemar el billete de cien dólares». Es el «miedo a la pérdida» en acción:[27] en determinados contextos, las posibles pérdidas tienen un impulso emocional adicional que puede ser motivador. En otras palabras, puede que Eyal no quiera sudar, pero *para nada* quiere perder su dinero.

La actividad para quemar calorías puede ser cualquier cosa, dar un paseo, ir al gimnasio, hacer abdominales… todo lo que lo haga moverse. La amenaza de tener que quemar cien dólares ha sido suficiente para obligarlo a no caer en el estado de inactividad en el que tan a menudo se encontraba antes de introducir esta opción en su rutina diaria. Es una amenaza lo bastante dolorosa como para incitarlo a actuar, pero no tanto como para bajarse del tren. Lleva tres años tomando la decisión de «quemar o quemar» todos los días. Antes era clínicamente obeso, hoy, a sus 44 años, está más sano que nunca.

La estrategia de «añadir un castigo apropiado» se ha probado en entornos más formales. Janet Schwartz y sus colegas trabajaron con compradores de supermercados inscritos en un programa de incentivos para alimentos saludables. A los compradores se les ofreció un descuento si se comprometían a aumentar 5% sus compras sanas cada mes durante seis meses. Si no lo hacían, perderían los descuentos acumulados durante ese periodo. No es lo mismo que quemar billetes de cien, pero casi. Cerca de una tercera parte de los compradores se apuntaron a este mecanismo de compromiso suficientemente fuerte, pero no demasiado extremo. Y funcionó:

entre los que se inscribieron el incremento de alimentos saludables fue de 3.5% (siendo francos, este no era el objetivo de 5% al que se comprometieron los compradores, lo cual demuestra lo difícil que es cambiar nuestros hábitos).[28]

El éxito de estos mecanismos de compromiso «tipo castigo» también se ha constatado fuera de los contextos sobre alimentación y ejercicio. Por ejemplo, un programa para dejar de fumar ofrecía a los fumadores depositarles dinero en una cuenta de ahorros si no fumaban durante seis meses. Transcurrido ese tiempo se les haría un análisis de orina, y si se detectaba que habían fumado, ese dinero se donaría a una organización benéfica. Aproximadamente uno de cada diez fumadores se inscribió y, en comparación con un grupo al que no se le ofreció el programa, tuvieron 3% más de probabilidades de superar el análisis de orina al cabo de seis meses (también había más posibilidades de que superaran una prueba sorpresa un año después).[29] De manera similar, en una serie de estudios de investigación el economista John Beshears y sus colegas descubrieron que las cuentas de inversión con penalizaciones por retiro anticipado atraían más depósitos que las cuentas que prometían el mismo tipo de interés, pero sin penalización por retiro anticipado. (Esta es la lógica que subyace a los planes 401(k) y otras cuentas en las que se garantiza un tipo de interés, pero se imponen penalizaciones por retirar el dinero antes de la fecha determinada).[30]

El tema común de estos mecanismos de compromiso —ya sea que estén destinados a promover una alimentación sana, dejar de fumar o mejorar los hábitos de ahorro— es que un tercero impone los castigos, y estos se producen de forma *automática*. Si fueras tú quien impusiera los castigos, o establecieras un sistema débil, sería fácil evitarlos por no cumplir lo que te prometiste.

Tener a un tercero como castigador también puede ser el motor del éxito de un sitio llamado Stickk.com, fundado por el economista conductual Dean Karlan de la Universidad Northwestern y sus colegas. Allí se puede poner en práctica este tipo de estrategias de castigo. Por ejemplo, si quisieras caminar treinta minutos al día, entrarías en el sitio y te fijarías ese objetivo, pero también tendrías que proporcionar los datos de tu tarjeta de crédito. Al final del día, si no has caminado la media hora indicada (reportado por ti o por un compañero responsable), se te hará un doloroso cargo (el que tú hayas decidido) que se donará a un partido político que no apoyas.

Pero no todos los compromisos de Stickk.com tienen que estar ligados a un castigo. Puedes comprometerte a caminar treinta minutos al día sin la amenaza de tener que donar dinero a un partido que no recomendarías. Con base en lo expuesto en este capítulo, creo que es comprometerse a seguir algún tipo de plan que no hacerlo, pero lo más eficaz sería añadir un castigo. Un análisis reciente de casi veinte mil usuarios de Stickk.com[31] reveló que, aunque solo una tercera parte de los usuarios optó por una cuenta con castigos monetarios, los que lo hicieron tendieron cuatro veces más que los que no a cumplir sus compromisos.

Hay algo tentador en la estrategia de los mecanismos de compromiso. Ya sea introduciendo un simple compromiso psicológico, eliminando tentaciones o estableciendo un castigo futuro, los mecanismos de compromiso nos incitan a ser fieles a nuestro yo del futuro. Pero podrían ser más eficaces para las personas que son conscientes de su tendencia a sucumbir a las tentaciones. Es irónico, pero cierto: antes de aumentar nuestro autocontrol debemos poder reconocer nuestros fallos.

Después de solo tres meses James Cannon decidió poner fin a su ensayo con Antabuse, dado que sentía que ya no lo necesitaba para mantenerse sobrio. En efecto, el medicamento le ayudó a identificar algunos de los detonantes que lo llevaban a embriagarse; aun así, su decisión de poner fin a su tratamiento quizá fue prematura, ya que acabó recayendo. El doctor DeLuca, que trató a Cannon, señaló que en su propia experiencia con Antabuse varias veces dejó de tomar el fármaco tras un periodo prolongado de sobriedad solo para volver a tener que tomarlo de nuevo.

Al respecto, los datos preliminares del estudio bancario realizado en Filipinas que mencioné sugieren que los consumidores más conscientes de sí mismos —los que conocen su tendencia a sucumbir a la tentación— fueron los que más provecho obtuvieron de las cuentas bloqueadas.[32] Otros estudios, realizados en laboratorios mejor controlados, han llegado a conclusiones similares.[33] Estos hallazgos añaden un matiz al dicho «Si no está roto, no lo arregles»: debemos reconocer que algo está roto antes de buscar una solución.

En otras palabras, antes de limitar nuestros futuros planes de acción debemos darnos cuenta de que hay tentaciones en nuestro entorno e identificar cuáles son. Pero la experiencia de Cannon demuestra que es probable que no sea suficiente. El éxito inicial con los mecanismos de compromiso puede ser seductor; tras algunas victorias iniciales, podemos engañarnos y pensar que ya no los necesitamos. Si esto ocurre, haríamos bien en tener en cuenta los fracasos del pasado a la hora de decidir si lo retiramos.

Más allá de «mantener el rumbo», hay otra solución para nuestros problemas de viaje en el tiempo, y no implica tomar pastillas que simulen una resaca o quemar billetes de cien dólares. En el último capítulo me centraré en nuestros sacrificios actuales y en cómo hacerlos más llevaderos.

EN RESUMEN

- Para asegurarte de llegar al futuro que deseas, elige los «mecanismos de compromiso» que hagan más difícil caer en la tentación.
- La forma más débil es el «compromiso psicológico»: haz un plan para comprometerte con un curso de acción. Intenta conseguir a un compañero al que tengas que rendirle cuentas: alguien que pueda asegurarse de que haces lo que dijiste que ibas a hacer.
- Los dispositivos de compromiso aún más fuertes son los que eliminan las tentaciones de tu entorno (por ejemplo, el KSafe).
- Más extremos aún son los dispositivos de compromiso que imponen castigos si te desvías del camino. Si es posible, haz que los castigos sean automáticos para que no quede margen de negociación contigo mismo.

Capítulo 9

HACER MÁS SENCILLO EL PRESENTE

Mitch Hedberg fue una figura muy querida por los comediantes. Activo en la década de 1990 y principios de la de 2000, era famoso por sus frases de una y dos líneas, la forma inexpresiva en que las pronunciaba y su relajada actitud. Por lo general, llevaba un par de lentes de sol, un sombrero flexible, ropa holgada y una barba rala; ciertamente parecía el comediante «mariguano». Evitaba los chistes obscenos o vulgares en la mayoría de sus actuaciones. En cambio, se centraba en observaciones absurdas, casi surrealistas, sobre la vida cotidiana. Un ejemplo es esta opinión: «Cada vez que voy a afeitarme, supongo que alguien más en el planeta está afeitándose. Así que digo: "Yo también me voy a afeitar"».[1]

Pero la broma que hizo sobre la comida chatarra fue la que se me quedó grabada: «Estaría padre poder comer un alimento bueno con uno malo y el primero cubriera al segundo cuando llegaran a tu estómago. Como si comieras una zanahoria con un aro de cebolla y ambos viajaran hasta tu estómago, y al llegar allí la zanahoria dijera: "No pasa nada, viene conmigo"».[2]

Hedberg, que murió en 2005, aprovechaba el sentimiento con el que muchas personas que han intentado mantener una dieta sana están familiarizadas. Después de todo, ¿quién no ha querido que una bola extra de helado o un trozo de chocolate simplemente «no cuenten»? ¿No debería la zanahoria del pastel cancelar a los ingredientes insanos?

El chiste habla de un deseo profundamente humano: hacer que nuestros sacrificios y luchas actuales duelan menos. Al fin y al cabo, desde la perspectiva de tu yo actual, optimizar tu futuro es sobre todo un inconveniente para tu actual yo: este se sacrifica, pero quien recoge los (inciertos) beneficios es tu yo del futuro. Por supuesto, estos forcejeos que atraviesan el tiempo se aplican a nuestros problemas, como ahorrar en vez de gastar o hacer ejercicio en vez de holgazanear, pero también son relevantes en otros contextos.

Piensa en los enfrentamientos —o, mejor dicho, en los posibles enfrentamientos— con tus seres queridos o compañeros de trabajo. Cualquiera de mis allegados podría decir que soy un evitador de conflictos crónico. Sin embargo, sé que cuando lo hago, lo que estoy evitando es la posibilidad de una conversación desagradable, y en el extremo, la posibilidad de que se termine una relación. Y aunque evitar conflictos me (o te) permite eludir sentimientos de incomodidad y miedo, a largo plazo también puede empeorar las cosas. Las tensiones que al principio son menores pueden crecer tanto que una conversación que podría haber sido tranquila acaba siendo todo lo opuesto.

Por si no ha quedado claro, lo que se sacrifica en el presente es la comodidad del momento al servicio de unas mejores relaciones en el futuro. En este caso —tal y como ocurre con el ahorro y el ejercicio físico— la acción «desagradable» se realiza ahora a cambio de la promesa de algo mejor más adelante.

La tensión inherente a estos sacrificios quedó perfectamente reflejada en una cita atribuida a Groucho Marx: «¿Por qué debería preocuparme por las generaciones futuras, ¿qué han hecho ellas por mí?».

En este último capítulo, en lugar de centrarme en nuestros yoes lejanos o semilejanos, quiero centrarme en nuestros yoes del presente y mencionar formas de hacer que nuestros «sacrificios» actuales sean subjetivamente más fáciles. La primera estrategia —«tomar lo bueno y lo malo»— se ilustra mejor mediante un experimento radical que se realizó en los pasillos de la Facultad de Medicina de Stanford.

TOMAR LO BUENO Y LO MALO

En los años setenta, cuando David Spiegel era un joven profesor de psiquiatría en Stanford, lo invitaron a codirigir una serie de sesiones de «terapia grupal expresiva de apoyo» para mujeres con cáncer de mama metastásico. En aquel momento, la idea era novedosa: normalmente las conversaciones entre médicos y pacientes se producían en un contexto individual (con la presencia ocasional de algún familiar). Sin embargo, Spiegel y sus colaboradores propusieron que podía ser beneficioso que pequeños grupos de mujeres con cáncer de mama se reunieran periódicamente para hablar y apoyarse unas a otras.

Sin embargo, otros médicos —sobre todo los oncólogos— no mostraban optimismo por estas sesiones. Como me contó el doctor Spiegel en una entrevista, pensaban que era una locura querer experimentar con algo así. Les preocupaba que tener a ocho mujeres sentadas en una sala para hablar de sus experiencias con el cáncer y verse unas a otras empeorar con el tiempo (y finalmente morir) solo conseguiría desmoralizarlas. Como si las sesiones de grupo de algún modo les fueran a sugerir la idea de morir. «¿Acaso creían que aún no lo habían pensado?», me dijo Spiegel.

A pesar de estas críticas siguió adelante, para ventaja de las mujeres que acabaron participando en sus sesiones. Sí, a menudo se enfrentaron a situaciones fuertes y difíciles, en especial cuando veían morir a algunas de las integrantes del grupo. Pero también aprendieron a lidiar con los factores de estrés —grandes y pequeños— a los que todas se enfrentaban. Como señala Spiegel, la terapia de grupo no desapareció los aspectos negativos del cáncer, pero aumentó la habilidad de las pacientes a enfrentar las experiencias negativas y los traumas asociados con la enfermedad. En palabras de una mujer: «Estar en el grupo es como asomarse al Gran Cañón cuando le tienes miedo a las alturas. Sabes que si te cayeras sería un desastre, pero te sientes mejor contigo misma porque al menos puedes asomarte. No puedo decir que me sienta tranquila, pero puedo mirarlo».

Al igual que esta paciente, muchas de las mujeres en las sesiones de Spiegel se enfrentaron a temas negativos. Por ejemplo, en uno de sus estudios de investigación, Spiegel y sus coautores analizaron minuto a minuto las expresiones emocionales y el contenido de las sesiones de grupo. Cuando llegaban malas noticias, lo que obviamente sucedía, el tono de las conversaciones cambiaba. Las discusiones se volvían más serias, pero no desanimadas. El poder expresar su estado de ánimo negativo, junto con el apoyo positivo de las demás, ayudó a que las mujeres se atrevieran a procesar información que, de otro modo, podrían haber ignorado o menospreciado, creando ansiedad sin resolución.

Aprender a afrontar y procesar las malas noticias condujo a mejores resultados. Spiegel y sus colaboradores descubrieron que a medida que mientras más expresaban sus emociones las mujeres, más disminuía su ansiedad y depresión.[3] Las que seguían la terapia de grupo incluso alargaron su tiempo de vida. Por ejemplo, en uno de los primeros estudios, las mujeres que participaron en las sesiones de terapia de grupo vivieron aproximadamente 18 meses más comparado con las que no lo hicieron.[4] Estudios posteriores sugieren que ese aumento en la prolongación de la vida puede que sea extremo.[5] Sin embargo, recientes revisiones de la investigación al respecto han revelado que las mujeres que participan en este tipo de sesiones —sobre todo las mayores y con menos apoyo social— no solo viven más, sino que también viven mejor, pues reportan sentir menos ansiedad y depresión y una mejor calidad de vida.[6]

Hay varios factores en juego aquí, pero el más probable es el cambio de perspectiva. Las mujeres se dieron cuenta de que podían experimentar lo negativo junto con lo positivo y viceversa. Una de las pacientes de Spiegel, por ejemplo, era aficionada a la ópera, pero después del diagnóstico de cáncer de mama, dejó de asistir a su querida Ópera de Santa Fe. ¿Cómo podía asistir a algo tan hermoso, pacífico y alegre como la ópera mientras el cáncer hacía estragos en su interior? Pensó que lo mejor sería esperar a sentirse mejor. Sin embargo, tras tener conversaciones de apoyo con sus compañeras de terapia de grupo, se dio cuenta de que tal vez ese momento nunca llegaría. Como le contó a Spiegel, al final decidió ir a la ópera: «Me llevé el cáncer conmigo y lo senté en el asiento de junto. Ahí estaba, pero me la pasé de maravilla».[7]

UNA COEXISTENCIA PACÍFICA

Esta mujer, y muchas otras que se sometieron al tratamiento de terapia de grupo, en palabras de Spiegel, se percató de que «la felicidad y la tristeza no son dos polos de una misma dimensión», sino que pueden coexistir en paz.[8] El concepto detrás de esta mezcla de emociones es lo que Jeff Larsen, psicólogo de la Universidad de Tennessee, ha estado estudiando durante la mayor parte de su carrera.[9] Con artículos como «¿Puede la gente sentirse feliz y triste al mismo tiempo?», «El caso de las emociones mixtas» y «Más evidencia acerca de las emociones mixtas», Larsen ha utilizado técnicas de vanguardia para demostrar que podemos experimentar diferentes sabores de emociones simultáneamente, ya sea felicidad y tristeza, rabia y orgullo, o entusiasmo y miedo.

¿Por qué es importante la capacidad de experimentar emociones contrastantes? Desde un punto de vista práctico, hay una razón por la que estos hallazgos son esenciales.

Según Larsen y sus colaboradores, el poder experimentar emociones positivas al mismo tiempo que otras negativas —como les pasó a las mujeres de los grupos de terapia de Spiegel— puede producir ciertos beneficios que no se obtienen cuando solo se experimenta una emoción.

La idea es sencilla, pero las implicaciones son profundas. Piensa por un momento en la última vez que te enfrentaste a un obstáculo o factor estresante. Podría ser algo hasta cierto punto intrascendente, como no querer cocinar algo saludable entre semana y pedir comida a domicilio (pero sabiendo en todo momento que te sentirías mejor después si cocinaras). O bien podría ser algo más importante, como afrontar el dolor de un despido y los retos logísticos que conlleva.

Cuando nos enfrentamos a esos factores estresantes, una opción es regodearnos en lo negativo, dedicar tiempo a castigarnos por las cosas que están dentro y fuera de nuestro control. Otra es actuar como avestruces, enterrando la cabeza en el suelo e intentar evitar cualquier sentimiento desagradable. Sin embargo, hay una tercera opción, y es la que empleó la aficionada a la ópera: hacer todo lo posible por experimentar alegría con las cosas que nos hacen felices junto con las que nos causan malestar. ¿Podría esto mejorar la vida de nuestro yo del futuro?

Hace varios años, mi colaborador Jon Adler y yo pusimos a prueba esta idea. Jon, profesor de psicología clínica en el Olin College, había realizado una investigación previa que analizaba las experiencias psicoterapéuticas de las personas. Durante tres meses examinó a pacientes externos en sus sesiones semanales de terapia. Al final de cada sesión, los pacientes anotaban en un diario lo que pensaban y sentían. Cada semana, los pacientes también informaban acerca de su «bienestar psicológico».

Esto representó para Jon una oportunidad perfecta para explorar hasta qué punto sería útil «tomar lo bueno y lo malo». Tal vez añadir una dosis de esperanza o alegría a experiencias que de otro modo serían negativas permitiría obtener mejores resultados a largo plazo.

Para averiguarlo, pedimos a los asistentes de la investigación que codificaran las entradas al diario. Algunas eran de naturaleza «unívoca», es decir, dominaba una sola emoción, como la tristeza, el miedo o incluso la felicidad. Pero resultó que otras estaban plagadas de sentimientos encontrados. Como esta, por ejemplo, que contiene una mezcla de felicidad y tristeza:

> Han sido un par de semanas difíciles. Mi esposa y yo celebramos la buena noticia de un informe de embarazo saludable a las nueve semanas (el tiempo en el que perdimos nuestro embarazo en enero pasado). Pero también me siento triste porque sigo buscando trabajo y por la inminente pérdida de la abuela de mi mujer que nos ha afectado a ambos. Se siente como «qué más puedo aguantar». Pero en realidad también me siento razonablemente confiado y feliz. No es que no me sienta deprimido, pero también me siento feliz con mi matrimonio.[10]

Luego de tres meses de terapia, la salud mental de las personas —es decir, su bienestar psicológico— mejoró. Esto coincide con décadas de investigación sobre psicoterapia.

Pero la mezcla de emociones también fue importante: los pacientes que experimentaron una mayor mezcla de felicidad y tristeza de una sesión a otra fueron también los que mostraron las mejoras más significativas en su bienestar psicológico. Y esto era cierto incluso cuando eliminábamos el impacto de experimentar solo felicidad o solo tristeza. En otras palabras, el trabajo duro lo hacía la combinación de lo positivo y lo negativo, no solo una emoción u otra por sí sola. Esto sugiere que el bienestar no consiste únicamente en buscar la felicidad, sino en aprender a encontrar destellos de alegría y placer incluso en los momentos más difíciles.

Más sorprendente aún fue que la influencia de las emociones mezcladas sobre el bienestar no se sintió de inmediato. Aportar una pizca de alegría, felicidad o esperanza a un acontecimiento que de otro modo produciría ansiedad, no hizo desaparecer lo negativo por arte de magia. Al contrario, la mezcla de emociones experimentadas durante una sesión de terapia se relacionaron con una mejora del bienestar psicológico a la semana siguiente. En otras palabras, tal vez el verdadero beneficio de aceptar lo bueno y lo malo no se experimenta de inmediato, sino que se desarrolla gradualmente con el tiempo.[11]

Otros trabajos también han destacado las ventajas de aceptar lo bueno y lo malo. Por ejemplo, los adultos afligidos que expresan emociones positivas al hablar de su cónyuge fallecido muestran niveles más bajos de aflicción a lo largo del tiempo.[12] Del mismo modo, revivir recuerdos felices junto a sentimientos de tristeza resulta en una evolución más saludable del duelo.[13] Por último, experimentar emociones encontradas ante objetivos contradictorios (como el deseo de comer más sano, pero también comerse una dona extra en la sala de descanso de la oficina) se relaciona, de la misma manera, con un mayor esfuerzo para resistir las tentaciones.[14] La lección más importante es que, añadir una dosis de emoción positiva a lo negativo hace que sea más fácil enfrentar los factores estresantes de la vida y superar los momentos difíciles del presente para vivir tiempos mejores en el futuro.

En un plano más práctico, al enfrentamos a algo doloroso en el presente nos puede ir mejor si acompañamos la pena con algo que nos haga sonreír. Esa es la idea que sustenta la popularidad de algo conocido como «cuentas de ahorro vinculadas a premios». ¿La idea? Conseguir que la gente ahorre más dinero (el sacrificio doloroso) combinando el acto de ahorrar con algo que puede ser más divertido: la posibilidad de ganar premios tipo lotería.[15]

También es una idea que Katy Milkman, una economista conductual de la Wharton School de la Universidad de Pensilvania, utilizó para superar los obstáculos a los que se enfrentaba en su propia vida. En los primeros días de su programa de doctorado tuvo que lidiar con dos problemas distintos: motivarse para ir al gimnasio y mantenerse al día en unas clases de informática muy exigentes. Pero donde lo que no se le complicaba era la relajación. Le encantaba pasar las noches leyendo libros de ficción como *Harry Potter* o el último *thriller* de James Patterson.[16] Si bien solemos pensar que la búsqueda del placer es enemiga de la exigente meta laboral —pensemos en lo productivos que seríamos si no fuera por Netflix—, Katy se preguntó si habría manera de convertir el placer en un aliado. ¿Podría su deseo de leer una buena historia hacerla más productiva?

DESDE IR AL GIMNASIO HASTA CEPILLARSE LOS DIENTES

Katy, una amiga y colaboradora, es una científica extraordinariamente creativa. Sospecho que parte de esa creatividad se debe al sentido de la necesidad: constantemente está intentando encontrar soluciones a los obstáculos en su propia vida (y la de tantos otros). Una vez en que teníamos que reunirnos, pero ambos andábamos justos de tiempo, propuso que agendar una llamada diez minutos antes de que tuviéramos otra obligación, así, sugirió, no perderíamos tiempo e iríamos directo al grano. Este era el mismo tipo de ingenio que usó contra su resistencia a hacer ejercicio. ¿Y si posponía la lectura del siguiente capítulo de un *thriller* para cuando ya estuviera haciendo ejercicio en el gimnasio? O ¿qué tal si estudiaba para sus clases mientras se hacía la pedicura?

Esta estrategia, que ella denomina «agrupación de tentaciones», le ayudó a resolver mejor las cosas de su vida que le resultaban difíciles y estresantes. Las investigaciones que ha llevado a cabo han demostrado que también funciona con otras personas. Por ejemplo, Katy y sus colaboradores trabajaron en conjunto con el gimnasio del campus de la Universidad de Pensilvania. Animaron a grupos de estudiantes a hacer ejercicio al comienzo del semestre de otoño. A un grupo solo lo animaron a hacer ejercicio mientras que a otro le pidieron intentar combinar el ejercicio con otra actividad tentadora, como escuchar un emocionante audiolibro que los investigadores les cargaron en sus iPod mientras entrenaban. Pero las cosas se pusieron más extremas para un tercer grupo: los estudiantes solo podían acceder al siguiente fragmento de contenido de los audiolibros —cargados en iPods guardados bajo llave en el gimnasio— *cuando* se presentaban a hacer ejercicio.

Durante las primeras semanas del estudio, la asistencia a los entrenamientos del grupo con la forma más extrema de agrupación de tentaciones, aumentó 51% en comparación con los estudiantes a los que solo se les animó a hacer ejercicio. Y la forma intermedia de agrupación de tentaciones —en la que se les animó a los participantes a escuchar audiolibros mientras hacían ejercicio— resultó en un aumento de 29 por ciento.[17]

En otro experimento de campo llevado a cabo con 24 Hour Fitness, Katy y sus colegas descubrieron que, en el transcurso de una intervención de cuatro semanas y hasta aproximadamente cuatro meses después, la probabilidad de asistir al gimnasio aumentaba cuando los participantes recibían un audiolibro gratuito y un estímulo para agrupar las tentaciones.[18]

Cuando hablé con Katy sobre este trabajo me dijo que parte de la belleza de la agrupación de tentaciones es que puedes modificar constantemente el regalo tentador, siempre puede ser un libro, pero uno diferente cada dos semanas. Lo importante es que sea algo divertido para *ti.*

Esta estrategia tiene un potencial mucho más allá del gimnasio. Allie Lieberman, profesora de marketing y mi colega en la UCLA, examinó recientemente otro comportamiento en este contexto: el cepillado de dientes. Como Allie menciona, la mayoría no nos cepillamos los dientes durante el tiempo requerido; me siento obligado a decir que también habla de otros temas, pero como alguien que solía trabajar en la salud pública, es una apasionada del tiempo que se debería dedicar al cepillado de dientes. Los dentistas recomiendan hacerlo dos minutos dos veces al día. Claro, dos minutos pueden no parecer tanto tiempo cuando estás viendo un programa, navegando por las redes sociales o comiendo una bolsa de papas fritas. Pero cuando estás en el baño cepillándote los dientes, esos dos minutos pueden ser interminables.

Para superar este obstáculo, Allie propuso algo que ella llama «inmersión tangencial». Si corremos el riesgo de interrumpir una tarea aburrida pero importante —como cepillarnos los dientes, lavarnos las manos o incluso dar un paseo— nos puede ir mejor si, al mismo tiempo, nos dedicamos a otra cosa que ocupe parte de nuestra atención, pero no toda. De hecho, en un estudio realizado por Allie y sus colegas, los participantes que vieron un interesante documental sobre osos y lobos mientras se cepillaban los dientes dedicaron 30% más tiempo a eso que los que vieron un video un poco más aburrido sobre la naturaleza.[19]

El matiz aquí, y donde este trabajo va más allá de la clásica investigación sobre la agrupación de tentaciones que ya mencioné, es que la tarea atractiva tiene que ser solo *ligeramente* más interesante que la aburrida. Si exageras e intentas emparejar la actividad tediosa con algo mucho más complejo —por ejemplo, un desafiante juego de palabras en el teléfono—, es posible que abandones la tarea antes de lo deseado. Hay otra diferencia importante: la agrupación de tentaciones te ayuda a *iniciar* un comportamiento (por ejemplo, ir al gimnasio), mientras que la inmersión tangencial consigue que realices una tarea durante más tiempo.

Es una táctica que también puede aplicarse a nuestra vida profesional. Por ejemplo, como sugirió Allie, si una empresa quiere animar a sus empleados a lavarse las manos a conciencia, podrían poner las noticias del día en los espejos de los baños para que las lean mientras lo hacen.[20] ¿O se te ocurre alguna tarea tediosa que podrías hacer mientras escuchas un audiolibro, un pódcast o incluso el nuevo disco de tu artista favorito?

Así pues, aceptar lo bueno y lo malo puede ser enormemente útil en diversas situaciones, desde cepillarse los dientes hasta aspirar las alfombras, e incluso preparar las declaraciones de impuestos. Pero debo ser claro: pasarnos la vida intentando matar dos pájaros de un tiro a veces puede impedirnos estar realmente presentes cuando nos cumplimos nuestros caprichos. No siempre tenemos que emparejar las actividades placenteras con otras menos deseables; debe haber momentos en los que «solo» leamos un libro atractivo, veamos la próxima serie que merece la pena o vayamos a la peluquería. Es más, se puede ir demasiado lejos con este tipo de estrategias: hace poco, un McDonald's de China saltó a los titulares tras publicarse una foto en la que un cliente se está comiendo una Big Mac montado en una bicicleta estática en el interior del restaurante.[21] No creo que algo así sea la clase de «algo bueno cubriendo lo malo» a la que se refiere Mitch Hedberg. Pero combinar de vez en cuando los caprichos con las cosas que sabemos que debemos hacer —y crear una buena combinación entre ambas— puede ayudarnos a convertirnos en las personas que queremos ser.

Pero esta no es la única forma de hacer que los sacrificios en el presente se *sientan* más fáciles de asumir. Otra solución procede de lo que yo considero una improbable fuente de inspiración: la industria de las máquinas de escribir.

HACER LO GRANDE... PEQUEÑO

Si hubieras leído el *Deseret News Salt Lake Telegram* de Salt Lake City el 26 de agosto de 1960, habrías visto un breve artículo en el que se detallaban los puntos fuertes y débiles de John F. Kennedy y Richard Nixon, los candidatos a la presidencia de los Estados Unidos, otro sobre las ventajas de volver a la escuela y una viñeta sobre el final de la canícula del verano. Y en la esquina inferior, junto a otros anuncios, habrías visto una promoción de una máquina de escribir Olympia de última generación. Un modelo Precision Portable, para ser exactos.

Justo debajo de una imagen granulada de la máquina de escribir, un gran texto pone: «ES TUYA... ¡por solo unos centavos al día!». Más de seis décadas después, seguro que has visto otras campañas que han utilizado este tipo de enfoque. Por ejemplo, una empresa de colchones de Chicago afirma que podrías disfrutar del mejor sueño de tu vida por solo diez centavos la noche. Y en la década de 1980, los editores de revistas empezaron a ofrecer sus suscripciones en términos de precio por número en lugar de por año.

¿No parece demasiado obvia esta táctica publicitaria ? Tal vez, pero también ha tenido éxito en contextos específicos. Los editores de revistas de la década de 1980 afirman que sus anuncios de precio por número eran 10 y 40% más eficaces que los de precio por año.[22]

¿Por qué? Cuando los anunciantes utilizan la estrategia de «centavos al día», lo que buscan es hacer que un gasto mayor parezca menor a primera vista. Pero, en el fondo, como descubrió el economista John Gourville, nos hacen pensar en otros gastos triviales similares.

¿Un colchón por mil dólares? Eso es mucho dinero. Probablemente sea difícil pensar en otras cosas —aparte, quizá, de la renta o la hipoteca— que puedan entrar en la categoría de gastos «grandes». Pero si conservaras ese colchón durante siete años, el gasto ascendería a unos cuarenta centavos por noche. Eso parece mucho menos costoso, y probablemente nos sea más fácil imaginar despedirnos de cuarenta centavos al día.

Esta estrategia de «hacer lo grande pequeño» es otra forma de hacer que los sacrificios del presente se sientan menos duros. Y es algo que pongo en práctica con mis colaboradores Steve Shu, Shlomo Benartzi y una empresa de tecnología financiera del sur de California llamada Acorns en una aplicación de ahorro e inversión dirigida principalmente a inversores principiantes.

Cuando hicimos nuestro proyecto, unos cuantos miles de personas al día se inscribían para invertir dinero en la empresa. Aunque era una buena noticia que tantas personas empezaran a invertir, a sus cuentas les habría ido mejor si hubieran seguido ahorrando a lo largo del tiempo. Como han descubierto los economistas conductuales, una forma de lograr ese objetivo es hacer que el acto de ahorrar sea automático.[23] Es decir, que sea algo en lo que no debas pensar ni tener que esforzarte por hacerlo.

Pero *¿cómo* hacerlo? Decidimos complicarnos un poco con la forma de pedirles a los usuarios que se unieran a un plan de ahorro automático. Le preguntamos a un grupo si querían ahorrar 150 dólares al mes, a otro, 35 dólares a la semana, y al tercero, cinco dólares al día. Aunque los tres enfoques suman casi la misma cantidad mensual, el dolor psicológico asociado a cada uno de ellos puede ser diferente.

Probablemente estarás de acuerdo en que cinco dólares al día parecen un sacrificio más sencillo: de inmediato se nos ocurren gastos de cinco dólares a los que estaríamos dispuestos a renunciar. Cuando hablo de esta investigación con otras personas, muchas señalan un único artículo: un café de Starbucks. De hecho, en términos anuales, cinco dólares al día suponen más dinero (1 825 dólares al año) que 150 al mes (1 800 dólares al año) o 35 a la semana (1 820 dólares al año). Sin embargo, como se puede ver en la gráfica, se apuntaron cuatro veces más cuando el plan de ahorro se planteó en términos diarios en lugar de semanales o mensuales.[24]

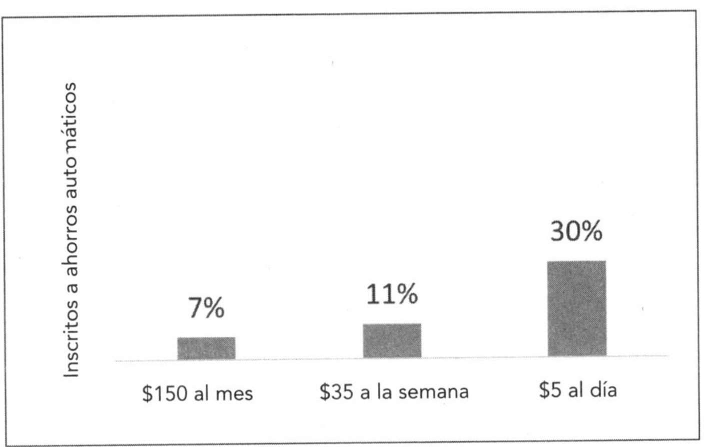

Pero este enfoque de gasto diario hizo algo más que solo aumentar las inscripciones. También ayudó a combatir la llamada «brecha del ahorro por ingresos», que hace que a las personas menos ricas les cueste más ahorrar dinero por la sencilla razón de que tienen menos. A pesar de esta fuerte tendencia, descubrimos que cuando el plan se planteaba en términos de dólares al día (contra dólares a la semana o al mes), la brecha de ahorro por ingresos se cerraba:

los consumidores con ingresos más bajos y los de ingresos más altos se inscribían al mismo ritmo.

No hay que ir muy lejos para ver esta estrategia en acción, tanto para las compras pequeñas como para las grandes.[25] Aunque los sistemas de pago denominados «compre ahora y pague después» —en los que los consumidores pueden dividir el costo de una compra en varios plazos— existen desde hace años, se hicieron muy populares durante la pandemia del covid-19, ya que cada vez más gente empezó a comprar desde la comodidad de su casa. Sin embargo, existe un peligro: ya sea que se trate de un bolso nuevo, un artículo de cocina o un sistema de sonido para el hogar, podemos caer en la trampa de comprar cosas que no podemos costearnos. De hecho, al momento de escribir estas líneas, casi cuatro de cada cinco consumidores estadounidenses recurren con regularidad a este tipo de planes de pago, por lo que algunos economistas sugieren la posibilidad de que se produzca una burbuja del «compre ahora y pague después».[26]

Pero hacer pequeño lo grande no solo es aplicable a la adquisición de bienes de consumo; hay otras áreas en las que esta estrategia puede ser de ayuda. Por ejemplo, cuando se trata de saldar deudas, a las personas les resulta más fácil seguir un plan de pago cuando empiezan saldando cuentas más pequeñas.[27] Y pedirle a la gente que done cuatro horas de su tiempo a la semana —u ocho horas cada dos semanas— tiene más éxito que pedir doscientas horas al año.[28]

En términos generales, dividir un objetivo más amplio en sus componentes más pequeños puede ayudar a que los retos actuales parezcan más fáciles, incluso si hay algún matiz en la estrategia. Como la investigadora Szu-chi Huang y sus colegas descubrieron, dividir las cosas es especialmente eficaz cuando se está en el punto de partida de un objetivo. Te sentirás más motivado para quemar doscientas calorías subiendo escaleras si piensas en el entrenamiento en segmentos de cincuenta calorías. Pero una vez que estés cerca de completar tu objetivo, puede que te funcione mejor tener en la mente el panorama general (es decir, que pienses en el objetivo más amplio y en lo cerca que estás de quemar las doscientas calorías).[29]

Cuando juntamos toda la evidencia, los beneficios de hacer pequeño lo grande superan los costos. Sin embargo, debemos considerar cuidadosamente cuándo este enfoque nos beneficiará a la larga en comparación con cuándo nos complicará la vida. He aquí dos reglas empíricas para simplificar las cosas: utiliza la estrategia de «hacer pequeño lo grande» cuando estés *1)* acumulando recursos en vez de gastándolos (por ejemplo: cuando estás ahorrando para un gran viaje, piensa en la cantidad desglosada, pero cuando quieras comprar un equipo de música nuevo, piensa en el costo total); y *2)* empezando una tarea en vez de cuando estés a punto de terminarla (por ejemplo: si estás planeando salir a correr treinta minutos, al principio piensa en ello en intervalos de cinco minutos, pero cuando estés por terminar, ten en cuenta lo cerca que estás de la marca de los treinta minutos).

Permíteme recomendarte una última estrategia para hacer más llevadero el presente: sáltate el sacrificio y celebra el día de hoy.

CELEBRAR EL PRESENTE

Hace varios años, Carl Richards y su familia se mudaron a Nueva Zelanda. Como eran de los Estados Unidos y estaban muy lejos de sus amigos, a él y a su mujer les costaba pasar tiempo lejos de sus hijos. Pero con el tiempo, después de conectar con otros en su comunidad, se sintieron cómodos saliendo de la ciudad sin los niños. Carl me contó que empezaron a planear un viaje, concretamente una aventura en kayak en la bahía de Nydia, una zona preciosa y remota en la costa noreste de Nueva Zelanda.

La aventura de tres días no iba a ser barata. Entre el alquiler del kayak, las comidas y la estancia en una pequeña posada, el viaje costaría unos mil dólares. Richards, que es un planificador financiero titulado, está acostumbrado a sopesar los pros y los contras de este tipo de decisiones financieras, y esta comenzaba a parecerle excesivamente cara. También es el creador de la columna «Sketch Guy», una viñeta semanal que aparece en *The New York Times* desde 2010. En ella habla de conceptos complicados y enigmas financieros y los destila en ideas fáciles de entender a través de unas viñetas de un solo panel.

Al principio, el viaje en kayak parecía un simple problema matemático. ¡Mil dólares era mucho dinero! Si Richards lo invertía de forma inteligente, con una rentabilidad media de 7.5%, ¡tendría 4 461 dólares al cabo de veinte años! Podría hacer un sacrificio aquí, al elegir un viaje menos caro o de plano renunciar a él. Después de todo, ¿no era una irresponsabilidad gastarse todo ese dinero en solo tres días?

Podría decirse que, a primera vista, el instinto inicial de Richards coincidía con los deseos de su yo del futuro. Si ahorraba en lugar de gastar, el anciano Carl estaría en una mejor situación financiera.

Pero ¿y si esa no fuera la decisión correcta? ¿Y si hay momentos en los que actuar en función de lo que *creemos* que es lo mejor para nuestro yo futuro no hará que este sea mejor después de todo?

Igual que Richards, es posible que nos saltemos alguna experiencia o la dejemos para más adelante. Si eso no suena como algo que harías, piensa en cuántas atracciones turísticas has visitado en tu localidad. Si estás en Chicago, piensa en el Instituto de Arte, el Museo Field y la Torre Willis, o si estás en Nueva York, hay un sinfín de ejemplos, desde el Empire State hasta la Estatua de la Libertad. Lo más probable es que no hayas estado en la mayoría de esos lugares recientemente (si es que has estado). De hecho, como descubrió mi colaboradora Suzanne Shu, las personas que visitan Chicago y Nueva York durante unas semanas visitan unos seis sitios en promedio durante su estancia. ¿Y los que viven allí? Por lo general, solo visitan tres atracciones durante su primer año en la ciudad.[30]

A veces reservamos estas experiencias para el momento *oportuno*. Si solo estás de visita en un lugar, el momento adecuado es ahora, porque ¿ cuándo volverás a tener la oportunidad? En cambio, si vives allí, puedes visitar los museos, monumentos, edificios y lugares históricos a tu conveniencia. Puedes «ahorrarlos» para que los disfrute tu yo del futuro. Pero igual que parece que el mañana nunca llegará cuando hoy se trata de empezar una dieta o limpiar la casa, tal vez tampoco llegue para algunas de las cosas más *placenteras* de la vida, como visitar un museo famoso, hacer una reservación en un restaurante fino o comprar una buena botella de vino para celebrar un día especial o un logro.

Si aplazamos las experiencias mucho tiempo, podemos restarles todo su valor. Una ilustración perfecta de esta idea es uno de mis memes favoritos. Es una foto de lo que parece una góndola veneciana en la que dos ancianos pasajeros duermen profundamente mientras el conductor sonríe. Como comentó un usuario de Twitter: «No esperes a ser así de viejo para jubilarte y viajar por el mundo».[31]

Si alguna vez te apresuraste a utilizar millas de viajero frecuente antes de que caduquen —para un viaje que no es el ideal solo para no perderlas—, eres culpable del mismo comportamiento. O tal vez hayas esperado la ocasión perfecta para utilizar la tarjeta regalo de un restaurante y cuando te decidiste a usarla resultó que ya estaba cerrado.

Estos ejemplos pueden parecer relativamente triviales. Pero esta tendencia a dejar las cosas para mañana —quizá con las mejores intenciones— puede acarrear consecuencias mucho más graves.

Para ilustrarlo, permíteme presentarte un movimiento llamado FIRE, cuyos miembros se dedican a lograr una vida de *independencia financiera* que les permita *jubilarse anticipadamente* a los 20 o 30 años. Para lograr un objetivo tan aparentemente imposible, reducen al máximo sus gastos y ahorran lo más que pueden (la mitad o más de sus ingresos).

Ahora bien, no cabe duda de que hay gente que prospera con este estilo de vida austero. Y debo señalar que algunos principios del movimiento tienen sentido. Es evidente que si quieres tener más recursos en el futuro, sería un ejercicio inteligente averiguar qué gastos puedes recortar ahora.

Pero otros que lo han intentado se han dado cuenta de que el esfuerzo sobrehumano que tienen que hacer para conseguir un futuro en el que no necesiten trabajar puede tener un precio que no están dispuestos a pagar. Lisa Harrison, que formó parte del movimiento durante dos años, es un ejemplo. Le encantaba ver «HGTV antes de acostarse, salir a comer pizza los viernes y tomar café en nuestro sitio favorito del centro todos los domingos». Se dio cuenta de que sin duda estas cosas cuestan dinero y, al eliminarlas de su presupuesto, ella y su marido estaban ahorrando más para la jubilación anticipada. «Pero recortar estos gastos afectó nuestra felicidad cotidiana».[32] Mientras su patrimonio neto aumentaba, su bienestar iba en picada. Y darse cuenta de ello la llevó a abandonar el movimiento.

Su experiencia con FIRE demuestra los peligros de sacrificar demasiado en la vida actual para vivir mejor mañana. Los investigadores han denominado a este tipo de comportamiento «hipermetropía», y se produce cuando somos tan previsores que luego nos arrepentimos de nuestras decisiones.[33]

Me he pasado la mayor parte de este libro predicando la importancia de conocer y hacernos amigos de nuestro yo del futuro, por lo que puede parecer extraño que de pronto hable de momentos en los que deberíamos saltarnos los sacrificios y... simplemente buscar la alegría en el presente. Pero no lo es: a veces vivir demasiado para el mañana puede arruinar la vida de nuestro yo del presente y empeorar la de nuestro yo futuro.

Harrison superó esta tensión introduciendo más equilibrio en la vida de su familia. Aunque ella y su marido abandonaron la idea de jubilarse anticipadamente, conservaron un aspecto de cuando participaron en el movimiento FIRE. Esto se traduce, en concreto, en que ahora consideran con más cuidado sus valores a la hora de gastar dinero. Cosas como la televisión por cable, la pizza de los viernes y las salidas a tomar café volvieron a estar sobre la mesa, pero también un presupuesto más intencional y un enfoque más adecuado de las decisiones financieras.

Como resultado, Harrison ha recorrido un largo camino desde la caída libre de su felicidad. Su enfoque financiero más equilibrado le ha ayudado a crear «una vida de opciones que queremos... tanto ahora como después».[34]

Por desgracia, no existe una guía para encontrar el equilibrio adecuado entre el presente y el futuro. Lo que funcionó para Harrison y su familia puede ser que no te funcione. Sin embargo, pensar cuándo tiene sentido cumplirnos un capricho en lugar de restringirnos, y cuándo priorizar nuestro yo actual o el del futuro, puede ser de gran ayuda para crear armonía a lo largo del tiempo.

Al final, Carl Richards y su mujer decidieron gastarse el dinero en su viaje en kayak. Media hora después de adentrarse en el mar pasaron por una pequeña cala llena de estrellas de mar, mantarrayas y erizos. Como explicó Richards, él y su mujer se miraron y se preguntaron cómo pudieron siquiera pensar en *no* hacer esa excursión.

A menudo nos recuerdan que debemos ahorrar para mañana. Hasta cierto punto ese es el mensaje central de este libro. Pero como dice Richards, esa es solo una cara de la moneda: «No te olvides de la otra cara: gastar para mañana. Porque no es solo dinero lo que necesitarás en un futuro lejano».[35] Si vivimos solo para el mañana, privaremos a nuestro yo del futuro de los recuerdos y experiencias, amigos y familiares que hacen que valga la pena vivir.

La perspicacia de Richards, por supuesto, no solo se aplica a los gastos monetarios. El año pasado dediqué cada vez más tiempo a proyectos laborales. El covid, como le pasó a casi todo el mundo, perjudicó mi productividad, y me he convencido de que trabajar más ahora me ayudará a recuperar el rumbo, lo que en última instancia será en beneficio de mi yo del futuro.

Sin embargo, hace unos meses decidí tomarme una mañana libre y acompañar a mi hijo al kínder. Aunque es una caminata larga, sabía que me daría la oportunidad de estar con él a solas, algo que casi nunca ocurre. Pero unos veinte minutos después de salir de casa, nos dimos cuenta de un alboroto. Dos coches se habían detenido y un camión de control animal estaba parado cerca de ellos. Al acercarnos, enseguida nos dimos cuenta del motivo: una gallina pequeña y confundida corría por la calle. Vivimos en Los Ángeles, así que antes de ese momento el número de veces que habíamos visto aves de corral vivas en el barrio era exactamente… cero. A mí me hizo gracia, pero mi hijo estaba fuera de sí, gritando alegremente a pleno pulmón que había un auténtico «¡POLLO EN LA CALLE!». Durante el resto del paseo, no paró de hablar de lo mismo y fue lo primero que les contó a sus maestros. Seis meses después, la historia del pollo se ha vuelto parte de nuestra tradición familiar y mi hijo sigue contándosela alegremente a extraños y amigos.

Si hubiera pasado esa mañana trabajando, no dudo que habría avanzado más en mis proyectos, pero también tengo muy claro de lo que que me habría perdido.

La última manera, pues, de hacer más llevadero el presente es ceder de vez en cuando. Saltarse el sacrificio y disfrutar de experiencias que cuestan dinero y tiempo, pero que aportan otro tipo de riqueza. Esa puede ser una forma no solo de hacer mejor el mañana, sino también el hoy.

EN RESUMEN

- Existe tensión cuando el yo actual tiene que sacrificarse en beneficio del yo futuro. Pero se pueden mejorar los resultados futuros facilitando los sacrificios del presente.
- Una categoría de estrategias consiste en «aceptar lo bueno y lo malo»: Experimentar emociones positivas al enfrentar acontecimientos negativos puede proporcionarnos una especie de protección para comprender mejor los factores estresantes grandes y pequeños. La «agrupación de tentaciones», que consiste en emparejar actividades positivas tentadoras con cosas que parecen sacrificios, puede resultar eficaz. Y la «inmersión tangencial», que combina la tarea aburrida con una actividad un poco más interesante, puede ayudarnos a mantener el rumbo.
- También puedes «hacer pequeño lo grande» y dividir los sacrificios en partes más pequeñas y fáciles de realizar.
- Además, hay que encontrar formas de celebrar el presente. Reconozcamos que si vivimos solo para el mañana, puede ser que lleguemos al futuro sin los recuerdos y experiencias que hacen que valga la pena vivir.

EPÍLOGO

Mientras investigaba y escribía este libro, el mundo experimentó una serie de acontecimientos catastróficos. La lista de desastres parece sacada de una mala película taquillera: naciones en guerra, un virus que muta, inflación creciente, agitación sociopolítica, desastres climáticos, etc. (solo falta un asteroide). En las actuales circunstancias, padecer cierta —o quizá mucha— ansiedad parece justificado. De hecho, la Organización Mundial de la Salud anunció que, solo en 2020, los casos de depresión grave y trastornos de ansiedad aumentaron más de 25 por ciento.

Dadas estas condiciones de incertidumbre y disrupciones, puede parecer inútil hacer planes para el futuro. Un informe reciente de *Fidelity*, por ejemplo, reveló que casi la mitad de los adultos de entre 18 y 35 años no le ven sentido a ahorrar para el futuro «hasta que las cosas vuelvan a la normalidad». La cómica Hannah Jones, de 27 años, lo explica así: «No voy a privarme de algunas comodidades de la vida actual por un futuro que parece que me pueden arrebatar en cualquier momento… No, no estoy ahorrando para la jubilación. Voy a gastar mi dinero *ahora*, mientras aún tengamos una cadena de suministro».

Estas observaciones reflejan nuestro cansancio colectivo. Sin embargo, entre tanto pesimismo, veo que aún hay razones para tener esperanza. Aunque nunca debemos dejar de planear el futuro por completo, hacer una pausa puede permitirnos reflexionar sobre lo que importa. A modo de analogía, los aniversarios suelen crear pequeñas pausas en nuestra vida, ofreciéndonos la oportunidad de hacer un balance de lo que logramos (o no) en la década anterior y de lo que esperamos alcanzar en la siguiente. Del mismo modo, es probable que la gran pausa global que nos infligió el covid nos haya impulsado a muchos a centrarnos en lo que realmente valoramos. En palabras de mis colaboradores Adam Galinsky y Laura Kray, la pandemia creó una especie de «crisis de la mediana edad universal» que nos obligó a reconsiderar cómo gastamos nuestros preciados recursos de tiempo y dinero.

Sin embargo, el estado actual de las cosas no significa que podamos ignorar por completo nuestro futuro lejano o muy lejano. La marcha del tiempo es indiferente a las luchas del presente, y el futuro llegará, queramos o no. Al fin y al cabo, no es la primera vez que la incertidumbre rampante hace que la planificación parezca inútil. Pensemos, por ejemplo, en cómo se sintió la gente en otros momentos históricos precarios, como la Gran Depresión, la crisis de los misiles en Cuba o la crisis financiera de 2008. Seguramente, al igual que ahora, durante esos periodos llenos de angustia debe haber sido difícil pensar en los años venideros. Pero ¿qué habría pasado si todos los planes se hubieran detenido en aquel entonces?

Zander Rose, director ejecutivo de la Long Now Foundation, una organización sin ánimo de lucro dedicada al pensamiento a largo plazo, resumió con elegancia estas tensiones: «Muchos de nuestros problemas actuales se deben a una falta de planeación a largo plazo en el pasado», me dijo. Los problemas del presente deberían, por supuesto, exigir la mayor parte de nuestra atención, Pero centrarse únicamente en el momento puede significar que esos mismos problemas podrían aparecer de nuevo e intensificarse de manera perniciosa, en los años, décadas y siglos por venir.

Ante estas exigencias contrapuestas —el presente estresante contra el futuro lejano—, ¿cómo debemos asignar nuestros recursos mentales? Es una pregunta difícil que engendra otra aún más difícil, ya que muchos de nuestros planes para el futuro deben tener en cuenta periodos mucho más largos que nuestra propia vida. Se nos pide, en esencia, que tomemos decisiones que beneficiarán a personas que vivirán mucho después de que nosotros nos hayamos ido.

Este tema es relevante sobre todo en el contexto del medio ambiente. Entre el aumento de las temperaturas y de las mareas, y el incremento de fenómenos meteorológicos catastróficos en todo el mundo, el impacto del cambio climático ya se está percibiendo. Sin embargo, muchas de las consecuencias negativas graves —algunas de las cuales ya han empezado a producirse— afectarán a las generaciones futuras. Generaciones que no conocemos y apenas nos podemos imaginar. Es difícil imaginarnos y relacionarnos con nosotros mismos en el futuro, pero es mucho más difícil hacerlo con nuestros descendientes que aún no han nacido. No solo son extraños: ni siquiera existen todavía.

¿Qué podemos hacer entonces para cambiar este precario futuro? Dados los retos psicológicos, ¿deberíamos rendirnos y seguir quemando más combustibles fósiles? Cambiar la economía moderna parece una ambición abrumante cuando ni siquiera podemos motivarnos para ir al gimnasio.

Pero yo no estoy dispuesto a rendirme, creo que hay pasos prácticos que podemos dar para que nos sea más fácil actuar en favor del planeta y de nuestros descendientes, aunque nosotros nunca vayamos a habitar esa Tierra futura ni conozcamos a las personas que lo harán. Mis trabajos recientes, así como los de mis colegas, apuntan a un planteamiento inicial: para aumentar las posibilidades de que la gente haga algo por el futuro lejano hay que llamar su atención hacia el *pasado*. Sentirnos profundamente arraigados en nuestra comunidad —sentir que somos parte de lo que ha sido y de lo que será—, por ejemplo, se relaciona con una mayor probabilidad de que nos decidamos a adoptar los paneles solares. Y enfocarse en la larga y rica historia del país de uno hace que sea mucho más fácil mirar hacia el futuro e invertir en el medio ambiente.

Este trabajo es preliminar, pero plantea una posibilidad interesante: si queremos salvar a nuestros bisnietos de un planeta candente, en lugar de pensar en futuros más vívidos, quizá deberíamos tener en cuenta a las personas que nos precedieron y los sacrificios que hicieron por nosotros. Del mismo modo que somos una cadena de yoes separados a lo largo de nuestra vida, en una escala mayor formamos parte de una cadena de seres humanos que se remonta cientos de miles de años atrás. Aquellos primeros humanos no nos conocían y nunca podrían haber imaginado el mundo actual, pero nosotros existimos solo porque ellos fueron capaces de considerar el futuro de alguna manera rudimentaria. ¿No es nuestro deber hacer lo mismo, tanto para darnos a nosotros un mañana mejor como para garantizar que las personas que nunca conoceremos sigan prosperando?

Estas preguntas no son más que un esbozo de lo que hay que hacer, pero una cosa está clara: ya sea que estemos en una línea de tiempo de 15 años o de 150, que estemos centrados en nuestro yo del futuro o en nuestros futuros nietos, y ya sea que los mares del presente estén en calma o agitados, tendremos una mejor oportunidad de mejorar nuestra vida cuando comprendamos, conozcamos y amemos a las personas en las que un día nos convertiremos.

AGRADECIMIENTOS

Muchas gracias al equipo que trabajó conmigo incansablemente para hacer realidad este proyecto. Tracy Behar, cuando pensé en mi editor ideal, quería a alguien con tu aguda mirada, pero no pensé en lo mucho que llegaría a apreciar y valorar también tu calidez y generosidad. Gracias también a mi astuto agente, Rafe Sagalyn; te agradezco la orientación y el firme aliento que me diste desde el principio. A Karina Leon, Talia Krohn, Juliana Horbachevsky, Katherine Akey, Betsy Uhrig, Lucy Kim, Pat Godefroy, Travis Tatman y Dave Nussbaum, gracias por todo lo que han hecho para que más gente conozca y mejore su yo del futuro.

Este libro representa la investigación y las reflexiones en las que he trabajado a lo largo de muchos años con el apoyo de algunos mentores realmente maravillosos. Laura Carstensen, gracias por darme la libertad de pensar en grandes ideas y por empujarme siempre a considerar los grandes problemas que podríamos resolver con nuestro trabajo. Brian Knutson, te agradezco que me hayas convertido en un investigador y pensador más cuidadoso. Martha Shenton, aprecio que me hayas enseñado a dejar espacio para una vida académica rigurosa, así como para una rica vida personal. Keith Maddox, gracias por alimentar mi interés inicial en psicología social. Y Adam Galinsky, gracias por ayudarme a aprender lo realmente divertido que puede ser el proceso de investigación.

A lo largo de mi viaje como escritor, varios amigos y colegas leyeron borradores anteriores y me ayudaron a expresar mis ideas con mayor claridad. Gracias a Adam Alter, Eugene Caruso, J. D. Lopez, Sam Maglio y Kathleen Vohs por sus ojos críticos, oídos abiertos y consejos prácticos. No puedo creer la suerte que tengo de conocerlos y pasar tiempo con cada uno de ustedes. Y gracias a Jonah Lehrer; sus superpoderes de edición han limado mis asperezas.

He tenido la suerte de contar con un grupo de colegas de la UCLA a los que puedo llamar, sin temor a equivocarme, amigos cercanos. A Craig Fox, Noah Goldstein, Cassie Mogilner Holmes, Allie Lieberman, Suzanne Shu y el resto de las áreas de marketing y BDM. Franklin Shaddy, Sanjay Sood y Stephen Spiller hacen que el trabajo significativo sea un placer diario. Habiendo pasado los primeros años de mi carrera académica en la NYU, tengo la suerte de contar ahí con un grupo de colegas igualmente queridos: gracias a Geeta Menon, Tom Meyvis, Priya Raghubir, Yaacov Trope y Russ Winer por ayudarme a poner un pie en el mundo académico.

Ninguno de los trabajos que he emprendido habría sido posible sin tantos colaboradores entregados, todos los cuales han llevado mi pensamiento más lejos y han hecho que la experiencia de realizar una investigación sea mucho más agradable de lo que jamás hubiera imaginado. En particular, por el trabajo relacionado con este libro, gracias a Jennifer Aaker, Jon Adler, Dan Bartels, Shlomo Benartzi, Debbie Bocian, Bryan Bollinger, Chris Bryan, Dan Goldstein, Cassie Mogilner Holmes, Derek Isaacowitz, Sue Kerbel, Jeff Larsen, Sam Maglio, Joe Mikels, Katy Milkman, Loran Nordgren, Mike North, Jordi Quoidbach, Abe Rutchick, Greg Samanez-Larkin, Anuj Shah, Avni Shah, Marissa Sharif, Bill Sharpe, Steve Shu, Abby Sussman, Diana Tamir, Jean-Louis van Gelder, Dan Walters y Adam Waytz por dedicarme tantas de sus valiosas horas.

A mis estudiantes de doctorado y posdoctorantes —Steph Tully, Adam Greenberg, Kate Christensen, Elicia John, Joey Reiff,

David Zimmerman, Malena de la Fuente, Taylor Bergstrom, Poruz Khambatta, Megan Weber, Ilana Brody y Eitan Rude—, gracias por ayudarme a mantenerme siempre a la vanguardia de la ciencia y por hacer que mi familia de investigadores se sienta más como una familia de verdad.

Me he beneficiado enormemente de la dedicación de un equipo de asistentes de investigación que me han ayudado a perfeccionar los detalles. Agradezco a los alumnos de mi clase de Fiat Lux, Anmol Bhide, Zoe Curran, Celia Gleason, Audrey Goman, Haley Karchmer, Elizabeth O'Brien y Hannah Zhou, por todas las horas que pasaron trabajando conmigo. Pero más allá de los detalles, tuve la suerte de poder hablar con muchos colegas, amigos y personas que nunca he visto y que tenían historias interesantes que contar. A Eve-Marie Blouin-Hudon, César Cruz, Rodica Damian, Alex DeLuca, Utpal Dholikia, Michael Dukakis, Liz Dunn, Eric Eskin, Alex Genevsky, Dan Gilbert, Dave Krippendorf, George Loewenstein, Meghan Meyer, B. J. Miller, Sarah Molouki, John Monterosso, Tim Mueller, Ann Napolitano, Daphna Oyserman, Tim Pychyl, Jordi Quoidbach, Brent Roberts, Michael Schrage, Janet Schwartz, Marissa Sharif, Fuschia Sirois, Deborah Small, Nina Strohminger, Oleg Urminsky y Gal Zauberman: agradezco su disposición para responder a mis preguntas, así como las inestimables ideas que me aportaron.

El proceso de elaboración de este libro —nada menos que durante una pandemia— tuvo sus previsibles altibajos. Tengo la suerte de contar con una sólida comunidad de amigos que estuvieron ahí para ambas cosas, y varios de los cuales me proporcionaron valiosos consejos a lo largo de todo el proceso. A Mike Ashton, Sarah Ashton, Mike Champion, Annie Cox, Danny Cox, Brad Dakake, Daniel Farag, Perry Farag, Tori Fram, James Myers y Laurel Myers: les doy las gracias por su constante apoyo, sobre todo por sus opiniones que iban desde el tipo de letra que debía usar para la portada hasta la cantidad de signos de exclamación que debía utilizar. Y a Adam Alter y Nicholas Hengen Fox, gracias por escuchar mis pensamientos casi a diario y por proporcionarme perspectivas que profundizan en todo mucho más que las mías.

Además de mis amigos y colegas, no podría haber escrito este libro sin el apoyo de mi familia. A mis padres, Robin y Seth Ersner-Hershfield: siempre he dicho que nuestra familia no necesitaba otro psicólogo, pero en este caso, la imitación es realmente la mayor forma de adulación. No tengo palabras para expresarles lo mucho que aprecio todo lo que han hecho por mí, desde inculcarme el amor por el aprendizaje cuando era pequeño hasta ayudarme ahora con el cuidado de los niños. En muchos sentidos, ambos representan mi propio yo del futuro, y eso me da mucha esperanza. A mi abuela Deenah Ersner, que cumplió 99 años mientras yo trabajaba en este proyecto, quiero expresarle que me considero una de las personas más afortunadas por contar contigo y tener tu sabiduría y calidez en mi vida.

También he tenido la gran suerte de contar con una segunda familia increíble: mis suegros, tan cariñosos y atentos. Gracias a John Heil, Nancy Heil, Whitney Abramo y John Abramo por añadir tanta alegría a mis días.

Existe un debate académico en torno a los beneficios de tener hijos, con muchos datos que sugieren que los niveles de felicidad poshijos no son exactamente los mismos que prehijos. Cuando me faltaban unos meses para ser padre, me encontré con un colega maravilloso, Yaacov Trope, y le dije que me hacía ilusión tener a mi primer hijo, pero que también me preocupaba que lo recién comentado pudiera aplicarse a mi vida. Su respuesta fue: «Deja de preocuparte, una vez que tienes hijos, la felicidad ya no es de un solo color sino que se convierte en un fenómeno multicolor». Cuánta razón tenía. Hayes y Smith, cada día aportan mucho sentido, risas y comprensión a mi vida. Hayes, ya sea por tu ingenioso sentido del humor o por tu afectuoso enfoque de la amistad, me ha encantado verte crecer y convertirte en quien eres. Smith, no me ofende que prefieras a tu madre antes que a mí —¿quién no lo haría?—, pero sigo apreciando el tiempo que pasamos juntos. En los años venideros te acompañaré adonde necesites ir, cuando quieras, haya o no un pollo en el camino. Y, por supuesto, no puedo olvidar a Oliver, el original y amoroso «hijo» de nuestra vida, cuyos ladridos me interrumpieron a menudo, pero que también ahuyentaron a muchos intrusos imaginarios.

Por último, gracias a ti, Jennifer. Cuando nos conocimos, vi a mi yo del futuro como un hombre mayor rodeado de una pregunta gigante: ¿quién será mi compañera en la vida? No podría estar más contento de que la respuesta eres tú, con tu ingenio, tu feroz pasión por ayudar a los demás y tu deseo de hacer el bien en el mundo. Me siento afortunado de poder viajar en el tiempo a tu lado. Agradezco todo lo que lo que haces para que nuestra familia esté contenta ahora y lo esté en los años venideros. Ya sea leyendo cada palabra que escribo, escuchándome cuando hablo con entusiasmo de mis más recientes investigaciones o haciendo más de tu mitad de las tareas de crianza, gracias por darme un amor y un apoyo inconmensurables a lo largo de los años.

NOTAS

Introducción

1 T. Chiang, *The Merchant and the Alchemist's Gate*, Burton, MI: Subterranean Press, 2007.

2 M. E. Raichle, A. M. MacLeod, A. Z. Snyder, W. J. Powers, D. A. Gusnard y G. L. Shulman, «A Default Mode of Brain Function», *Proceedings of the National Academy of Sciences of the United States of America* 98, núm. 2 (2001): 676-682.

3 S. Johnson, «The Human Brain Is a Time Traveler», *The New York Times*, 15 de noviembre de 2018, nytimes.com/interactive/2018/11/15/magazine/tech-design-ai-prediction.html.

4 M. E. P. Seligman y J. Tierney, «We Aren't Built to Live in the Moment», *The New York Times*, 19 de mayo de 2017, nytimes.com/2017/05/19/opinion/sunday/why-the-future-is-always-on-your-mind.html.

5 C. Yu, «A Simple Exercise for Coping with Pandemic Anxiety», *Rewire*, 27 de noviembre de 2020, rewire.org/a-simple-exercise-for-coping-with-pandemic-anxiety/?fbclid=IwAR3jRvJFN98AXg998P3UCI3mRaO583uhUSf7Pr-dXJENkD0n7ZUqXHiHzeI.bclid=IwAR3jRvJFN98AXg998P3UCI3mRaO583uhUSf7PrdXJENkD0n7ZUqXHiHzeI.

6 Anónimo, carta, 5 de mayo de 2017, FutureMe, futureme.org/letters/public/9115689-a-letter-from-may-5th-2017?offset=0.

7 Anónimo, carta, 11 de mayo de 2016, FutureMe, futureme.org/letters/public/8565331-a-letter-from-september-11th-2016? offset=7.

8 «Read me», 24 de octubre de 2009, FutureMe, futureme.org/letters/public/893193-read-me?offset=3.

9 Investigadores anteriores hablan de esta idea en términos de las «posibles identidades» de nuestro yo del futuro; algunas positivas y otras negativas. Aunque los yoes negativos del futuro pueden ser motivadores en ciertas circunstancias, en este libro me centro en los yoes positivos, ideales y realistas del futuro en los que deseamos convertirnos. Para una mirada más profunda hacia los posibles yoes, véase la obra de Daphna Oyserman y sus colegas, especialmente D. Oyserman y L. James, «Possible Identities», en *Handbook of Identity Theory and Research*, ed. S. Schwartz, K. Luyckx y V. Vignoles (Nueva York: primavera de 2011), 117-145, y D. Oyserman y E. Horowitz, «Future Self and Current Action: Integrated Review and Identity-Based Motivation Synthesis», *Advances in Motivation Science* (próxima publicación), psyarxiv.com/24wvd/.

10 H. E. Hershfield, D. G. Goldstein, W. F. Sharpe *et al.*, «Increasing Saving Behavior Through Age-Progressed Renderings of the Future Self», *Journal of Marketing Research* 48, edición especial (2011): S23-S37.

11 J. D. Robalino, A. Fishbane, D. G. Goldstein y H. E. Hershfield, «Saving for Retirement: A Real-World Test of Whether Seeing Photos of One's Future Self Encourages Contributions», *Behavioral Science and Policy* (próxima publicación).

Capítulo 1. ¿Somos los mismos a lo largo del tiempo?

1 Para más detalles sobre la vida de Pedro Exmatador véase «Case 127: Killer Petey», expediente, 4 de febrero de 2021, consultado el 13 de julio de 2022, casefilepodcast.com/case-127-killer-petey/.

2 Plutarco, *Vidas paralelas*, trad. B. Perrin, Cambridge, MA: Harvard University Press, 1926.

3 D. Hevesi, «Jerzy Bielecki Dies at 90; Fell in Love in a Nazi Camp», *The New York Times*, 11 de octubre de 2011, nytimes.com/2011/10/24/world/europe/jerzy-bielecki-dies-at-90-fell-in-love-in-a-nazi-camp.html. Me encontré con esta anécdota por primera vez en la obra de R. I. Damian, M. Spengler, A. Sutu y B. W. Roberts, «Sixteen Going on Sixty-Six: A Longitudinal Study of Personality Stability and Change Across 50 Years», *Journal of Personality and Social Psychology* 117, núm. 3 (2019): 674-695.

4 A. de Botton, «Why You Will Marry the Wrong Person», *The New York Times*, 28 de mayo de 2016, nytimes.com/2016/05/29/opinion/sunday/why-you-will-marry-the-wrong-person.html.

5 Damian *et al.*, «Sixteen Going on Sixty-Six».

6 El crecimiento de la concienciación y la estabilidad emocional no ocurre simplemente como resultado de casarse o tener hijos. Más bien, parece que el crecimiento de estos rasgos es algo que sucede orgánicamente a lo largo del tiempo. Incluso los adultos que estuvieron encarcelados una parte de su juventud muestran niveles de crecimiento similares a los de sus compañeros no encarcelados después de sus condenas. J. Morizot y M. Le Blanc, «Continuity and Change in Personality Traits from Adolescence to Midlife: A 25-Year Longitudinal Study Comparing Representative and Adjudicated Men», *Journal of Personality* 71 núm. 5 (2003): 705-755.

7 Al hablar de la identidad a lo largo del tiempo, los filósofos suelen referirse a la identidad «cualitativa» y «numérica». La identidad cualivativa significa que dos cosas comparten todas las mismas propiedades. La identidad numérica implica que dos cosas son, de hecho, la misma cosa. Si, por ejemplo, estamos comiendo juntos en un restaurante y los dos ordenamos una rebanada de pizza de pepperoni y champiñones, esas dos rebanadas serán cualitativamente idénticas. Las dos contienen los mismos ingredientes, pero claramente no son numéricamente iguales, ¡ya que

hay dos rebanadas de pizza! Y el que tú te comas la tuya no tendrá ningún impacto sobre la mía. Hablando de personas, cuando preguntamos sobre «semejanza» o «identidad», en realidad estamos preguntando sobre la identidad cualitativa, reconociendo que un yo anterior y un yo posterior no son numéricamente idénticos.

8 E. Olson, *The Human Animal: Personal Identity Without Psychology* (Oxford: Oxford University Press, 1997); B. A. Williams, «Personal Identity and Individuation», *Proceedings of the Aristotelian Society* 57 (1956): 229-252.

9 Para una visión accessible y breve de la filosofía de la identidad, véase E. T. Olson, «Personal Identity», en *The Stanford Encyclopedia of Philosophy*, ed. Edward N. Zalta (Stanford University, verano de 2022), plato.stanford.edu/archives/sum2022/entries/identity-personal/; y «Personal Identity: Crash Course Philosophy #19», CrashCourse, 27 de junio de 2016, video de YouTube, 8:32, consultado el 13 de julio de 2022, youtube.com/watch?v=trqDnLNRuSc.

10 Williams, «Personal Identity».

11 P. F. Snowdon, Persons, Animals, Ourselves (Oxford: Oxford University Press, 2014).

12 J. Locke, *An Essay Concerning Human Understanding* (Philadelphia: Kay & Troutman, 1847).

13 S. Blok, G. Newman, J. Behr y L. J. Rips, «Inferences About Personal Identity», en *Proceedings of the Annual Meeting of the Cognitive Science Society*, vol. 23 (Mahwah, NJ: Erlbaum, 2001), 80-85. En un segundo experimento en este artículo, Blok y sus colegas cambian aún más las cosas. Los participantes en el estudio leen la misma historia sobre Jim el contador, quien necesita un trasplante de cerebro, pero algunos leen que el contenido de su cerebro es transferido a una computadora que posteriormente será insertada en un robot. Otros, en cambio, leen que

el propio cerebro se trasplanta al robot (igual que en el primer estudio del que hablé en el texto). De nuevo, los recuerdos de Jim se conservan o se borran. Ahora, solo se considera que el robot sigue siendo Jim si tiene el cerebro físico y los recuerdos. Si solo se trasplantan los recuerdos al robot a través de una computadora (y sin cerebro físico), es mucho menos probable que la gente considere que el robot sigue siendo Jim. Así pues, desde el punto de vista no especializado, puede darse el caso de que triunfe una mezcla de la teoría del cuerpo y la teoría de la memoria. Más que los recuerdos, lo que importa es el cerebro que los alberga.

14 N. Strohminger y S. Nichols, «Neurodegeneration and Identity», *Psychological Science* 26, núm. 9 (2015): 1469-1479.

15 Este resultado no se debió simplemente a las diferencias en la gravedad de la enfermedad: el funcionamiento diario era similar entre los tres tipos de enfermedades.

16 L. Heiphctz, N. Strohminger, S. A. Gelman y L. L. Young, «Who Am I? The Role of Moral Beliefs in Children's and Adults' Understanding of Identity», *Journal of Experimental Social Psychology* 78 (septiembre de 2018): 210-219.

Capítulo 2. Mi yo del futuro ¿seré realmente... yo?

1 J. H. Ólafsson, B. Sigurgeirsson y R. Pálsdóttir, «Psoriasis Treatment: Bathing in a Thermal Lagoon Combined with UVB, Versus UVB Treatment Only», *Acta Derm Venereol (Stockh)* 76 (1996): 228-230; S. Grether-Beck, K. Mühlberg, H. Brenden *et al.*, «Bioactive Molecules from the Blue Lagoon: In Vitro and In Vivo Assessment of Silica Mud and Microalgae Extracts for Their Effects on Skin Barrier Function and Prevention of Skin Ageing», *Experimental Dermatology* 17, núm. 9 (2008): 771-779.

2 Para un análisis completo sobre el problema de los vampiros y el concepto general de las experiencias transformativas, véase

L. A. Paul, *Transformative Experience* (Oxford: Oxford University Press, 2014).

3 W. Damon y D. Hart, «The Development of Self-Understanding from Infancy Through Adolescence», *Child Development* 53, núm. 4 (1982): 841-864.

4 D. Hume, *A Treatise of Human Nature*, ed. D. F. Norton y M. J. Norton (Oxford: Oxford University Press, 2007).

5 Para un perfil de la vida de Partif, véase L. MacFarquhar, «How to Be Good», *The New Yorker*, 5 de septiembre de 2011, newyorker.com/magazine/2011/09/05/how-to-be-good.

6 D. Parfit, *Reasons and Persons* (Oxford: Oxford University Press, 1984).

7 D. Parfit, «Personal Identity», *Philosophical Review* 80, núm. 1 (1971): 3-27.

8 B. Wallace-Wells, «An Uncertain New Phase in the Pandemic, in Which Cases Surge but Deaths Do Not», *The New Yorker*, 31 de julio de 2021, newyorker.com/news/annals-of-inquiry/an-uncertain-new-phase-of-the-pandemic-in-which-cases-surge-but-deaths-do-not. Las estadísticas de vacunación se obtuvieron de data.cdc.gov/Vaccinations/Archive-COVID-19-Vaccination-and-Case-Trends-by-Ag/gxj9-t96f/data.

9 T. Lorenz, «To Fight Vaccine Lies, Authorities Recruit an "Influencer Army"», *The New York Times*, 1 de agosto de 2021, nytimes.com/2021/08/01/technology/vaccine-lies-influencer-army.html?action=click&module=Spotlight&pgtype=Homepage.

10 Parfit, *Reasons and Persons*, 319-320.

11 *Seinfeld*, temporada 5, capítulo 7, «The Glasses», escrito por T. Gammill y M. Pross, producido por J. Seinfeld, P. Melmanand, M. Gross y S. Greenberg, dirigido por T. Cherones, transmitido el 30 de septiembre de 1993 en NBC.

12 E. Pronin y L. Ross, «Temporal Differences in Trait Self-Ascription: When the Self Is Seen as an Other», *Journal of Personality*

and Social Psychology 90, núm. 2 (2006): 197-209. En el estudio original que he descrito, había otras tres condiciones, donde los participantes se imaginaban una comida de un pasado muy lejano (de su infancia), de ayer o del futuro. Para las imágenes de ayer y del futuro era extremadamente posible que se usara una perspectiva en primera persona. Pero, al igual que para el futuro lejano, era más probable que para las imágenes del pasado lejano se adoptara la perspectiva en tercera persona. También debería precisar que este estudio en particular contenía una muestra pequeña de personas (unas veinte por condición). Sin embargo, hay otros seis estudios en este documento que muestran pruebas convergentes de la idea de que vemos a nuestro yo del futuro como «otra persona», en la mayoría de los cuales se utilizaron muestras más grandes.

13 E. Pronin, C. Y. Olivola y K. A. Kennedy, «Doing unto Future Selves as You Would Do unto Others: Psychological Distance and Decision Making», *Personality and Social Psychology Bulletin* 34, núm. 2 (2008): 224-236.

14 Otras investigaciones también han encontrado, indirectamente, que vemos a nuestro yo del futuro como otro individuo. Cuando describimos personas, podemos usar categorías muy amplias (por ejemplo, mujer, negra) u otras más concretas y específicas (por ejemplo, mujer ejecutiva en General Motors, una activista negra a la vanguardia del movimiento Black Lives Matter). Cuando hablamos sobre nuestro yo del futuro tendemos a usar categorías más abstractas, del mismo modo que lo hacemos cuando hablamos de otras personas, pero para referirnos a nuestro yo del presente es más probable que usemos categorías específicas. C. J. Wakslak, S. Nussbaum, N. Liberman y Y. Trope, «Representations of the Self in the Near and Distant Future», *Journal of Personality and Social Psychology* 95, núm. 4 (2008): 757-773.

15 W. M. Kelley, C. N. Macrae, C. L. Wyland, S. Caglar, S. Inati y T. F. Heatherton, «Finding the Self? An Event-Related fMRI Study», *Journal of Cognitive Neuroscience* 14, núm. 5 (2002): 785-794.

16 H. Ersner Hershfield, G. E. Wimmer y B. Knutson, «Saving for the Future Self: Neural Measures of Future Self-Continuity Predict Temporal Discounting», *Social Cognitive and Affective Neuroscience* 4, núm. 1 (2009): 85-92.

17 Véase, por ejemplo, K. M. Lempert, M. E. Speer, M. R. Delgado y E. A. Phelps, «Positive Autobiographical Memory Retrieval Reduces Temporal Discounting», *Social Cognitive and Affective Neuroscience* 12, núm. 10 (2017): 1584-1593 y J. P. Mitchell, J. Schirmer, D. L. Ames y D. T. Gilbert, «Medial Prefrontal Cortex Predicts Intertemporal Choice», *Journal of Cognitive Neuroscience* 23, núm. 4 (2011): 857-866.

18 L. L. Carpenter, P. G. Janicak, S. T. Aaronson *et al.*, «Transcranial Magnetic Stimulation (TMS) for Major Depression: A Multisite, Naturalistic, Observational Study of Acute Treatment Outcomes in Clinical Practice», *Depression and Anxiety* 29, núm. 7 (2012): 587-596.

19 A. Soutschek, C. C. Ruff, T. Strombach, T. Kalenscher y P. N. Tobler, «Brain Stimulation Reveals Crucial Role of Overcoming Self-Centeredness in Self-Control», *Science Advances* 2, núm. 10 (2016): e1600992.

20 S. Brietzke y M. L. Meyer, «Temporal Self-Compression: Behavioral and Neural Evidence That Past and Future Selves Are Compressed as They Move Away from the Present», *Proceedings of the National Academy of Sciences* 118, no. 49 (2021): e2101403118.

21 En la revisión más directa de esta analogía, Sarah Molouki y Daniel Bartels les pidieron a los participantes en la investigación que distribuyeran una suma hipotética de dinero entre otros o entre su yo de diferentes etapas del futuro. ¿Trataron a los yoes

del futuro como a otros? Significativamente sí. Cuatro factores dictaron las decisiones sobre la distribución del dinero: cuánto lo necesitaban, cuánto lo merecían, cuánto les agradaban las otras personas y qué tan parecidas eran a ellos. Estos cuatro factores influyeron de forma similar sin importar si distribuyeron el dinero entre sus yo futuros o entre otras personas. Aun así, la gente decidió consistentemente donar más dinero a su yo del futuro en lugar de a otros, lo que sugiere que la analogía del «futuro yo como otra persona» solo llega hasta cierto punto. Es verdad, el yo del futuro puede ser tratado como un extraño, pero probablemente se trata de un extraño especial, alguien que estamos dispuestos a ayudar. S. Molouki y D. M. Bartels, «Are Future Selves Treated Like Others? Comparing Determinants and Levels of Intrapersonal and Interpersonal Allocations», *Cognition* 196 (2020): 104150.

22 Esta perspectiva la expresó muy elocuentemente la filósofa Jennifer Whiting. Respecto a que muchas veces hacemos sacrificios por otros que consideramos cercanos: «lo mismo sucede con nuestro yo de diferentes etapas del futuro; los beneficios que ellos reciban pueden compensar la carga que le imponemos a nuestro actual yo si nuestro yo del presente se preocupa por ellos del mismo modo en que nos preocupamos por nuestros amigos». J. Whiting, «Friends and Future Selves», *Philosophical Review* 95, núm. 4 (1986): 547-580; pp. 560.

Capítulo 3. Las relaciones con nuestro yo del futuro

1 B. Franklin, *Mr. Franklin: A Selection from His Personal Letters*, ed. L. W. Labree y J. B. Whitfield Jr. (New Haven, CT: Yale University Press, 1956), 27-29.

2 B. M. Tausen, A. Csordas y C. N. Macrae, «The Mental Landscape of Imagining Life Beyond the Current Life Span: Implications for Construal and Self-Continuity», *Innovation in Aging* 4, núm. 3 (2020): 1-16.

3 En una escala de siete puntos en el que 1 representaba «No me gusta para nada mi yo del futuro», y 7, «Me encanta mi yo del futuro», el promedio de respuestas fue de 6 puntos.

4 UC Berkeley, «The Science of Love with Arthur Aron», 12 de febrero de 2015, YouTube video, 3:17, youtube.com/watch?v=gVff7TjzF3A.

5 A. Aron, E. Melinat, E. N. Aron, R. D. Vallone y R. J. Bator, «The Experimental Generation of Interpersonal Closeness: A Procedure and Some Preliminary Findings», *Personality and Social Psychology Bulletin* 23, núm. 4 (1997): 363-377.

6 A. Aron, E. N. Aron, M. Tudor y G. Nelson, «Close Relationships as Including Other in the Self», *Journal of Personality and Social Psychology* 60, núm. 2 (1991): 241-253. Otros investigadores también han hablado de la «autoexpansión» en diferentes contextos, como H. L. Friedman, «The Self-Expansive Level Form: A Conceptualization and Measurement of a Transpersonal Construct», *Journal of Transpersonal Psychology* 15, núm. 1 (1983): 37-50.

7 A. Aron, E. N. Aron y D. Smollan, «Inclusion of Other in the Self Scale and the Structure of Interpersonal Closeness», *Journal of Personality and Social Psychology* 63, núm. 4 (1992): 596-612.

8 H. Ersner Hershfield, M. T. Garton, K. Ballard, G. R. Samanez-Larkin y B. Knutson, «Don't Stop Thinking About Tomorrow: Individual Differences in Future Self Continuity Account for Saving», *Judgment and Decision Making* 4, núm. 4 (2009): 280-286. En particular, algunos trabajos anteriores también analizaron el vínculo entre las similitudes con los yoes de diferentes etapas del futuro y el comportamiento en una tarea asignada en el laboratorio sobre tomar decisiones financieras, pero no encontraron ninguna relación. En ese artículo, el investigador Shane Frederick les pidió a los participantes que reportaran las similitudes que consideraran tener con su yo del futuro en una escala de cien puntos. Y en lugar de pedirles que tomaran decisiones

financieras simples entre recibir pequeñas cantidades de dinero en el momento en comparación con recibir más dinero más tarde, Frederick les pidió que le dijeran cuánto dinero necesitarían en uno, cinco, diez, veinte, treinta o cuarenta años, de tal manera que les pudiera resultar indiferente recibir cien dólares mañana. Es posible que cualquiera de las dos tareas (la medida de similitud o el cuestionamiento financiero) resultaran demasiado abstractas para los participantes, lo que dificultó la obtención de resultados significativos. S. Frederick, «Time Preference and Personal Identity», en *Time and Decision,* ed. G. Loewenstein, D. Read y R. Baumeister (Nueva York: Russell Sage Press, 2003), 89-113. Además, en la misma época en la que yo estaba trabajando esta investigación con mis colaboradores, Dan Bartels también estaba investigando de manera independiente los vínculos entre la conexión con el yo del futuro y la toma de decisiones. En una rigurosa serie de estudios, les pidió a los participantes que juzgaran los diferentes niveles de conexión de otras personas con sus yoes actuales y los del futuro. Mientras más conexión con ellos percibían, más paciencia tenían a la hora de tomar decisiones financieras para esas personas. D. M. Bartels y L. J. Rips, «Psychological Connectedness and Intertemporal Choice», *Journal of Experimental Psychology: General* 139, núm. 1 (2010): 49-69.

9 D. Byrne, «Interpersonal Attraction and Attitude Similarity», *Journal of Abnormal and Social Psychology* 62, núm. 3 (1961): 713-715.

10 El marco de tiempo para la escala de círculos de los yoes del futuro era a diez años. Sin embargo, la escala temporal para las decisiones financieras oscilaba entre esa noche y dentro de seis meses. Podría parecer extraño tener periodos tan diferentes para ambas tareas, pero es importante recalcar que si hubiéramos escogido una escala de los yoes del futuro más corta, nos podríamos haber encontrado con lo que conocemos como «efecto techo», en

el que todos los participantes habrían escogido puntajes muy altos. O en su defecto, si hubiéramos elegido una tarea financiera donde los resultados no ocurrieran por otros diez años, nos hubiéramos encontrado con el «efecto suelo», donde todos habrían optado por la recompensa que aunque fuera más pequeña se les entregaría más rápido.

11 B. Jones y H. Rachlin, «Social Discounting», *Psychological Science* 17, núm. 4 (2006): 283-286.

12 Solo para darnos una idea de los números: el bienestar financiero de los *millennial* que ganan alrededor de 60 000 dólares al año y tienen una conexión fuerte con su yo del futuro se diferencia en alrededor de 10% del de aquellos que no la tienen. En el caso del bienestar financiero de los *boomer* que ganan alrededor de 100 000 y tienen una conexión fuerte con su yo del futuro, la diferencia con aquellos que no tienen esa fuerte conexión es de alrededor de 7%… y esto también es aplicable para todos los que se encuentran en el medio. H. E. Hershfield, S. Kerbel y D. Zimmerman, «Exploring the Distribution and Correlates of Future Self-Continuity in a Large, Nationally Representative Sample» (documento de trabajo de la UCLA, julio de 2022).

13 Nuestros resultados fueron mayores incluso tomando en cuenta las características de personalidad, como la tendencia a planificar y la inclinación a considerar las consecuencias a futuro de las decisiones que toma en su vida cotidiana. Sin embargo, este estudio en particular no midió las variables clásicas de personalidad, como la extroversión, el neuroticismo, la apertura a nuevas experiencias, la simpatía y la conciencia. En otros trabajos, Dan Bartels y Oleg Urminsky descubrieron que los vínculos entre la conexión con el yo del futuro y el comportamiento del paciente siguen siendo válidos frente a las «cinco grandes» variables. Véase D. M. Bartels y O. Urminsky, «On Intertemporal Selfishness: How the Perceived Instability of Identity Underlies Impatient

Consumption», *Journal of Consumer Research* 38, núm. 1 (2011): 182-198.

14 J. P. Mitchell, C. N. Macrae y M. R. Banaji, «Dissociable Medial Prefrontal Contributions to Judgments of Similar and Dissimilar Others», *Neuron* 50, núm. 4 (2006): 655-663.

15 Algo que recalcar: casi todos los participantes en nuestra investigación, a excepción de dos, regresaron al laboratorio para participar en la tarea sobre decisiones financieras. Quienes no volvieron resultaron ser los mismos con mayor diferencia de actividad cerebral en cuanto a los pensamientos sobre el actual yo y el del futuro. H. Ersner-Hershfield, G. E. Wimmer y B. Knutson, «Saving for the Future Self: Neural Measures of Future Self-Continuity Predict Temporal Discounting», *Social Cognitive and Affective Neuroscience* 4, núm. 1 (2009): 85-92.

16 Para el vínculo entre las relaciones con los yoes de diferentes etapas del futuro y las decisiones éticas, véase H. E. Hershfield, T. R. Cohen y L. Thompson, «Short Horizons and Tempting Situations: Lack of Continuity to Our Future Selves Leads to Unethical Decision Making and Behavior», *Organizational Behavior and Human Decision Processes* 117, núm. 2 (2012): 298-310. Para la relación entre ejercicio y salud, véase A. M. Rutchick, M. L. Slepian, M. O. Reyes, L. N. Pleskus y H. E. Hershfield, «Future Self-Continuity Is Associated with Improved Health and Increases Exercise Behavior», *Journal of Experimental Psychology*: Aplicado 24, núm. 1 (2018): 72-80. Para la relación con el promedio general de bachillerato, véase R. M. Adelman, S. D. Herrmann, J. E. Bodford *et al.*, «Feeling Closer to the Future Self and Doing Better: Temporal Psychological Mechanisms Underlying Academic Performance», *Journal of Personality* 85, núm. 3 (2017): 398-408; y para el promedio general de universidad véase M. T. Bixter, S. L. McMichael, C. J. Bunker *et al.*, «A Test of a Triadic Conceptualization of Future Self-Identification», *PLOS One* 15, núm. 11 (2020): e0242504.

17 A lo largo de los años, diferentes investigadores han trazado diversas maneras de medir y definir la relación que la gente tiene con su yo del futuro. Por ejemplo, en mi propia investigación con mis alumnos y colaboradores me he concentrado principalmente en las percepciones de similitud con un yo del futuro por una razón que ya antes expuse: cuando compartimos una sensación de similitud con alguien, la probabilidad de que nos agrade (y de que, presuntamente, nos motive a hacer cosas por ella) es mucho más alta. También he medido un constructo relacionado: «conectividad», o una sensación de conexión que las personas sienten con su yo del futuro. Hay diferencias teóricas entre similitud y conectividad, pero en la práctica, producen resultados similares cuando se analiza el vínculo entre las relaciones con el yo del futuro e importantes resultados (como la decisión de ahorrar). Recientemente, un grupo de investigadores ha intentado definir con mayor precisión la relación con el yo del futuro utilizando el término «autoidentificación futura», que se compone de similitud y conexión, facilidad para imaginar vívidamente el yo del futuro y actitud positiva hacia este. El resultado más concreto que examinaron los investigadores —el promedio universitario— estaba relacionado positivamente con la similitud y la conectividad, pero no con la vivacidad y la positividad (Bixter *et al.*, «A Test of a Triadic Conceptualization»). Puede haber vínculos importantes entre lo parecido que me siento a mi yo del futuro, mi actitud positiva en relación con él y lo vívido que puedo imaginarme a ese yo. Sin embargo, aquí me estoy centrando en la similitud (y la conexión) en la medida en que esos dos aspectos de las relaciones con mi yo del futuro al parecer han sido los más comúnmente probados y los más fáciles de comprender. Para una descripción más completa de estos aspectos y la conexión entre ellos, véase H. E. Hershfield, «Future Self-Continuity: How Conceptions of the Future Self Transform Intertemporal

Choice», *Annals of the New York Academy of Sciences* 1235, núm. 1 (2011): 30-43, y O. Urminsky, «The Role of Psychological Connectedness to the Future Self in Decisions over Time», *Current Directions in Psychological Science* 26, núm. 1 (2017): 34-39.

18 Estos resultados seguían siendo contundentes incluso si se tenían en cuenta los niveles iniciales de satisfacción vital en 1995, así como los factores demográficos estándar y el estatus socioeconómico. J. S. Reiff, H. E. Hershfield y J. Quoidbach, «Identity over Time: Perceived Similarity Between Selves Predicts Well-Being 10 Years Later», *Social Psychological and Personality Science* 11, núm. 2 (2020): 160-167. Para un resumen accesible de este trabajo y el conjunto intrigante de preguntas que plantea, véase J. Ducharme, «Self-Improvement Might Sound Healthy, but There's a Downside to Wanting to Change», *Time*, 3 de mayo de 2019, time.com/5581864/self-improvement-happiness/.

19 S. Molouki y D. M. Bartels, «Personal Change and the Continuity of the Self», *Cognitive Psychology* 93 (2017): 1-17.

20 Técnicamente, también se necesitaría un tercer grupo que funja como «control», al que solo se le haría un seguimiento a lo largo del tiempo sin ningún tipo de intervención. Sin embargo, para que el ejemplo en el texto sea más fácil de entender, limitaremos nuestro científico loco a dos grupos de personas.

21 Véase J. L. Rutt y C. E. Löckenhoff, «From Past to Future: Temporal Self-Continuity Across the Life Span», *Psychology and Aging* 31, núm. 6 (2016): 631-639; y C. E. Löckenhoff y J. L. Rutt, «Age Differences in Self-Continuity: Converging Evidence and Directions for Future Research», *Gerontologist* 57, núm. 3 (2017): 396-408.

22 E. Rude, J. S. Reiff y H. E. Hershfield, «Life Shocks and Perceptions of Continuity» (documento de trabajo UCLA, julio de 2022).

23 Bartels y Urminsky, «On Intertemporal Selfishness».

24 V. S. Periyakoil, E. Neri y H. Kraemer, «A Randomized Controlled Trial Comparing the Letter Project Advance Directive to Traditional Advance Directive», *Journal of Palliative Medicine* 20, núm. 9 (2017): 954-965.

25 A. A. Wright, B. Zhang, A. Ray *et al.*, «Associations Between End-of-Life Discussions, Patient Mental Health, Medical Care Near Death, and Caregiver Bereavement Adjustment», *Journal of the American Medical Association* 300, núm. 14 (2008): 1665-1673.

26 D. Parfit, *Reasons and Persons* (Oxford: Oxford University Press, 1984), 281-282.

Capítulo 4. Perder el vuelo

1 Este ejemplo del billete de lotería está adaptado de un ejemplo que Madden y Johnson mencionan en su revisión sobre el descuento temporal y su relación con la impulsividad. G. J. Madden y P. S. Johnson, «A Delay-Discounting Primer», en *Impulsivity: The Behavioral and Neurological Science of Discounting*, ed. G. J. Madden y W. K. Bickel (Washington, DC: American Psychological Association, 2010), 11-37.

2 En concreto, los economistas y psicólogos se refieren a esta tendencia como «descuento temporal». Existe una vasta bibliografía que trata de caracterizar mejor la naturaleza de ese descuento, no solo por razones académicas, sino para que podamos predecir mejor cómo se comportará la gente cuando se enfrente a distintas opciones en su vida, a lo largo de distintos periodos. Por poner el ejemplo del que hablo, es posible que a partir de este momento vayas necesitando cada vez menos dinero si la recompensa mayor se sitúa cada vez más lejos en el tiempo. Es decir, si te dieran los mil dólares, digamos, dentro de un año en lugar de dentro de seis meses, entonces quizá estarías a gusto con 950 dólares (en lugar de 990 dólares) en este momento. Este tipo de comportamiento adopta la forma de lo que se conoce

como «descuento exponencial», y la idea es que devaluarías una recompensa posterior a un ritmo constante cuanto más lejos en el futuro se te entregara. Se podría escribir un libro entero sobre las distintas formas de descuento y todas las investigaciones que se han llevado a cabo en los últimos cincuenta años sobre este tema, no solo con personas, sino también con otras especies, como las palomas. En este capítulo trato de abarcar las ideas clave más relacionadas con nuestro debate sobre el presente y el futuro del yo, y al hacerlo necesariamente dejo fuera algunas de las complejidades que han sido descubiertas por un gran número de investigadores especializados. Si deseas leer más al respecto, aquí encontrarás un resumen breve y accesible del «comportamiento intertemporal»: G. Zauberman y O. Urminsky, «Consumer Intertemporal Preferences», *Current Opinion in Psychology* 10 (agosto de 2016): 136-141.

3 Josh Eels, «Night Club Royale», *The New Yorker*, 23 de septiembre de 2013, newyorker.com/magazine/2013/09/30/night-club-royale.

4 En términos más técnicos, el descuento hiperbólico, a diferencia del descuento exponencial, implica que las personas descuentan las recompensas futuras a un ritmo mayor cuando el tiempo que transcurre entre dos recompensas es menor (es decir, cuando la más pequeña de las dos recompensas está disponible de manera más inmediata, como explico en el texto). Las tasas de descuento, sin embargo, se vuelven más superficiales (es decir, el futuro no se descuenta tanto) cuando hay un retraso entre las entregas de dos recompensas disponibles. Los modelos de descuento hiperbólico se remontan a R. H. Strotz, «Myopia and Inconsistency in Dynamic Utility Maximization», Review of Economic Studies 23, núm. 3 (1955): 165-180.

5 Este estudio en concreto contó con un número reducido de participantes, pero lo destaco aquí porque representa uno de los

paradigmas de investigación más sencillos utilizados para examinar el descuento hiperbólico. (K. N. Kirby y R. J. Herrnstein, «Preference Reversals Due to Myopic Discounting of Delayed Reward», *Psychological Science* 6, núm. 2 [1995]: 83-89). En otro estudio, cuando la recompensa más pequeña estaba disponible en 22 semanas, un poco más de la tercera parte de los participantes la escogió por encima de la recompensa grande. Sin embargo, cuando la misma recompensa pequeña estuvo disponible inmediatamente, cuatro de cinco participantes la escogieron en vez de la grande. (G. Keren y P. Roelofsma, «Immediacy and Certainty in Intertemporal Choice», *Organizational Behavior and Human Decision Processes* 63, núm. 3 [1995]: 287-297).

6 D. Read y B. Van Leeuwen, «Predicting Hunger: The Effects of Appetite and Delay on Choice», *Organizational Behavior and Human Decision Processes* 76, núm. 2 (1998): 189-205.

7 Es importante remarcar que, a pesar del atractivo intuitivo del concepto de descuento hiperbólico, esto es algo que ha sido relativamente difícil de precisar en un laboratorio. En una de las rigurosas pruebas de la idea, los participantes en la investigación no solo tuvieron que considerar las recompensas con demoras cortas y largas; en realidad también tuvieron que tomar decisiones en un momento dado y luego en otro, en lo que se conoce como una prueba longitudinal. En concreto, se les preguntó a los participantes si preferían recibir una cantidad de dinero al día siguiente o recibir una cantidad mayor al cabo de una semana (por ejemplo, veinte dólares en una semana o 21 dólares en dos semanas). A la semana siguiente se les volvió a dar una serie de opciones que coincidían con lo que habían elegido la semana anterior. Por ejemplo, se les pedía que eligieran entre veinte dólares que podían conseguir al día siguiente y 21 dólares que recibirían en una semana. En esta prueba de descuento hiperbólico, los investigadores no encontraron pruebas de cambios de prefe-

rencias. (D. Read, S. Frederick y M. Airoldi, «Four Days Later in Cincinnati: Longitudinal Tests of Hyperbolic Discounting», *Acta Psychologica* 140, núm. 2 [2012]: 177-185). La importante conclusión a la que se llegó con esta investigación es que puede ser que no *siempre* veamos que la gente invierte sus preferencias cuando hay recompensas más pequeñas disponibles. Y a veces, como se explica en el capítulo 9, puede haber casos en los que las personas muestren una preferencia excesiva por recompensas mayores y más tardías, de forma que se producen resultados menos óptimos.

8 J. M. Rung y G. J. Madden, «Experimental Reductions of Delay Discounting and Impulsive Choice: A Systematic Review and Meta-Analysis», *Journal of Experimental Psychology: General* 147, núm. 9 (2018): 1349-1381.

9 L. Green, E. B. Fisher, S. Perlow y L. Sherman, «Preference Reversal and Self Control: Choice as a Function of Reward Amount and Delay», *Behaviour Analysis Letters* 1, núm. 1 (1981): 43-51.

10 Para una revisión de las similitudes y diferencias en el comportamiento de descuento entre humanos, ratas y palomas, véase A. Vanderveldt, L. Oliveira y L. Green, «Delay Discounting: Pigeon, Rat, Human—Does It Matter?», *Journal of Experimental Psychology: Animal Learning and Cognition* 42, núm. 2 (2016): 141-162.

11 F. C. Conybeare, J. R. Harris y A. S. Lewis, *The Story of Ahikar from the Syriac, Arabic, Armenian, Ethiopic, Greek and Slavonic Versions* (Londres: C. J. Clay and Sons, 1898), 6.

12 John Monterosso, un profesor de neurociencia en la Universidad del Sur de California y experto en el estudio de las adicciones y el autocontrol, me señaló que, en cierta medida, hay algunos casos cuando es «racional» optar rápidamente por la apuesta segura en el ahora. Cambiar preferencias para optar por una recompensa más pequeña pero inmediata demuestra flexibilidad, lo que puede

haber sido —y sigue siendo— una característica adaptativa para muchas especies.

13 Esta es la advertencia —la de que el descuento hiperbólico es determinado por causas múltiples— que Zauberman y Urminsky («Consumer Intertemporal Preferences») hacen en su estudio. Es un punto que creo es particularmente importante considerar: así como no hay explicaciones fáciles para aquellas conductas que consideramos inaceptables, tampoco hay soluciones fáciles. Esto tiene un lado bueno, y es que el hecho de que haya múltiples explicaciones posibles da pie a múltiples formas posibles de intervenir (un punto al que regreso en la sección final del libro).

14 E. W. Dunn, D. T. Gilbert y T. D. Wilson, «If Money Doesn't Make You Happy, Then You Probably Aren't Spending It Right», *Journal of Consumer Psychology* 21, núm. 2 (2011): 115-125; cita, 121.

15 G. Loewenstein, «Out of Control: Visceral Influences on Behavior», *Organizational Behavior and Human Decision Processes* 65, núm. 3 (1996): 272-292.

16 Para una discusión más detallada sobre estos sistemas, véase S. M. McClure, D. I. Laibson, G. Loewenstein y J. D. Cohen, «Separate Neural Systems Value Immediate and Delayed Monetary Rewards», *Science* 306, núm. 5695 (2004): 503-507.

17 F. Lhermitte, «Human Autonomy and the Frontal Lobes. Part II: Patient Behavior in Complex and Social Situations: The "Environmental Dependency Syndrome"», *Annals of Neurology* 19, núm. 4 (1986): 335-343. (Originalmente encontré este artículo mientras veía las conferencias de Samuel McClure, un profesor de psicología en la Arizona State University).

18 B. Shiv y A. Fedorikhin, «Heart and Mind in Conflict: The Interplay of Affect and Cognition in Consumer Decision Making», *Journal of Consumer Research* 26, núm. 3 (1999): 278-292.

19 Entre estas líneas, investigaciones recientes han descubierto que la mera presencia del teléfono puede reducir el disfrute de las

interacciones sociales. Los participantes de una investigación a los que se les pidió aleatoriamente que colocaran sus teléfonos delante de ellos (en lugar de guardarlos) declararon estar más distraídos y, por tanto, ser menos capaces de disfrutar plenamente de la interacción con un interlocutor social. R. J. Dwyer, K. Kushlev y E. W. Dunn, «Smartphone Use Undermines Enjoyment of Face-to-Face Social Interactions», *Journal of Experimental Social Psychology* 78 (2018): 233-239.

20 S. Mirsky, «Einstein's Hot Time», *Scientific American* 287, núm. 3 (2002): 102.

21 G. Zauberman, B. K. Kim, S. A. Malkoc y J. R. Bettman, «Discounting Time and Time Discounting: Subjective Time Perception and Intertemporal Preferences», *Journal of Marketing Research* 46, núm. 4 (2009): 543-556.

22 A. Alter, «Quirks in Time Perception», *Psychology Today*, 13 de abril de 2010, psychologytoday.com /us/blog/alternative-truths /201004/quirks-in-time-perception.

23 B. K. Kim y G. Zauberman, «Perception of Anticipatory Time in Temporal Discounting», *Journal of Neuroscience, Psychology, and Economics* 2, núm. 2 (2009): 91-101.

24 En el capítulo anterior mencioné una investigación que se concentraba en los yoes del futuro que existían dentro de tres meses. Se trata, en efecto, de un período relevante para hablar de los yoes del futuro. Sin embargo, cuando hablamos del presente, la idea clave puede ser que hay varias maneras de definir ese periodo. En mi investigación con Sam Maglio, mantuvimos deliberadamente un tono neutro y abierto al pedirles a los participantes que nos hablaran del presente «en general». Pero, como mencioné en la introducción del libro, cuando estamos buscando planes a largo plazo, puede haber múltiples periodos en el presente (que albergan a nuestro yo actual) que alimenten múltiples futuros (que alberguen a nuestro yo del futuro). Lo más importante es el

contexto específico de la toma de decisiones en el que te encuentras, y los varios presentes y futuros que van de acuerdo con él. Para conocer más detrás de las cuestiones sobre cuándo termina el presente, véase H. E. Hershfield y S. J. Maglio, «When Does the Present End and the Future Begin?», *Journal of Experimental Psychology: General* 149, núm. 4 (2020): 701-718; y S. J. Maglio y H. E. Hershfield, «Pleas for Patience from the Cumulative Future Self», *Behavioral and Brain Sciences* 44 (2021): 38-39.

Capítulo 5. Mala planificación del viaje

1 J. M'Diarmid, ed., *The Scrap Book: A Collection of Amusing and Striking Pieces, in Prose and Verse: With an Introduction, and Occasional Remarks and Contributions* (Londres: Oliver & Boyd, Tweeddale-Court y G. & W. B. Whittaker, 1825.

2 Esta anécdota jamás ha sido verificada oficialmente. Como dijo un historiador, de todas las leyendas sobre *Don Giovanni*, esta es la más perdurable «quizá porque cabe la posibilidad de que sea cierta». J. Rushton, *W. A. Mozart: Don Giovanni* (Cambridge: Cambridge University Press, 1981), 3. Véase también M. Solomon, *Mozart: A Life* (Nueva York: HarperCollins, 1995). Gracias a Jane Bernstein por mostrarme esta obra.

3 J. R. Ferrari, J. O'Callaghan y I. Newbegin, «Prevalence of Procrastination in the United States, United Kingdom, and Australia: Arousal and Avoidance Delays Among Adults», *North American Journal of Psychology* 7, núm. 1 (2005): 1-6.

4 Esta estadística viene de una encuesta informal que realizó el investigador Tim Pychyl en su sitio web.

5 F. Sirois y T. Pychyl, «Procrastination and the Priority of Short-Term Mood Regulation: Consequences for Future Self», *Social and Personality Psychology Compass* 7, núm. 2 (2013): 115-127.

6 La procrastinación está asociada con el aplazar una serie de citas, incluyendo aquellas relacionadas con la medicina (F. M. Sirois, M.

L. Melia-Gordon y T. A. Pychyl, «"I'll Look After My Health, Later": An Investigation of Procrastination and Health», *Personality and Individual Differences* 35, núm. 5 [2003]: 1167-1184), cuidado dental (F. M. Sirois, «"I'll Look After My Health, Later": A Replication and Extension of the Procrastination-Health Model with Community-Dwelling Adults», *Personality and Individual Differences* 43, núm. 1 [2007]: 15-26), y salud mental (R. Stead, M. J. Shanahan y R. W. Neufeld, «"I'll Go to Therapy, Eventually": Procrastination, Stress and Mental Health», *Personality and Individual Differences* 49, núm. 3 [2010]: 175-180).

7 C. Lieberman, «Why You Procrastinate (It Has Nothing to Do with Self-Control)», *The New York Times*, 25 de marzo de 2019, nytimes.com/2019/03/25/smarter-living/why-you-procrastinate-it-has-nothing-to-do-with-self-control.html.

8 Blouin-Hudon y Pychyl se centraron además en los estados emocionales positivos y negativos. Su trabajo fue correlacional. Dado que aún se están realizando más investigaciones en este campo, he decidido centrarme en las conclusiones principales: en pocas palabras, los que pueden imaginar el futuro de forma vívida procrastinan menos, y los que sienten una conexión con su yo del futuro también procrastinan menos. E. M. C. Blouin-Hudon y T. A. Pychyl, «Experiencing the Temporally Extended Self: Initial Support for the Role of Affective States, Vivid Mental Imagery, and Future Self-Continuity in the Prediction of Academic Procrastination», *Personality and Individual Differences* 86 (noviembre de 2015): 50-56.

9 Es importante señalar que no se trataba simplemente de que los estudiantes que sacaban mejores calificaciones en el primer examen fueran los que se perdonaban con mayor facilidad por procrastinar. M. J. Wohl, T. A. Pychyl y S. H. Bennett, «I Forgive Myself, Now I Can Study: How Self-Forgiveness for Procrastinating Can Reduce Future Procrastination», *Personality and Individual*

Differences 48, núm. 7 (2010): 803-808. Otras investigaciones también se han enfocado en la relación entre el autoperdón y la procrastinación (por ejemplo, L. Martinčeková y R. D. Enright, «The Effects of Self-Forgiveness and Shame-Proneness on Procrastination: Exploring the Mediating Role of Affect», *Current Psychology* 39, núm. 2 [2020]: 428-437). Aunque enseñar a alguien a perdonarse a sí mismo parece sencillo —lo que se ha demostrado éxitosamente con otros comportamientos problemáticos como las apuestas— no hay estudios de investigación bien controlados que hayan analizado el impacto de enseñar a las personas a perdonarse y el comportamiento posterior de procrastinación.

10 M. J. Wohl y K. J. McLaughlin, «Self-Forgiveness: The Good, the Bad, and the Ugly», *Social and Personality Psychology Compass* 8, núm. 8 (2014): 422-435.

11 K. S. Kassam, D. T. Gilbert, A. Boston y T. D. Wilson, «Future Anhedonia and Time Discounting», *Journal of Experimental Social Psychology* 44, núm. 6 (2008): 1533-1537. Una de las razones por las que posponemos las cosas para el día de mañana —o «planeamos mal nuestros viajes»— es porque subestimamos la fuerza de nuestras futuras emociones. Pero es importante tener esto en cuenta: no siempre subestimamos nuestras futuras emociones, de hecho, hay veces en que podríamos pensar que nuestras futuras reacciones emocionales serán más intensas de lo que acaban siendo (por ejemplo, una posible ruptura puede parecer peor de lo que en realidad resulta ser). P. W. Eastwick, E. J. Finkel, T. Krishnamurti y G. Loewenstein, «Mispredicting Distress Following Romantic Breakup: Revealing the Time Course of the Affective Forecasting Error», *Journal of Experimental Social Psychology* 44, núm. 23 [2008]: 800-807.

12 Después de predecir cuánto disfrutarían de la cita, todas las mujeres recibieron la parte de información que aún no habían recibido

(es decir, las mujeres que acababan de recibir el perfil de citas del hombre recibieron el informe sustitutivo, y las mujeres que acababan de recibir el informe sustitutivo recibieron el perfil de citas del hombre). De este modo, todas las mujeres acudían a la cita con la misma información.

13 D. T. Gilbert, M. A. Killings-Worth, R. N. Eyre y T. D. Wilson, «The Surprising Power of Neighborly Advice», *Science* 323, núm. 5921 (2009): 1617-1619.

14 F. de La Rochefoucauld, *Collected Maxims and Other Reflections* (Oxford: Oxford University Press, 2007).

15 P. Khambatta, S. Mariadassou y S. C. Wheeler, «Computers Can Predict What Makes People Better Off Even More Accurately Than They Can Themselves» (documento de trabajo de la UCLA, 2021).

16 D. Wallace, *Yes Man* (Nueva York: Simon & Schuster, 2005).

17 G. Zauberman y J. G. Lynch Jr., «Resource Slack and Propensity to Discount Delayed Investments of Time Versus Money», *Journal of Experimental Psychology: General* 134, núm. 1 (2005): 23-37. En el artículo original, Zauberman y Lynch muestran que esta tendencia a percibir más «holgura» —es decir, más excedente de un recurso dado— en el futuro es más fuerte para el tiempo que para el dinero. La gente sigue mostrando el efecto de «holgura» para el dinero en el sentido de que piensan que tendrán más dinero disponible en el futuro que ahora, pero no es un efecto tan grande como lo es para el tiempo. ¿Por qué? Es posible que seamos relativamente mejores a la hora de evaluar nuestras necesidades financieras. Desde ahora hasta algún momento en el futuro, nuestros compromisos financieros pueden ser relativamente similares (sabemos que el mes que viene tendremos que pagar las mismas facturas que ahora).

Capítulo 6. Empacar la ropa equivocada

1 J. Bote, «In 1998, These Men Got a Tattoo to Snag Free Tacos for Life. Here's What Happened After», *SF Gate*, 20 de septiembre de 2021, sfgate.com/food/article/casa-sanchez-tattoos-free-meal-promo-san-francisco-16465800.php.

2 L. Shannon-Missal, «Tattoo Takeover: Three in Ten Americans Have Tattoos, and Most Don't Stop at Just One», Harris Poll, febrero de 2016, prnewswire.com/news-releases/tattoo-takeover-three-in-ten-americans-have-tattoos-and-most-dont-stop-at-just-one-300217862.html. Esta encuesta se realizó a 2 225 adultos estadounidenses y, para evaluar el arrepentimiento, se preguntó a los encuestados si alguna vez se habían arrepentido de haberse hecho uno de sus tatuajes. Casi una cuarta parte (23%) dijo haberse arrepentido de alguno. Según otra encuesta, el porcentaje era menor (8%), pero la pregunta era si se arrepentían de todos los tatuajes en lugar de uno en concreto. (Ipsos, «More Americans Have Tattoos Today Than Seven Years Ago», comunicado de prensa, 2019, ipsos.com/sites/default/files/ct/news/documents/2019-08/tattoo-topline-2019-08-29-v2_0.pdf).

3 WantStats Research and Media, «Tattoo Removal Market», Market Research Future, 2021, marketresearchfuture.com/reports/tattoo-removal-market-1701.

4 R. Morlock, «Tattoo Prevalence, Perception and Regret in U.S. Adults: A 2017 Cross-Sectional Study», *Value in Health* 22 (2019): S778.

5 R. Partington, «Nobel Prize in Economics Due to Be Announced», *Guardian*, 9 de octubre de 2017, theguardian.com/world/2017/oct/09/nobel-economics-prize-due-to be-announced.

6 Loewenstein expuso por primera vez estas ideas en un artículo sobre los «factores viscerales» que mencioné brevemente en el capítulo 4. G. Loewenstein, «Out of Control: Visceral Influences

on Behavior», *Organizational Behavior and Human Decision Processes* 65, núm. 3 (1996): 272-292.

7 G. J. Badger, W. K. Bickel, L. A. Giordano, E. A. Jacobs, G. Loewenstein y L. Marsch, «Altered States: The Impact of Immediate Craving on the Valuation of Current and Future Opioids», *Journal of Health Economics* 26, núm. 5 (2007): 865-876.

8 G. Loewenstein, T. O'Donoghue y M. Rabin, «Projection Bias in Predicting Future Utility», *Quarterly Journal of Economics* 118, núm. 4 (2003): 1209-1248.

9 D. Read y B. Van Leeuwen, «Predicting Hunger: The Effects of Appetite and Delay on Choice», *Organizational Behavior and Human Decision Processes* 76, núm. 2 (1998): 189-205. También destaqué este estudio en el capítulo 4 porque, además de mostrar el impacto del hambre en la elección de alimentos, demuestra cómo las preferencias se pueden invertir con el tiempo.

10 M. R. Busse, D. G. Pope, J. C. Pope y J. Silva Risso, «The Psychological Effect of Weather on Car Purchases», *Quarterly Journal of Economics* 130, núm. 1 (2015): 371-414. Una versión anterior de este trabajo constató que los efectos descubiertos se extienden también al mercado de la vivienda: en verano las casas con piscina se venden por un 0.4% más en comparación con cuando salen a la venta en invierno.

11 J. Lee, «The Impact of a Mandatory Cooling-Off Period on Divorce», *Journal of Law and Economics* 56, núm. 1 (2013): 227-243.

12 K. Haggag, R. W. Patterson, N. G. Pope y A. Feudo, «Attribution Bias in Major Decisions: Evidence from the United States Military Academy», *Journal of Public Economics* 200 (agosto de 2021): 104445. Este trabajo añade un fallo a los demás trabajos sobre los sesgos de proyección. Cuando los estudiantes eligen una carrera, tienen que intentar recordar sus sentimientos sobre los cursos anteriores que han hecho en esa asignatura. En este

caso, los estudiantes recordaban la sensación de cansancio que sintieron en el pasado, la atribuían erróneamente a la asignatura y, a continuación, proyectaban hacia adelante los sentimientos que esperaban tener en el futuro. De este modo, Haggag y sus colegas demuestran una forma interesante de sesgo de proyección en la que el recuerdo de lo que sintió nuestro yo anterior tiene demasiado peso en las proyecciones sobre el futuro.

13 La investigación respalda sus afirmaciones. Para saber más sobre el impacto de una carrera universitaria en el bienestar personal, véase M. Wiswall y B. Zafar, «Determinants of College Major Choice: Identification Using an Information Experiment», *Review of Economic Studies* 82, núm. 2 (2015): 791-824. Como ejemplo del impacto de una carrera universitaria en los ingresos futuros, véase L. J. Kirkeboen, E. Leuven y M. Mogstad, «Field of Study, Earnings, and Self-selection», *Quarterly Journal of Economics* 131, núm. 3 (2016): 1057-1111.

14 M. Kaufmann, «Projection Bias in Effort Choices», *arXiv preprint arXiv:2104.04327*, 2021, arxiv.org/abs/2104.04327.

15 L. F. Nordgren, F. V. Harreveld y J. V. D. Pligt, «The Restraint Bias: How the Illusion of Self-Restraint Promotes Impulsive Behavior», *Psychological Science* 20, núm. 12 (2009): 1523-1528.

16 J. Quoidbach, D. T. Gilbert y T. D. Wilson, «The End of History Illusion», *Science* 339, núm. 6115 (2013): 96-98.

17 J. Quoidbach, D. T. Gilbert y T. D. Wilson, «Your Life Satisfaction Will Change More Than You Think: A Comment on Harris and Busseri (2019)», *Journal of Research in Personality* 86 (junio de 2020): 103937. Otras investigaciones respaldan esta conclusión: en un estudio sobre casi cuarenta mil brasileños, los investigadores descubrieron que los valores cambiaban de forma significativa a lo largo de la vida, desde los 12 hasta los 65 años. (V. V. Gouveia, K. C. Vione, T. L. Milfont y R. Fischer, «Patterns of Value Change During the Life Span: Some Evidence from a

Functional Approach to Values», *Personality and Social Psychology Bulletin* 41, núm. 9 [2015]: 1276-1290).

18 Quoidbach, Gilbert y Wilson, «The End of History Illusion», 98.

19 E. O'Brien y M. Kardas, «The Implicit Meaning of (My) Change», *Journal of Personality and Social Psychology* 111, núm. 6 (2016): 882-894.

29 Véase R. F. Baumeister, D. M. Tice y D. G. Hutton, «Self-Presentational Motivations and Personality Differences in Self-Esteem», *Journal of Personality* 57, núm. 3 (1989): 547-579; y R. F. Baumeister, J. D. Campbell, J. I. Krueger y K. D. Vohs, «Does High Self-Esteem Cause Better Performance, Interpersonal Success, Happiness, or Healthier Lifestyles?», *Psychological Science in the Public Interest* 4, núm. 1 (2003): 1-44.

21 S. Vazire y E. N. Carlson, «Self-Knowledge of Personality: Do People Know Themselves?», *Social and Personality Psychology Compass* 4, núm. 8 (2010): 605-620.

22 En una conversación que tuvimos, Quoidbach sugirió otra razón, una que descubrió recientemente en un proyecto que tiene en marcha: es posible que cuando pensamos en nosotros mismos desenvolviéndonos con el tiempo, podemos cambiar de dos formas distintas. Por ejemplo, podríamos convertirnos en alguien más consciente, o menos. Al no conocer la dirección del cambio y pensar en el futuro, podrías cancelar las dos probabilidades y reportar que no crees o anticipas ningún cambio, ni siquiera uno mínimo por lo menos.

23 G. G. Van Ryzin, «Evidence of an 'End of History Illusion' in the Work Motivations of Public Service Professionals», *Public Administration* 94, núm. 1 (2016): 263-275.

24 J. Mooallem, «One Man's Quest to Change the Way We Die», *The New York Times,* 3 de enero de 2017, nytimes.com/2017/01/03/magazine/one-mans-quest-to-change-the-way-we-die.html.

25 Véase, por ejemplo, B. J. Miller, «What Really Matters at the End of Life», grabado en marzo de 2015 en Vancouver, BC, TED video, 18:59, ted.com/talks/bj_miller_what_really_matters_at_the_end_of_life.
26 M. S. North y S. T. Fiske, «Modern Attitudes Toward Older Adults in the Aging World: A Cross-Cultural Meta-Analysis», *Psychological Bulletin* 141, núm. 5 (2015): 993-1021.
27 K. N. Yadav, N. B. Gabler, E. Cooney *et al.*, «Approximately One in Three US Adults Completes Any Type of Advance Directive for End-of-Life Care», *Health Affairs* 36, núm. 7 (2017): 1244-1251.
28 M. L. Slevin, H. Plant, D. A. Lynch, J. Drinkwater y W. M. Gregory, «Who Should Measure Quality of Life, the Doctor or the Patient?», *British Journal of Cancer* 57, núm. 1 (1988): 109-112.
29 D. J. Lamas, «When Faced with Death, People Often Change Their Minds», *The New York Times*, 3 de enero de 2022, nytimes.com/2022/01/03/opinion/advance-directives-death.html.

Capítulo 7. Acercando el futuro

1 P. Slovic, D. Västfjäll, A. Erlandsson y R. Gregory, «Iconic Photographs and the Ebb and Flow of Empathic Response to Humanitarian Disasters», *Proceedings of the National Academy of Sciences* 114, núm. 4 (2017): 640-644.
2 S. Slovic y P. Slovic, «The Arithmetic of Compassion», *The New York Times*, 4 de diciembre de 2015, nytimes.com/2015/12/06/opinion/the-arithmetic-of-compassion.html.
3 D. A. Small, «Sympathy Biases and Sympathy Appeals: Reducing Social Distance to Boost Charitable Contributions», en *Experimental Approaches to the Study of Charity*, ed. D. M. Oppenheimer y C. Y. Olivola (Nueva York: Taylor & Francis, 2011), 149-160.
4 D. A. Small y G. Loewenstein, «Helping a Victim or Helping the Victim: Altruism and Identifiability», *Journal of Risk and Uncer-*

tainty 26, núm. 1 (2003): 5-16. Véase también D. A. Small, «On the Psychology of the Identifiable Victim Effect», en *Identified Versus Statistical Lives: An Interdisciplinary Perspective*, ed. I. G. Cohen, N. Daniels y N. Eyal (Oxford: Oxford University Press, 2015), 13-16.

5 J. Galak, D. Small y A. T. Stephen, «Microfinance Decision Making: A Field Study of Prosocial Lending», *Journal of Marketing Research* 48, edición especial (2011): S130-S137.

6 A. Genevsky, D. Västfjäll, P. Slovic y B. Knutson, «Neural Underpinnings of the Identifiable Victim Effect: Affect Shifts Preferences for Giving», *Journal of Neuroscience* 33, núm. 43 (2013): 17188-17196.

7 B. Jones y H. Rachlin, «Social Discounting», *Psychological Science* 17, núm. 4 (2006): 283-286; T. Strombach, B. Weber, Z. Hangebrauk *et al.*, «Social Discounting Involves Modulation of Neural Value Signals by Temporoparietal Junction», *Proceedings of the National Academy of Sciences of the United States of America* 112, núm. 5 (2015): 1619-1624.

8 E. Hershfield, D. G. Goldstein, W. F. Sharpe *et al.*, «Increasing Saving Behavior Through Age-Progressed Renderings of the Future Self», *Journal of Marketing Research* 48, edición especial (2011): S23-S37.

9 Hunter (@Hunter-Mitchel14), «I signed up for my company's 401k, but I'm nervous because I've never run that far before», Twitter, 9 de julio de 2019, 7:19 p. m., twitter.com/huntermitchel14/status/1148733329245528065?lang=en.

10 J. D. Robalino, A. Fishbane, D. G. Goldstein y H. E. Hershfield, «Saving for Retirement: A Real-World Test of Whether Seeing Photos of One's Future Self Encourages Contributions», *Behavioral Science and Policy* (2022). El aumento del comportamiento ahorrador de los clientes que vieron a su yo lejano fue relativamente pequeño: 1.7%, en tanto que el aumento de los que no

lo vieron fue de 1.5% (específicamente, vimos un aumento de 16% en una intervención realizada solo por correo electrónico y mensajes de texto, un espacio en el que suele ser difícil convencer a los clientes para que respondan). En este caso el aumento de la cantidad ahorrada fue considerablemente mayor: interactuar con los yoes del futuro aumentó la cantidad total ahorrada en 54% (1 675 974 pesos) en comparación con los clientes que no interactuaron con sus yoes mayores (1 087 422 pesos).

11 T. Sims, S. Raposo, J. N. Bailenson y L. L. Carstensen, «The Future Is Now: Age-Progressed Images Motivate Community College Students to Prepare for Their Financial Futures», *Journal of Experimental Psychology*: *Applied* 26, núm. 4 (2020): 593-603.

12 A. John y K. Orkin, «Can Simple Psychological Interventions Increase Preventive Health Investment?» (documento de trabajo, 25731, NBER, 2021).

13 N. Chernyak, K. A. Leech y M. L. Rowe, «Training Preschoolers' Prospective Abilities Through Conversation About the Extended Self», *Developmental Psychology* 53, núm. 4 (2017): 652-661.

14 S. Raposo y L. L. Carstensen, «Can Envisioning Your Future Improve Your Health?», *Innovation in Aging* 2, suplemento 1 (2018): 907.

15 J. L. van Gelder, H. E. Hershfield y L. F. Nordgren, «Vividness of the Future Self Predicts Delinquency», *Psychological Science* 24, núm. 6 (2013): 974-980.

16 J. L. van Gelder, E. C. Luciano, M. Weulen Kranenbarg y H. E. Hershfield, «Friends with My Future Self: Longitudinal Vividness Intervention Reduces Delinquency», *Criminology* 53, núm. 2 (2015): 158-179.

17 J. L. van Gelder, L. J. Cornet, N. P. Zwalua, E. C. Mertens y J. van der Schalk, «Interaction with the Future Self in Virtual Reality Reduces Self-Defeating Behavior in a Sample of Convicted Offenders», *Scientific Reports* 12, núm. 1 (2022): 1-9.

18 M. No, «18 FaceApp Tweets That Are as Funny as They Are Accurate», *BuzzFeed*, 18 de julio de 2019, buzzfeed.com/michelleno/funny-faceapp-tweets?bftw&utm_term=4ldqpfp#4ldqpfp.

19 Este es un punto que también planteo aquí: H. E. Hershfield, «A Lesson from FaceApp: Learning to Relate to the Person We Will One Day Become», *Los Angeles Times*, 26 de julio de 2019, latimes.com/opinion/story/2019-07-26/hershfield-faceapp-relating-to-our-future-selves.

20 D. M. Bartels y O. Urminsky, «To Know and to Care: How Awareness and Valuation of the Future Jointly Shape Consumer Spending», *Journal of Consumer Research* 41, núm. 6 (2015): 1469-1485.

21 «'Dear Me': A Novelist Writes to Her Future Self», *The New York Times*, 24 de enero de 2020, nytimes.com/2020/01/24/books/review/emily-of-new-moon-montgomery-letters-ann-napolitano.html.

22 A. M. Rutchick, M. L. Slepian, M. O. Reycs, L. N. Pleskus y H. E. Hershfield, «Future Self-Continuity Is Associated with Improved Health and Increases Exercise Behavior», *Journal of Experimental Psychology: Applied* 24, núm. 1 (2018): 72-80.

23 A. Shah, D. M. Munguia Gomez, A. Fishbane y H. E. Hershfield, «Testing the Effectiveness of a Future Selves Intervention for Increasing Retirement Saving: Evidence from a Field Experiment in Mexico» (documento de trabajo, University of Toronto, 2022).

24 Y. Chishima, I. T. Huai-Ching Liu y A. E. Wilson, «Temporal Distancing During the COVID-19 Pandemic: Letter Writing with Future Self Can Mitigate Negative Affect», *Applied Psychology: Health and Well-Being* 13, núm. 2 (2021): 406-418.

25 Y. Chishima y A. E. Wilson, «Conversation with a Future Self: A Letter-Exchange Exercise Enhances Student Self-Continuity, Career Planning, and Academic Thinking», *Self and Identity* 20, núm. 5 (2021): 646-671.

26 K. L. Christensen, H. E. Hershfield y S. J. Maglio, «Back to the Present: How Direction of Mental Time Travel Affects Thoughts and Behavior» (documento de trabajo, UCLA, 2022).

27 P. Raghubir, V. G. Morwitz y A. Chakravarti, «Spatial Categorization and Time Perception: Why Does It Take Less Time to Get Home?», *Journal of Consumer Psychology* 21, núm. 2 (2011): 192-198.

28 N. A. Lewis Jr. y D. Oyserman, «When Does the Future Begin? Time Metrics Matter, Connecting Present and Future Selves», *Psychological Science* 26, núm. 6 (2015): 816-825.

Capítulo 8. Mantener el rumbo

1 J. Cannon, «My Experience with Antabuse», Alexander DeLuca, MD, adicción, dolor, y sitio web de salud pública. Septiembre de 2004, doctordeluca.com/Library/AbstinenceHR/MyExperienceWithAntabuse04.htm. El último acceso al sitio web fue el 25 de junio de 2021, pero ahora aparece eliminado. Confirmé los detalles de esta historia con el doctor DeLuca el día que lo entrevisté.

2 J. Cannon, «My Experience with Antabuse».

3 J. Cannon, «My Experience with Antabuse».

4 Substance Abuse and Mental Health Services Administration, «2019 National Survey on Drug Use and Health», 2019, samhsa.gov/data/sites/default/files/reports/rpt29394/NSDUHDetailedTabs2019/NSDUHDetTabsSect5pe2019.htm#tab5-4a.

5 T. C. Schelling, «An Essay on Bargaining», *American Economic Review* 46, núm. 3 (1956): 281-306.

6 V. Postrel, «A Nobel Winner Can Help You Keep Your Resolutions», *The New York Times*, 29 de diciembre de 2005, nytimes.com/2005/12/29/business/a-nobel-winner-can-help-you-keep-your-resolutions.html.

7 W. A. Reynolds, «The Burning Ships of Hernán Cortés», *Hispania* 42, núm. 3 (1959): 317-324.

8 R. A. Gabriel, *The Great Armies of Antiquity* (Westport, CT: Greenwood, 2002). Me encontré con esta anécdota por primera vez en «The Stomach-Surgery Conundrum», de S. J. Dubner y S. D. Levitt, *The New York Times*, 18 de noviembre de 2007, nytimes.com/2007/11/18/magazine/18wwln-freakonomics-t.html?_r=1&ref=magazine&oref=slogin.

9 T. C. Schelling, «Self-Command in Practice, in Policy, and in a Theory of Rational Choice», *American Economic Review* 74, núm. 2 (1984): 1-11.

10 J. Krasny, «The Creative Process of the Legendary Maya Angelou», *Inc.*, 28 de mayo de 2014, inc.com/jill-krasny/maya-angelou-creative-writing-process.html.

11 G. Bryan, D. Karlan y S. Nelson, «Commitment Devices», *Annual Review of Economics* 2, núm. 1 (2010): 671-698.

12 Bryan, Karlan y Nelson, «Commitment Devices».

13 R. H. Thaler y S. Benartzi, «Save More TomorrowTM: Using Behavioral Economics to Increase Employee Saving», *Journal of Political Economy* 112, suplemento 1 (2004): S164-S187.

14 A. Breman, «Give More Tomorrow: Two Field Experiments on Altruism and Intertemporal Choice», *Journal of Public Economics* 95, núms. 11-12 (2011): 1349-1357.

15 M. M. Savani, «Can Commitment Contracts Boost Participation in Public Health Programmes?», *Journal of Behavioral and Experimental Economics* 82 (2019): 101457.

16 J. Reiff, H. Dai, J. Beshears y K. L. Milkman, «Save More Today or Tomorrow: The Role of Urgency and Present Bias in Nudging Pre-Commitment»,.

17 F. Kast, S. Meier y D. Pomeranz, «Under-Savers Anonymous: Evidence on Self-Help Groups and Peer Pressure as a Savings Commitment Device», *National Bureau of Economic Research*, núm. w18417, 2012.

18 R. Bénabou y J. Tirole, «Willpower and Personal Rules», *Journal of Political Economy* 112, núm. 4 (2004): 848-886.

19 JhanicManifold, «Extreme Precommitment: Towards a Solution to Akrasia», Reddit, 5 de septiembre de 2020, reddit.com/r/TheMotte/comments/in0j6g/extreme_precommitment_towards_a_solution_to/.

20 W. Leith, «How I Let Drinking Take Over My Life», *The Guardian*, 5 de enero de 2018, theguardian.com/news/2018/jan/05/william-leith-alcohol-how-did-i-let-drinking-take-over-my-life.

21 M. Konnikova, «The Struggles of a Psychologist Studying Self-Control», *The New Yorker*, 9 de octubre de 2014, newyorker.com/science/maria-konnikova/struggles-psychologist-studying-self-control.

22 N. Ashraf, D. Karlan y W. Yin, «Tying Odysseus to the Mast: Evidence from a Commitment Savings Product in the Philippines», *Quarterly Journal of Economics* 121, núm. 2 (2006): 635-672.

23 P. Dupas y J. Robinson, «Savings Constraints and Microenterprise Development: Evidence from a Field Experiment in Kenya», *American Economic Journal: Applied Economics* 5, núm. 1 (2013): 163-192; L. Brune, X. Giné, J. Goldberg y D. Yang, «Commitments to Save: A Field Experiment in Rural Malawi» (World Bank Policy Research Working Paper 5748, 2011). Si tienes curiosidad por estudiar si las cuentas de ahorro restrictivas son realmente eficaces, lo ideal sería que las probaras utilizando resultados que importen. Sin embargo, experimentar con los ingresos de varios meses es caro en los países desarrollados, por lo que estos experimentos concretos suelen realizarse en las economías en desarrollo. Las cantidades de dinero son menores, pero los resultados son tan importantes como los que se obtienen cuando se utilizan cantidades mayores en los países desarrollados.

24 J. Schwartz, J. Riis, B. Elbel y D. Ariely, «Inviting Consumers to Downsize Fast-Food Portions Significantly Reduces Calorie Consumption», *Health Affairs* 31, núm. 2 (2012): 399-407.

25 A. Lobel, *Sapo y Sepo inseparables* (Nueva York: Harper & Row, 1972), 41.

26 Schelling, «Self-Command in Practice».

27 A. L. Brown, T. Imai, F. Vieider y C. F. Camerer, «Meta-Analysis of Empirical Estimates of Loss-Aversion» (CESifo documento de trabajo 8848, 2021), ssrn.com/abstract=3772089.

28 J. Schwartz, D. Mochon, L. Wyper, J. Maroba, D. Patel y D. Ariely, «Healthier by Precommitment», *Psychological Science* 25, núm. 2 (2014): 538-546.

29 X. Giné, D. Karlan y J. Zinman, «Put Your Money Where Your Butt Is: A Commitment Contract for Smoking Cessation», *American Economic Journal: Applied Economics* 2, núm. 4 (2010): 213-235.

30 J. Beshears, J. J. Choi, C. Harris, D. Laibson, B. C. Madrian y J. Sakong, «Which Early Withdrawal Penalty Attracts the Most Deposits to a Commitment Savings Account?», *Journal of Public Economics* 183 (2020): 104144.

31 C. Brimhall, D. Tannenbaum y E. M. Epps, «Choosing More Aggressive Commitment Contracts for Others Than for the Self» (University of Utah, documento de trabajo, 2022).

32 Ashraf, Karlan y Yin, «Tying Odysseus to the Mast».

33 S. Toussaert, «Eliciting Temptation and Self-Control Through Menu Choices: A Lab Experiment», *Econometrica* 86, núm. 3 (2018): 859-889. Véase también H. Sjåstad y M. Ekström, «Ulyssean Self-Control: Pre-Commitment Is Effective, but Choosing It Freely Requires Good Self-Control» (Norwegian School of Economics, documento de trabajo, 2022), psyarxiv.com/w24eb/download?format=pdf.

Capítulo 9. Hacer más sencillo el presente

1 M. Hedberg, *Strategic Grill Locations* (Comedy Central Records, 2002).

2 Hedberg, *Strategic Grill Locations.*

3 C. Classen, L. D. Butler, C. Koopman *et al.*, «Supportive-Expressive Group Therapy and Distress in Patients with Metastatic Breast Cancer: A Randomized Clinical Intervention Trial», *Archives of General Psychiatry* 58, núm. 5 (2001): 494-501.

4 D. Spiegel, H. Kraemer, J. Bloom y E. Gottheil, «Effect of Psychosocial Treatment on Survival of Patients with Metastatic Breast Cancer», *Lancet* 334, núm. 8668 (1989): 888-891.

5 D. Spiegel, L. D. Butler, J. Giese Davis *et al.*, «Effects of Supportive-Expressive Group Therapy on Survival of Patients with Metastatic Breast Cancer: A Randomized Prospective Trial», *Cancer* 110, núm. 5 (2007): 1130-1138.

6 Véase, por ejemplo, el metaanálisis de Spiegel y sus colegas sobre la supervivencia (y cómo estos tratamientos tienen un impacto más positivo en las mujeres casadas, las mujeres mayores de 50 años, y cuando se introducen al principio del curso del cáncer): S. Mirosevic, B. Jo, H. C. Kraemer, M. Ershadi, E. Neri y D. Spiegel, «'Not Just Another Meta-Analysis': Sources of Heterogeneity in Psychosocial Treatment Effect on Cancer Survival», *Cancer Medicine* 8, núm. 1 (2019): 363-373. Para un metaanálisis de los impactos psicosociales de la terapia, véase J. Lai, H. Song, Y. Ren, S. Li y F. Xiao, «Effectiveness of Supportive-Expressive Group Therapy in Women with Breast Cancer: A Systematic Review and Meta-Analysis», *Oncology Research and Treatment* 44, núm. 5 (2021): 252-260.

7 D. Spiegel, «Getting There Is Half the Fun: Relating Happiness to Health», *Psychological Inquiry* 9, núm. 1 (1998): 66-68.

8 Spiegel, «Getting There Is Half the Fun».

9 J. T. Larsen, A. P. McGraw y J. T. Cacioppo, «Can People Feel Happy and Sad at the Same Time?», *Journal of Personality and Social Psychology* 81, núm. 4 (2001): 684-696; J. T. Larsen y A. P. McGraw, «The Case for Mixed Emotions», *Social and Personality*

Psychology Compass 8, núm. 6 (2014): 263-274; J. T. Larsen y A. P. McGraw, «Further Evidence for Mixed Emotions», *Journal of Personality and Social Psychology* 100, núm. 6 (2011): 1095-1110.

10 J. M. Adler y H. E. Hershfield, «Mixed Emotional Experience Is Associated with and Precedes Improvements in Psychological Well-Being», *PLOS One* 7, núm. 4 (2012): e35633, 3.

11 Adler and Hershfield, «Mixed Emotional Experience».

12 G. A. Bonanno y D. Keltner, «Facial Expressions of Emotion and the Course of Conjugal Bereavement», *Journal of Abnormal Psychology* 106, núm. 1 (1997): 126-137.

13 S. Folkman y J. T. Moskowitz, «Positive Affect and the Other Side of Coping», *American Psychologist* 55, núm. 6 (2000): 647-654.

14 R. Berrios, P. Totterdell y S. Kellett, «Silver Linings in the Face of Temptations: How Mixed Emotions Promote Self-Control Efforts in Response to Goal Conflict», *Motivation and Emotion* 42, núm. 6 (2018): 909-919.

15 S. Cole, B. Iverson y P. Tufano, «Can Gambling Increase Savings? Empirical Evidence on Prize-Linked Savings Accounts», *Management Science* 68, núm. 5 (2022): 3282-3308.

16 K. Milkman, *How to Change: The Science of Getting from Where You Are to Where You Want to Be* (Nueva York: Penguin Random House, 2021).

17 K. L. Milkman, J. A. Minson y K. G. Volpp, «Holding the Hunger Games Hostage at the Gym: An Evaluation of Temptation Bundling», *Management Science* 60, núm. 2 (2014): 283-299.

18 E. L. Kirgios, G. H. Mandel, Y. Park *et al.*, «Teaching Temptation Bundling to Boost Exercise: A Field Experiment», *Organizational Behavior and Human Decision Processes* 161 (2020): 20-35.

19 A. Lieberman, A. C. Morales y O. Amir, «Tangential Immersion: Increasing Persistence in Boring Consumer Behaviors», *Journal of Consumer Research* 49, núm. 3 (2022): 450-472.

20 A. Lieberman, «How to Power Through Boring Tasks», *Harvard Business Review*, 28 de abril de 2022, hbr.org/2022/04/research-how-to-power-through-boring-tasks.

21 H. Tan, «McDonald's Has Installed Exercise Bikes in Some of Its Restaurants in China So Customers Can Work Out and Charge Their Phones While Eating», *Insider*, 22 de diciembre de 2021, businessinsider.com/mcdonalds-china-installed-exercise-bikes-in-some-restaurants-2021-12.

22 J. T. Gourville, «Pennies-a-Day: The Effect of Temporal Reframing on Transaction Evaluation», *Journal of Consumer Research* 24, núm. 4 (1998): 395-408.

23 Véase, por ejemplo, B. C. Madrian y D. F. Shea, «The Power of Suggestion: Inertia in 401(k) Participation and Savings Behavior», *Quarterly Journal of Economics* 116, núm. 4 (2001): 1149-1187.

24 H. E. Hershfield, S. Shu y S. Benartzi, «Temporal Reframing and Participation in a Savings Program: A Field Experiment», *Marketing Science* 39, núm. 6 (2020): 1039-1051. Tengamos en cuenta que algunos usuarios con el tiempo terminaron reconociendo que cinco dólares al día suponían un ahorro excesivo. Hicimos un seguimiento de los usuarios durante tres meses y, efectivamente, al cabo de unas cuatro semanas, alrededor de 25% de las personas del grupo que ahorraría cinco dólares al día habían dejado de hacerlo, en comparación con 15% del grupo de los que ahorrarían los cinco dólares a la semana y con 14% del grupo de los que se habían comprometido a ahorrar los cinco dólares al mes. Pero debido a la gran diferencia en la inscripción inicial entre los grupos, incluso con esta mayor tasa de abandono, el mayor número de usuarios que seguían inscritos eran los del grupo que ahorraba cinco dólares al día. Además, dos y tres meses después de la intervención inicial, las tasas de abandono seguían siendo bajas y prácticamente iguales en los tres grupos.

25 S. A. Atlas y D. M. Bartels, «Periodic Pricing and Perceived Contract Benefits», *Journal of Consumer Research* 45, núm. 2 (2018): 350-364.

26 J. Dickler, «Buy Now, Pay Later Is Not a Boom, It's a Bubble, Harvard Researcher Says», CNBC, 13 de mayo de 2022, cnbc.com/2022/05/13/buy-now-pay-later-is-not-a-boom-its-a-bubble-harvard-fellow-says-.html.

27 D. Gal y B. B. McShane, «Can Small Victories Help Win the War? Evidence from Consumer Debt Management», *Journal of Marketing Research* 49, núm. 4 (2012): 487-501.

28 A. Rai, M. A. Sharif, E. Chang, K. Milkman y A. Duckworth, «A Field Experiment on Goal Framing to Boost Volunteering: The Tradeoff Between Goal Granularity and Flexibility», *Journal of Applied Psychology* (2022), psycnet.apa.org/record/2023-01062-001.

29 S. C. Huang, L. Jin y Y. Zhang, «Step by Step: Sub-Goals as a Source of Motivation», *Organizational Behavior and Human Decision Processes* 141 (julio de 2017): 1-15.

30 S. B. Shu y A. Gneezy, «Procrastination of Enjoyable Experiences», *Journal of Marketing Research* 47, núm. 5 (2010): 933-944.

31 Danny Baldus-Strauss (@BackpackerFI), «Don't wait till you're this old to retire and travel the world», Twitter, 20 de septiembre de 2021, 11:31 a. m., twitter.com/BackpackerFI/status/1439975578749345797?s=20.

32 L. Harrison, «Why We Ditched the FIRE Movement and Couldn't Be Happier», *MarketWatch*, 1 de octubre de 2019, marketwatch.com/story/why-we-ditched-the-fire-movement-and-couldnt-be-happier-2019-09-30.

33 R. Kivetz y A. Keinan, «Repenting Hyperopia: An Analysis of Self-Control Regrets», *Journal of Consumer Research* 33, núm. 2 (2006): 273-282.

34 Harrison, «Why We Ditched the FIRE Movement».

35 C. Richards (@behaviorgap), «Spend the money… life experiences give you an incalculable return on investment», Twitter, 15 de mayo de 2020, 8:04 a. m., twitter.com/behaviorgap/status/1261266163931262976. El escritor de *The Atlantic*, Derek Thompson, hizo una observación similar recientemente: «Aquellos que se pasan la vida retrasando la gratificación pueden encontrarse un día siendo ricos en dinero, pero pobres en recuerdos por haber sacrificado demasiada alegría en el altar del agravante interés» (D. Thompson, «All the Personal-Finance Books Are Wrong», *The Atlantic*, 1 de septiembre de 2022, theatlantic.com/ideas/archive/2022/09/personal-finance-books-wrong/671298/). Cabe señalar que algunos trabajos académicos recientes respaldan en cierta medida estas afirmaciones: en un estudio correlacional, los investigadores encontraron una relación en «forma de U» entre la tendencia a retrasar la gratificación (en tareas de laboratorio) y la felicidad. Mientras que un grado moderado de paciencia puede ser óptimo para la felicidad, un grado extremo de esta se asocia con una disminución del bienestar. P. Giuliano y P. Sapienza, «The Cost of Being Too Patient», *AEA Papers and Proceedings* 110 (2020): 314-318.

Epílogo

1 Organización Mundial de la Salud, «Mental Health and COVID-19: Early Evidence of the Pandemic's Impact; Scientific Brief», 2 de marzo de 2022, who.int/publications/i/item/WHO-2019-nCoV-Sci_BriefMental_health-2022.1.

2 Fidelity Investments, «2022 State of Retirement Planning», 2022, fidelity.com/bin-public/060_www_fidelity_com/documents/about-fidelity/FID-SORP-DataSheet.pdf.

3 A. P. Kambhampaty, «The World's a Mess. So They've Stopped Saving for Tomorrow», *The New York Times*, 13 de mayo de 2022, nytimes.com/2022/05/13/style/saving-less-money.html.

4 Véase A. L. Alter y H. E. Hershfield, «People Search for Meaning When They Approach a New Decade in Chronological Age», *Proceedings of the National Academy of Sciences of the United States of America* 111, núm. 48 (2014): 17066-17070; y T. Miron-Shatz, R. Bhargave y G. M. Doniger, «Milestone Age Affects the Role of Health and Emotions in Life Satisfaction: A Preliminary Inquiry», *PLOS One* 10, núm. 8 (2015): e0133254.

5 A. Galinsky y L. Kray, «How COVID Created a Universal Midlife Crisis», *Los Angeles Times,* 15 de mayo de 2022, latimes.com/opinion/story/2022-05-15/covid-universal-midlife-crisis.

6 C. J. Corbett, H. E. Hershfield, H. Kim, T. F. Malloy, B. Nyblade y A. Partie, «The Role of Place Attachment and Environmental Attitudes in Adoption of Rooftop Solar», *Energy Policy* 162 (2022): 112764.

7 H. E. Hershfield, H. M. Bang y E. U. Weber, «National Differences in Environmental Concern and Performance Are Predicted by Country Age», *Psychological Science* 25, núm. 1 (2014): 152-160.